U0516963

国家社会科学基金一般项目研究成果（12BJY017）

国家社会科学基金项目
海南哲学社会科学成果文库

HAINANZHEXUESHEHUIKEXUE
CHENGGUOWENKU

我国上市公司投资者
财务权益保护指数
设计与应用研究

段华友◎等著

中国社会科学出版社

图书在版编目（CIP）数据

我国上市公司投资者财务权益保护指数设计与应用研究/段华友
等著 . —北京：中国社会科学出版社，2017.3
ISBN 978 - 7 - 5161 - 9893 - 3

Ⅰ. ①我…　Ⅱ. ①段…　Ⅲ. ①上市公司—投资者—权益保护—
研究—中国　Ⅳ. ①F279. 246

中国版本图书馆 CIP 数据核字（2017）第 039570 号

出 版 人	赵剑英	
责任编辑	王　曦	
责任校对	周晓东	
责任印制	戴　宽	

出　　版	中国社会科学出版社	
社　　址	北京鼓楼西大街甲 158 号	
邮　　编	100720	
网　　址	http：//www. csspw. cn	
发 行 部	010 - 84083685	
门 市 部	010 - 84029450	
经　　销	新华书店及其他书店	
印刷装订	北京君升印刷有限公司	
版　　次	2017 年 3 月第 1 版	
印　　次	2017 年 3 月第 1 次印刷	
开　　本	710 × 1000　1/16	
印　　张	15. 75	
插　　页	2	
字　　数	253 千字	
定　　价	78. 00 元	

凡购买中国社会科学出版社图书，如有质量问题请与本社营销中心联系调换
电话：010 - 84083683
版权所有　侵权必究

前　言

　　中国资本市场在社会主义市场经济建设中发挥着越来越重要的作用，为国民经济建设筹集了大量的资金，促进经济发展，优化资源配置，促进产业结构调整，推动国有企业改革，实现企业经营机制转换，为社会主义市场经济体制的确立与完善起到了重要作用。但是，在资本市场取得令人瞩目的成就的同时，制度性障碍也不期而至。近年来，国内资本市场中频繁出现大股东侵占挪用公司资金、大股东欺诈中小投资者、上市公司虚假陈述、信息披露违规误导等现象，严重损害了投资者的权益，阻碍了资本市场的健康发展，投资者保护（Investor Protection）问题再次成为世人关注的热门话题和世界性的研究与实践课题。我们认为，确保投资者的财务权益（Financial Interests）无疑是投资者保护的关键。财务权益的概念是本项目负责人段华友于 2011 年在"我国投资者财务权益保护：一个理论框架"（《会计之友》2011 年第 4 期）一文中首次提出，是指投资者在财务方面应该获取的权益，主要是指投资者获得正常的投资回报，包括投资者所投入的股票价格能够合理增长，能够获得正常的股利，并由此而引申出来的一系列与公司财务有关的权益如公司信息披露真实、股利分配合理、负债水平合理、代理成本较低、盈余质量高等。

　　LLSV（1998）通过创建三大指标（抗董事权、一股一票权、强制股利）来衡量对投资者保护的程度，以及不同国家对投资者保护的差异，并对不同国家的法律在投资者保护中的情况进行赋值得出结论：普通法系国家在投资者保护上要优于大陆法系国家，说明法律对一个国家的投资者保护会产生重大影响，这也为投资者保护的法律论奠定了基础。其他学者也从不同的方面证明了 LLSV 的结论，如 Weisbach 和 Michael S.（2002）认为可以通过交叉上市来提高法律在投资者保护中的作用。法律投资者保护较差的国家如果接受法律投资者保护较好的国家法律约束，可以提高本国的法律投资者保护水平。

LLSV（2000）通过实证研究发现，有效的投资者保护与完善的公司治理密切相关。大量学者在之后的研究中也证明或分析了这一点。如Shleifer 和 Wolfenzon（2002）、Leuz（2002）等将投资者保护与公司财务联系在一起，通过研究发现投资者保护能加强财务决策的有效性和公司治理的不断完善。LLSV（2000）认为法律投资者保护可以致使大股东的掠夺行为更为无效。如果投资者保护环境不改善，内部人就能轻而易举地掠夺公司财富，这样会大大地降低公司价值。同时，他还证明了一个国家的法律法规对投资者保护程度越高，该国的公司价值往往也越高。

Francis 等（2003）认为，会计制度和法律对投资者保护的影响是相互独立的，一个高质量的财务会计体系在一定程度上可以替代法律对投资者进行保护，从而促进整个资本市场的发展。而我国学者蒋琰（2004）提出了不同观点，他认为选择高质量会计方法虽然可以完善公司治理，但不能完全替代法律对投资者的保护。同时，他指出那些法律对投资者保护较弱的一些国家可以通过高质量的会计准则来弥补法律对投资者保护的不足。贺建刚、刘峰（2006）指出，由于投资者事前风险较低，会计准则的导向性有利于保护投资者。

Ball、Brown（1965）通过一系列研究首次以科学证据证明了会计信息的有用性，他们研究发现，财务报表的信息含量会影响企业证券的市价。而投资者（会计的信息主要使用者）将会通过会计信息的披露情况进行投资决策，而会计信息披露又在一定程度上弥补了法律法规对投资者保护的缺陷或不足。

尽管我国股票市场在规模上得到了迅速的发展，但是我国股票市场的发展却没有真正遵循由投资者保护到股票发展的路径。长期以来，我国股票市场中的投资者权利，特别是中小投资者的权利一直没有得到有效保护。资本市场的发展使得会计的作用越发重要，会计在投资者保护中的功能显得尤为重要，并逐渐被学术界和实务界所关注。与此同时，会计也对此做出了反应，投资者保护的理念越来越多地反映到会计理论和实务中来。

正是基于上述思考，"我国上市公司投资者财务权益保护指数设计与应用研究"项目组 2012 年 6 月获得国家社会科学基金一般项目立项后开始对本项目进行研究，旨在探索投资者财务权益的具体内容、我国上市公司投资者财务权益保护的现状，通过设计投资者财务权益保护指数来了解我国上市公司对投资者财务权益保护的程度，以便投资者进一步了解企业对投资者保护的状况并进行正确的决策。立项后研究小组于2013年3月开通了"中国股票投资者财务权益保护网"（www.hyfip.com），宣传投资者财务权益保护有关知识，介绍本研究的最新成果，公开发表论文30余篇，其中南大核心8篇，北大核心12篇，国家级或省级期刊6篇，会议论文5篇。本书汇集了项目组成员近三年的有关本项目的最新研究成果，希望得到致力于投资者保护的相关人士继续研究、交流提高，努力推动我国投资者保护水平的大幅度提升。

2011年2月，北京工商大学"会计与投资者保护"项目组和投资者保护研究中心共同公布"2010中国上市公司会计投资者保护指数"，首次从会计角度对上市公司投资者保护程度进行评价。从现有的投资者保护机制来看，会计在投资者保护中的应有作用还没有引起足够的重视。2013年1月6日，上交所发布了《上市公司现金分红指引》，该《指引》旨在引导和推动上市公司分红机制的持续性、稳定性、科学性和透明性，促进投资者理性投资、价值投资和长期投资，实现入市的长期资金与企业现金分红之间能形成良性互动，最终目的是要保护投资者合法权益。

国务院分别于2013年12月27日及2014年5月9日相继印发了《关于进一步加强资本市场中小投资者合法权益保护工作的意见》（简称"国九条"）以及《关于进一步促进资本市场健康发展的若干意见》（简称"新国九条"），对保护中小投资者合法权益提出了具体的措施和意见（统称为"国九条"）。"国九条"的出台可谓适逢其时，对维护我国中小投资者的切身利益，保障其知情权，合法、合理行使股东权益以及有序参与投资回报分配和纠纷赔偿等正当权益具有指导意义。

由于投资者财务权益保护研究领域复杂而深奥，特别是将财务权益引入投资者保护只是我们的第一次研究尝试，因此肯定存在诸多疏漏和错误，敬请读者提出宝贵意见和建议，以便我们在进一步研究中加以改进和完善，我们将共同致力于推动投资者保护理论与实践的发展，促进我国投资者财务权益保护水平的提高。

本书由海南师范大学段华友教授负责策划、整体构思、撰写提纲并对全书进行校对、修改、定稿，在项目组成员共同努力和参与下完成。段华友执笔前言及第一章、第二章、第三章、第十一章；罗君名（海南师范大学副教授）执笔第五章、第六章；王茂超（温州大学副教授，会计学博士）执笔第七章；江泓、罗君名（海南师范大学）执笔第四章、第八章；金永（海南师范大学副教授）执笔第九章、第十章、第十一章。本书由课题组成员李章红（琼台师范高等专科学校）、李田香（广西民族大学）负责校稿。

在本项目研究过程中，我们得到了四川大学干胜道教授、海南经贸职业技术学院黄景贵校长、海南大学经济管理学院胡国柳院长的鼓励、指导与校审并提出了许多宝贵建议，以及海南师范大学及其经济管理学院的各级领导、各位老师的关怀和帮助，在此一并表示感谢！也非常感谢各位国家社会科学基金项目的立项、结项评审专家对本研究的认可和辛勤工作！

本书的 PDF 版本和我国上市公司投资者财务权益保护指数（2009—2013 年）可以在中国股票投资者财务权益保护网（www. hyfip. com）下载查阅，读者的宝贵意见或建议可以反馈至 65869246@163. com。

投资者财务权益保护项目组

段华友执笔

2016 年 11 月

目　录

第一章　导论

一　选题背景、研究对象

（一）选题背景

中国资本市场在社会主义市场经济建设中发挥越来越重要的作用，为国民经济建设筹集了大量的资金，促进经济发展，优化资源配置，促进产业结构调整，推动国有企业改革，实现企业经营机制转换，为社会主义市场经济体制的确立与完善起到了重要作用。但是，在资本市场取得令人瞩目成就的同时，制度性障碍也不期而至。近年来，国内资本市场中频繁出现大股东侵占挪用公司资金、大股东欺诈中小投资者、上市公司虚假陈述、信息披露违规误导等现象，严重损害了投资者的权益，阻碍了资本市场的健康发展，投资者保护（Investor Protection）问题再次成为世人关注的热门话题和世界性的研究与实践课题。影响投资者保护的因素很多，除了社会、法律、经济等宏观因素外，资本市场效率、公司层面的经营管理等因素，共同影响着一个国家的投资者保护水平。而投资者享有的财务权益必然是投资者保护的关键。所以，本书试图对投资者财务权益进行研究，从而有效地保护投资者权益。我们认为，投资者财务权益的保护将会越来越被人们所重视，甚至比法律、政策、证券监管等更能有效地保护投资者，有着巨大的研究空间。投资者、投资者保护及财务权益等概念将在第二章中详细阐述。

尽管我国股票市场在规模上得到了迅速的发展，但是我国股票市场的发展却没有真正遵循由投资者保护到股票发展的路径。长期以来，我国股票市场中的投资者的权利，特别是中小投资者的权利一直没有得到有效保护。

（二）研究对象

因为上市公司往往是绩优企业，经营管理水平都比较高，而且上市公司的数据资料要求向社会公开，透明度相对较高，所以为了方便数据的获取和收集，我们以我国在沪深证券交易所挂牌的上市公司及其股票投资者作为主要研究对象。本书的投资者主要指上市公司股票投资者，而且主要指中小投资者。本书把上市公司股票投资者作为研究对象，原因有两点：一是上市公司数据容易收集，将来实证研究和指数设计中的一些指标易于量化；二是上市公司股票投资者特别是中小投资者数量巨大，具有代表性，对其他投资者能够起到示范作用。另外，还需要说明的是，本书主要是从公司的层面来研究如何保护投资者。

二 研究目的和研究意义

（一）研究目的

通过对我国上市公司的投资者财务权益的深入研究，旨在提高我国中小投资者的财务权益进而提高投资者保护的有效性，切实保护中小投资者的合法利益，促进资本市场的发展和壮大。通过研究要回答或解决以下问题：

（1）什么是财务权益？财务权益的主要内容有哪些？如何保护投资者的财务权益？

（2）近些年，我国投资者的财务权益保护状况如何？损害投资者财务权益的表现形式主要有哪些？

（3）财务权益的信息是否满足了投资者的决策需求？与投资者要求的财务权益差距在哪里？

（4）投资者财务权益保护与企业发展的关系如何？财务权益如何影响投资者保护的？

（5）企业的股利分配、盈余质量、代理成本（问题）、信息披露等如何影响投资者保护？

（6）能否通过设计指数来了解我国投资者财务权益保护水平？

（二）研究意义

理论意义：结合投资者保护的制度背景、法律制度和相关理论，通过演绎推理，全面分析我国上市公司投资者财务权益保护状况，从而丰富和发展会计学、统计学、财务管理学、证券投资学等理论。

实践意义：通过研究有助于保护投资者权益，特别是切实保护中小投资者财务权益，对我国资本市场的发展起到重要作用。相关结论可以作为相关部门制定政策和投资者决策的重要参考。研究成果可以被研究机构和高等院校作为学术成果加以运用，为其他学者研究投资者保护等问题提供理论基础。

三 研究方法和技术路线

（一）研究方法

本书综合运用经济学、计量经济学、财务管理学、证券投资学等学科的理论和方法，对我国上市公司投资者财务权益保护进行系统研究，探测上市公司投资者财务权益保护水平，主要运用演绎推理法和统计数据分析法进行研究。通过理论演绎和文献分析等方法，在分析我国投资者财务权益保护的外在背景、上市公司财务权益与投资者保护关系的基础上，进一步探讨上市公司投资者财务权益保护，提出可供检验的研究假设。

通过对我国上市公司近五年财务权益的相关数据的收集和整理，运用统计分析和计量经济学方法，建立模型检验探讨上市公司投资者财务权益，确定投资者财务权益保护指数，进行实证研究。在理论演绎和实证检验的基础上，运用归纳法概括出研究结论，揭示我国上市公司投资者财务权益保护的现状，反映当前投资者财务权益保护的信息含量，并就如何提升我国上市公司投资者财务权益保护实施效果提出合理化建议。

（二）技术路线

本书的技术路线分为以下三个层次，具体如图1-1所示。

Ⅰ：研究背景、目的、意义，文献综述、基本概念的界定，我国投资者财务权益保护现状分析。

Ⅱ：影响投资者财务权益保护的因素理论分析和实证分析（章节内容按照对投资者财务权益保护的重要性排序）。

Ⅲ：指数设计、应用，对策建议。

第Ⅱ部分逻辑关系说明：①企业的信息披露、内部控制、盈余质量、现金流量、代理问题、负债经营、股利分配等均对投资者财务权益产生重大影响，实际上没有主次之分。②因为企业的内部控制、盈余质量、现金流量、代理问题、负债经营、股利分配等均通过企业信息披露进行反映，如果信息披露不真实，投资者无法做出正确的投资决策，所以我们认为信息披露更为重要，将之放到本书前面章节进行阐述。③一个企业内部控制的好坏会直接影响企业的盈余质量、现金流量、代理问题、负债经营、股利分配，所以我们在信息披露之后阐述内部控制对投

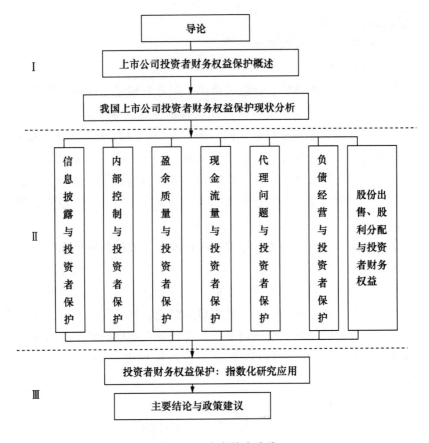

图1-1　本书技术路线

资者财务权益的影响。④企业的信息披露、内部控制、盈余质量、现金流量、代理问题、负债经营等影响到投资者是否退出投资，所以我们将股份出售、股利分配与投资者财务权益的研究放在第Ⅱ部分最后。

四　研究内容和结构安排

根据研究目的，本书的内容和结构安排如下：

第一章：导论。提出了本书的研究主题，阐述了本书的选题背景、研究目的与研究意义、研究方法与技术路线、投资者财务权益保护概述、本书的创新与不足。

第二章：上市公司投资者财务权益保护概述。阐述了投资者、投资者保护、财务权益、财务权益保护指数等与本书内容有密切关系的重要概念，对投资者保护的主要国内外文献进行了整理和综述，对投资者财务权益保护的原则、意义及内容等也进行了详细讨论。

第三章：我国上市公司投资者财务权益保护现状分析。根据网络调查和书面调查等方式收集投资者财务权益保护的相关数据，得出调查结论，进而对调查结论进行整理分析，提出了相应的对策建议。

第四章：信息披露与投资者财务权益保护。通过对信息披露的国内外文献的梳理，发现信息披露与投资者保护的一般关系，并通过实证分析证明了规范信息披露对投资者保护的重要性。

第五章：内部控制与投资者财务权益保护。首先对安然事件进行了案例回顾和简单分析，然后对内部控制与投资者保护关系进行论述，提出了研究假设并进行了实证分析，最后提出如何通过完善内部控制来加强投资者保护。

第六章：盈余质量与投资者财务权益保护。通过盈余质量的影响因素和盈余质量模型分析，发现盈余质量的高低对投资者保护的影响，构建了盈余质量指数，从投资者保护的角度提出了如何提高企业盈余质量。

第七章：自由现金流量与投资者财务权益保护。将企业自由现金流量与投资者保护巧妙地结合起来，通过实证分析，得出它们之间关系的相关结论，最后提出基于FCF的自保型投资决策。

第八章：代理问题与投资者财务权益保护。通过代理问题的文献剖析，发现代理问题与投资者保护的一般关系，最后提出了如何降低代理成本，保护投资者财务权益。

第九章：负债经营与投资者财务权益保护。对负债经营的历史文献进行了归纳整理和回顾，探析了负债经营的优势与风险，并详细论述了负债经营与投资者保护的内在联系，最后提出了保护投资者的有力措施。

第十章：股份出售、股利分配与投资者财务权益保护。本章论述了不同的退出路径对投资者保护的影响；通过分析发现，出售股份对市场要求较高，对投资者要求也较高，从投资者整体来看，则属于零和博弈的性质，对投资者的保障程度较低；现金分红不依赖市场条件，甚至当市场低迷时，这种退出方式的表现会更好，这种退出方式对投资者的保障程度最高，但当前对上市公司分红的一些规定有待进一步细化与完善。

第十一章：投资者财务权益保护：指数化研究与应用。通过构建投资者财务保护指数，了解我国上市公司对投资者的保护水平。本章是本书的核心部分，通过分析和计算得出了我国上市公司近五年的投资者财务权益保护指数，并进行了行业和地区比较，得出了许多投资者保护的有力证据和结论，由此提出了一些政策建议。

五　主要创新与不足

投资者财务权益保护是投资者保护研究中的一个崭新课题，我们在首次提出"财务权益"概念的基础上初步构建了"基于财务权益投资者保护的研究框架"，并从信息披露质量、代理质量、股利分配质量等几个方面进行指数设计和应用研究，具有较高的理论价值和实践指导意义。本书希图进行以下尝试：

（1）从财务权益的视角研究投资者保护。目前国内外有关文献主要从法律、证券监管、公司治理等角度研究投资者保护，而鲜有学者从财务权益的角度对投资者保护进行系统研究。我们首次提出财务权益、投资者财务权益保护的概念，在投资者保护指数、会计投资者保护指数等的基础上提出了投资者财务权益保护指数的概念。财务权益可以与法律权益、经济权益等其他权益区分开来，以便更加系统地研究投资者保护或财务问题。本书主要从财务权益的角度对投资者保护进行研究，以期投资者保护研究内容的创新和扩展。

（2）认真挑选影响财务权益的指标并精心设计投资者财务权益保护指数。从我们所收集和掌握的国内外相关文献来看，还鲜有学者设计与投资者财务权益保护有关的指数，而利用数据实证研究的文献更少。我们通过认真挑选财务权益的影响指标来精心设计指数，并根据我国 A 股上市公司的大样本数据，计算出我国上市公司投资者财务权益保护指数，并进行了地区比较和行业比较。希望通过该指数了解我国的投资者保护状况和保护水平，既可以作为政府制定有关证券政策法规的依据之一，也可以作为证券监管部门监管上市公司的参考，还可以作为投资者的决策指南。

（3）精心设计我国上市公司投资者财务权益保护的调查问卷，利用网络优势，将调查问卷发布在项目组创办的科研网站——中国股票投资者财务权益保护网（www.hyfip.com），并及时更新和回收，数据量大，可信度高。最后，根据调查结果进行统计分析，发现我国上市公司投资者财务权益保护状况。

（4）在文献分析的基础上，提出了十个代理问题（见本书第八章），对第三类代理成本进行了重新定义，并由此提出分权代理成本的概念，且对分权代理成本的具体构成进行了详细分析。

由于数据资料收集的有限性，以及我们专业知识、研究经验和个人能力的局限，本书可能尚存在许多不足之处：

（1）由于财务权益、投资者财务权益保护指数等概念是我们首次提出，概念的提法是否正确或准确，有待进一步论证。财务权益包含的内容是否完整，投资者财务权益指数指标的选取和指数的设计是否合理，都有待同行专家的检验和商榷。

（2）我国上市公司投资者的财务权益保护调查问卷设计和内容还需要进一步修订，重点应该考虑投资者的财务权益，同时还要扩大调查的影响力、调查量和调查面，期待更加准确的数据，从而使研究更为透彻。

（3）本书主要讨论了企业的股利分配、盈余质量、代理成本、信息披露、内部控制与投资者保护的问题，内容是否完整或恰当有待商榷，其他内容可能需要进一步充实和完善。

（4）由于个人能力和本书篇幅的限制，本书只考虑了上市公司的股票投资者，而未涉及非上市公司的投资者和非股票投资者，也没有将国有上市公司进行专门研究，这都是未来需要完善的地方。需要进一步讨论非上市公司投资者和非股票投资者的保护，可以单独设计非上市公司投资者和非股票投资者的财务权益保护指数，进而汇总得出我国投资者的财务权益保护综合指数。

（5）本书指数的设计和指标的选择是否合理也有待有关专家、学者的批评指正。

第二章　上市公司投资者财务权益保护概述

一　概念界定

1. 投资者

投资者（Investor）是指以获取投资收益为目的的单位或个人。广义上的投资者包括公司股东、债权人和利益相关者。狭义上的投资者则仅指股东。投资者可以从不同的角度进行分类，根据投资对象的不同，有金融投资者、实物投资者等。根据投资者主体的不同，有个人投资者、机构投资者等。根据公司的性质分，有上市公司投资者（包括股票投资者、债券投资者等）、一般企业投资者。本书主要是指上市公司的股东或股票投资者。

2. 投资者保护

投资者保护（Investor Protection）是指通过法律、行政、行业自律等各种手段对投资者合法权益采取的保护性措施，使投资者能够公平地获得信息和投资机会，降低投资风险，免受各种不公平、歧视及社会环境差异等可能带来的损害或无谓损失。主要涉及法制因素、政策因素以及财务权益等可以改变或者完善的结构体系。本书主要从上市公司层面来探讨保护投资者的财务权益。

3. 财务权益

财务权益（Financial Interest），目前国内外还没有统一的概念，我们认为财务权益是指投资者财务方面的权益，主要是指投资者获得正常的投资回报，包括投资者所投入的股票价格能够合理增长，能够获得正常的股利，并由此而引申出来的一系列与公司财务有关的权益如信息披露真实、股利分配合理、代理成本较低、盈余质量高等。

4. 投资者财务权益保护指数

将影响投资者财务权益的一些因素如企业的负债经营、信息披露、自由现金流量等进行量化而设计的指数，以此来表达企业对投资者财务权益的保护程度，指数越高，说明该企业对投资者财务权益的保护程度越高，越值得投资者投资。

二　国内外主要文献综述

1. 法律、资本市场发展与投资者保护

LLSV（1998）通过创建三大指标（抗董事权、一股一票权、强制股利）来衡量对投资者保护的程度，以及不同国家对投资者保护的差异，并对不同国家的法律在投资者保护中的情况进行赋值得出结论：普通法系国家在投资者保护上要优于大陆法系国家，说明法律对一个国家的投资者保护会产生重大影响，这也为投资者保护的法律论奠定了基础。其他学者也从不同的方面证明了 LLSV 的结论，如 Weisbach 和 Michael S.（2002）认为，可以通过交叉上市来提高法律在投资者保护中的作用。法律投资者保护较差的国家如果接受法律投资者保护较好的国家法律约束，可以提高本国的法律投资者保护水平。

2. 公司治理与投资者保护

LLSV（2000）通过实证研究发现，有效的投资者保护与完善的公司治理密切相关。大量学者在之后的研究中也证明或分析了这一点。如 Shleifer 和 Wolfenzon（2002）、Leuz（2002）等将投资者保护与公司财务联系在一起，通过研究发现投资者保护能加强财务决策的有效性和公司治理的不断完善。LLSV（2000）认为，法律投资者保护可以致使大股东的掠夺行为更为无效。如果投资者保护环境不改善，内部人就能轻而易举地掠夺公司财富，这样会大大地降低公司价值。同时，他还证明了一个国家的法律法规对投资者保护程度越高，该国的公司价值往往也越高。

3. 会计与投资者保护

审计、会计准则等与投资者保护密切相关。Francis 等（2003）认为，会计制度和法律对投资者保护的影响是相互独立的，一个高质量的财务会计体系在一定程度上可以替代法律对投资者进行保护，从而促进整个资本市场的发展。而我国学者蒋琰（2004）提出了不同观点，他认为选择高质量会计方法虽然可以完善公司治理，但不能完全替代法律对投资者的保护。同时，他指出那些法律对投资者保护较弱的一些国家可以通过高质量的会计准则来弥补法律对投资者保护的不足。贺建刚、刘峰（2006）指出，由于投资者事前风险较低，会计准则的导向性有

利于保护投资者。

信息质量与投资者保护也密切相关。Ball、Brown（1965）通过一系列研究首次以科学证据证明了会计信息的有用性，他们研究发现财务报表的信息含量会影响企业证券的市价。而投资者（会计的信息主要使用者）将会通过会计信息的披露情况进行投资决策，而会计信息披露又在一定程度上弥补了法律法规对投资者保护的缺陷或不足。

2011 年 2 月，北京工商大学"会计与投资者保护"项目组和投资者保护研究中心共同公布"2010 中国上市公司会计投资者保护指数"，首次从会计角度对上市公司投资者保护程度进行评价。从现有的投资者保护机制来看，会计在投资者保护中的应有作用还没有引起足够的重视。2013 年 1 月 6 日，上交所发布了《上市公司现金分红指引》，该指引旨在引导和推动上市公司分红机制的持续性、稳定性、科学性和透明性，促进投资者理性投资、价值投资和长期投资，实现入市的长期资金与企业现金分红之间能形成良性互动，最终目的是要保护投资者合法权益。

4. 评述与展望

保护投资者特别是中小投资者的合法权益，是资本市场稳定发展的前提。投资者保护问题是一个世界性的难题和实践研究课题。因为影响一国证券市场投资者保护的因素很多，除了宏观的社会、经济、法律背景外，单就直接原因而言，既有证券市场本身的效率因素，又有公司层面的治理、经营因素，这些因素交织在一起，很难用"一剂或几剂良药"解决所有问题。而投资者财务权益的保护无疑是投资者保护的关键。所以，本书试图从财务权益的角度对投资者保护进行研究。本书认为，投资者财务权益的保护将会越来越被人们所重视，甚至超过法律、政策、证券监管等对投资者的保护，研究空间巨大。

三　投资者财务权益保护的原则及其保护的意义

（一）投资者财务权益保护的原则

（1）公平、公正、公开原则。公平对待所有股东，所有股东的财务权益都应该得到保护，在公司决策过程中所有股东一律平等。建立公正、透明和高质量的上市公司信息披露制度。

（2）利益共享原则。投资者财务权益保护并不是一味为了保护投资者的利益而忽视企业自身的利益，而是应该实现公司相关利益的平衡，体现利益共享。

（3）严格、明确原则。对侵害投资者财务权益的行为一律严厉处罚，对管理层、董事会及整个公司的业绩要有严格、明确的监督评价制度。

（4）全面保护原则。必须使投资者财务权益不仅在社会舆论层面得到充分的认可，而且在法律层面得到有力维护。

（二）投资者财务权益保护的意义

（1）有利于减少公司代理成本，提高公司价值。投资者财务权益得到真正保护，既可以遏制公司内部人侵害行为，又可以增强投资者信心，降低融资成本，提高公司价值和外部融资能力。

（2）有利于证券市场的健康发展。投资者财务权益得到充分、可靠的保护，证券市场才有可能实现健康、有序运行，增强资本市场自我化解和抵御风险的能力。

（3）有利于整个社会经济的和谐增长。投资者财务权益有保障，投资者对自己的投资充满信心，并以饱满的热情关心其所投资公司的发展形势和日常的经营管理，从而营造良好的社会经济发展环境。

（4）有利于可持续发展和提高政府质量，增强老百姓的幸福感。只有投资者的财务权益得到保障，投资者才有信心和实力进一步投资，这样才能保证企业的持续经营和整个社会的进步和稳定发展。也只有投资者的财务权益得到了保障，老百姓的幸福感才会增强，政府在老百姓当中的威望才会提高，也是体现政府质量提高的标准之一。

四 上市公司投资者财务权益受损的主要表现形式

（1）转移定价。例如高价收购大股东产品，或低价出售产品给大股东，或大股东以低成本获得公司借款，或大股东以高利率向公司放贷等。

（2）大股东与上市公司非公平关联交易。通过关联交易将公司有价值的资产或利润转移给大股东或其全资子公司造成公司资产流失；大股东非法占用上市公司资金，将上市公司当作"提款机"，如无偿占用公司资金、拖欠往来账款、直接借款等。

（3）行为短期化，决策行为只顾眼前利益，不顾公司长远发展。例如：会计上的多提费用，减少利润，对会计估计和会计方法选择上的投机；企业经营方面选择可迅速利用的人才，不注重整体企业文化和企业人员的培养；盲目追求利润，不注重产品质量等。

（4）严重管理腐败，巨额的在职消费和过高的高管薪酬。比如，公车私用、公款旅游、公款吃喝、公款私用；利用职位的便利，对高管人员发放过高的薪酬等。

（5）大股东操控股利政策，不重视对中小投资者的回报。上市公司的股利政策直接关系到股利的分配。大股东往往选择对自己有利的股利政策。虽然证监会将派发现金股利作为配股的一个硬性条件，但我国上市公司普遍存在的"重融资，轻回报"现象一直没有得到根本改变。

（6）利用虚假信息误导中小投资者。例如虚假出资，欺骗中小投资者，影响了投资和交易的安全性和公平性。有不少上市公司在上市前为了取得上市资格，编制虚假利润表；在发行过程中，作为发行人的证券出售人，基于逐利的本性及敷衍塞责的习惯，发行人或有意（虚假陈述）或无意（误导）或疏忽（遗漏）地披露了并不完全的信息。为发行新股，高估盈利预测；在股票交易过程中，上市公司会根据需要选择性地进行信息披露，如为了某种内幕交易，人为制造信息不对称，故意选择延迟披露；为了操纵股价，将应该披露的事项不予以披露，或只披露无关紧要的事项，或者采用模糊术语陈述；为了配合公司某种运作，故意释放虚假信息。

（7）大股东市场操纵。大股东往往是操纵股市的主要参与者，甚至有时与机构投资者相联合，他们利用信息、资金或持股比例等优势通过故意将股价压低或抬高等手段联合持续买卖该股票，人为影响市场供求关系，构造交投活跃的假象，误导资金流向，以牟取暴利，如轰动一时的黄光裕非法市场操纵案。

五 投资者财务权益保护的具体内容

1. ROE 大于投资者的预期报酬率

ROE，即净资产收益率（Rate of Return on Common Stockholders' Equity）的英文简称，净资产收益率又称股东权益收益率，是净利润与股东权益的百分比。该指标反映股东权益的收益水平，指标值越高，说明投资带来的收益越高。只有公司的 ROE 大于投资者预期报酬率，投资者才会愿意将资金投资到公司。

2. 合理的平均股价增长

股票的价格走势并不是孤立的，从长远来看，股票价格的增长是和公司业绩预期增长成正比的。如果公司股票价格增长是合理的或股票价格增长率在同行业中处于较高水平，说明投资者财务权益将能得到保障。

3. 无虚假的审计意见

审计报告的真实性是投资者据以做出正确决策的基础。虚假的审计报告减弱了投资者的信任度。对于投资者而言，他们投资的主要依据是经过审计的会计报表，而会计报表的失真将直接导致投资者的利益得不到保障。

4. 信息披露合规

信息披露制度是上市公司为保护投资者利益、接受社会公众监督而依照法律规定必须将其财务变化、经营状况等信息和资料向证券管理部门和证券交易所报告，并向社会公开，以便使投资者充分了解情况的制度。如果上市公司信息披露不真实或不合规，可能给投资者带来不可估量的损失。

5. 无内幕交易

内幕交易是指因特殊地位或以非法手段获取上市公司内幕信息的人员，在该内幕信息公开前买卖或建议他人买卖该证券以牟取暴利的行为。内幕交易破坏了证券交易公开、公平、公正的原则，扰乱了证券交易秩序，具有严重的社会危害性。禁止内幕交易是公开的投资环境、公平的证券交易、公正的市场秩序的必然要求，也是对投资者保护的客观基础。

内幕交易行为是人为达到获利或避损的目的，利用其特殊地位或机会获取内幕信息进行证券交易，违反了证券市场"公开、公平、公正"的原则，侵犯了投资公众的平等知情权和财产权益。内幕交易丑闻会吓跑众多的投资者，严重影响证券市场功能的发挥。同时，内幕交易使证券价格和指数的形成过程失去了时效性和客观性，它使证券价格和指数变为少数人利用内幕信息炒作的结果，而不是投资大众对公司业绩综合评价的结果，最终会使证券市场丧失优化资源配置及作为国民经济"晴雨表"的作用。

6. 无恶意再融资

在再融资监管不到位的情况下，受短期利益诱惑，许多上市公司热衷恶意再融资。恶意再融资是近年中国资本市场发展过程中的焦点议题，而现有相关研究主要基于监管者视角，鲜有基于投资者视角所做的研究。一个企业融资要适度，这是众所周知的。因为任何资金都是要付出代价的，如果将来投资一旦失败，不仅血本无归，而且还要付出高昂的资金成本，这样必然降低净资产收益率。投资者权益也会大大降低。同时恶意再融资还会导致公司每股收益降低，市盈率提高，导致投资者投资风险加大。

7. 无大股东掏空

大股东"掏空"即控制性股东对少数股东的利益侵占（隧道挖掘）。如关联交易、不合理担保、资产转移、利润转移等。近年来，大股东掏空上市公司的事件愈演愈烈，对上市公司的成长和中小投资者权益带来极大危害。

近年来的"母子"公司担保问题更加突出，过度担保已经逼得越来越多的上市公司连年巨亏，直接面临退市绝境。"担保猛于虎"的呼声引起市场各方的关注。有关人士指出，"大股东掏空上市公司"的问题，不仅侵害了中小股东的合法权益，也严重影响了上市公司的经营能力和发展。如不能及时整治和监管，后果将不堪设想。

由于关联交易发生在特定的关联方之间，其间存在的关联关系本身又具有复杂性和隐蔽性的特点，从而使关联交易成为许多跨国公司和国内上市公司操作利润、占有资金、侵犯中小股东利益、牟取不正当利益的工具；同时，监管滞后和相应的法律不甚健全，使通过关联交易来获取不当利益的案例屡屡发生且有愈演愈烈之势。因此，学术界和社会公众对关联交易普遍比较关注。

8. 管理层无过度职务消费，无投资不足或过度投资，薪酬合理，适度 FCF

职务消费是近年来引起人们关注的隐性腐败问题。严格说来，它属于企业自身经营管理的范畴，但实际上不仅涉及企业本身的现金支出，也包括很多福利性措施的滥用，比如公车私用、公款旅游就成为社会和企业的一项沉重负担。

过度投资或投资不足，都可能对公司带来严重后果。过度投资是指相对公司价值而言并非最优的投资机会，尤其是净现值小于零的项目，从而降低资金配置效率的一种低效率投资决策行为。其形成原因有：委托代理所带来的经营者偏离所有者财务目标，所有者财务监督不力；经营者对投资的未来前景过于自信而造成的盲目投资；所有者财务考核和激励不当而带来的投资规模偏好。危害主要有：导致外债过多，信用度下滑；总利润率下降；资金成本上升。相反，投资不足是指项目建设中缺乏资金。其形成原因主要有：前期预算有误或不足；对后期的材料成本估计不足；投资人撤资或资金不能到位；国家政策紧；资金成本高；危害有：投资项目不能正常进行或投资失败；临时筹集资金导致资金成本上升；丧失大好的市场机会。

合理薪酬有利于提高管理层的积极性，同时不损害投资者的利益，或增加投资者利益。

自由现金流量（FCF）是企业在一定时期内现金及其等价物的流入量和流出量的总称。它揭示了企业各种经济资源产生的收入和发生的费用情况；揭示了企业当前偿债能力和支付能力；揭示了企业投资和理财活动的经营成果。因此，通过探讨现金流量在企业经营管理中的客观存在及其重要作用，从而达到防范风险，提升企业价值，促进企业健康发展的目的。

9. 减少短期行为，适度研发和员工培训，适度做广告

所谓企业短期行为，是企业的经营者为了达到短期目的而采用的行为，例如：会计上的多提费用，减少利润，对会计估计和会计方法选择上的投机；企业经营方面则选择可迅速利用的人才，不注重整体企业文化和企业人员的培养；市场方面流动过快，行业不稳定等状况。危害主要有：损害了消费者的利益，很快丢掉市场；从长远看，必将激化社会矛盾，给企业稳定发展和可持续发展带来严重影响；可能带来产品质量问题，企业所占有的市场份额早晚会丧失殆尽；企业形象遭受损害，给企业今后筹集资金带来负面影响；结果造成产权所有者的利益受到损害，给企业可持续发展带来隐患。为避免短期行为企业应该有适度研发和员工培训，广告要适度。注重产品质量；注重企业可持续发展等。

10. 合理的公司治理结构

公司治理结构无论采取何种治理模式，最终总是要符合某种要求，达到某种目标，并以此来衡量其治理结构是否有效。在当今公司治理改革的主流中，公司治理机制的基本目标是形成一个健全的公司运作机制，保证公司的运作以股东的长远利益为依归，最大限度地降低"代理成本"，实现股东价值和股东财富的最大化，提高公司的运作质量和

竞争力。借鉴德、日的公司治理结构，我们认为我国未来的公司治理结构模式也应向德、日两国学习，建立工人董事会制度，把员工放在一个重要的位置，力争实现员工与管理的有机统一，从而充分调动员工参与公司生产经营管理的积极性。

11. 社会责任适度

企业社会责任（Corporate Social Responsibility，CSR）是指企业在创造利润、对股东承担法律责任的同时，还要承担对员工、消费者、社区和环境的责任。企业的社会责任要求企业必须超越把利润作为唯一目标的传统理念，强调要在生产过程中对人的价值的关注，强调对消费者、对环境、对社会的贡献。企业首先是一个经济独立体，尤其是在市场经济条件下，经济效益的实现是首要目标，企业承担社会责任一定要以经济责任为基础和前提。企业应以适当的方式来承担社会责任。企业不是不应该承担社会责任，而是要搞清楚如何承担社会责任。承担社会责任的同时也不要损害投资者的利益。企业承担社会责任应以企业和社会实现"双赢"为目标。企业承担社会责任同样也只有在企业和社会"双赢"的前提下，才可能成为企业可持续发展长期规划的一部分。

12. 有效的内部控制

内部控制是指经济单位和各个组织在经济活动中建立的一种相互制约的业务组织形式和职责分工制度。内部控制的目的在于改善经营管理、提高经济效益。它是因加强经济管理的需要而产生的，是随着经济的发展而发展和完善的。最早的控制主要着眼于保护财产的安全完整，会计信息资料的正确可靠，侧重于从钱物分管、严格手续、加强复核方面进行控制。随着商品经济的发展和生产规模的扩大，经济活动日趋复杂化，才逐步发展成近代的内部控制系统。有效的内部控制的作用主要有：提高会计信息资料的正确性和可靠性；保证生产和经营管理活动顺利进行；保护企业财产的安全完整；保证企业既定方针的贯彻执行。

第三章 我国上市公司投资者财务权益保护现状分析

一 引言

我国证券市场从 1990 年诞生至今，经过 20 多年的发展，我国境内股市已成为世界第三大市场，各项规则制度不断趋于完善，也正逐步同国际市场接轨，对我国经济发展做出了重要贡献。然而，我国股市的功能定位过于偏向融资，而缺乏对投资者的权益保护。

综观 2012 年股票市场，A 股市场持续低迷，年涨幅只有 2%，A 股上市公司业绩相比 2011 年整体业绩几乎是"原地踏步"，沪市有 110家公司出现亏损，占总数的 11.53%。"毒胶囊""塑化剂""地沟油"等一系列事件引起的市场混乱，让持有相关公司股票的投资者权益受损。根据中国证券投资者保护基金有限公司公布的《2012 年中国证券投资者综合调查报告》显示，2012 年盈利的投资者占调查总数的28.38%，亏损的占 71.62%。令广大投资者欣慰的是，投资者权益保护这一问题被越来越多的人关注，并初步取得一定成效。近几年，证监会开始将投资者权益保护作为工作的重中之重，从源头上保护投资者利益，一方面不断制定新的法律法规来规范市场，另一方面加强市场参与者的监管力度，特别对违法违规行为坚持零容忍的态度，坚决予以查处。致力于投资者保护的专门机构中国证监会投资者保护局已经于2011 年 11 月底正式成立，投保局主要负责证券期货市场投资者保护工作的统筹规划、组织指导、监督检查、考核评估。

经过 20 多年的探索与实践，我国股市作为全球新兴资本市场步入高速发展的"快车道"，通过股权分置改革、股市法制建设、监管发行改革、多层次资本市场建设等一系列改革与创新之后，我国股市正朝着制度更加健全、体系更加完善、功能逐步增强的方向发展。然而，我国股市功能定位过于偏向融资，而缺乏对投资者权益的有效保护，尤其是对于作为我国股市投资者主体的中小投资者而言，其权益尤其是财务权益不断遭到侵害，中小投资者权益保护形势堪忧。Piotroski、Wong（2010）认为，与成熟的西方资本市场相比，中国股市成立晚，诸多制度性缺陷容易破坏股市的稳定性。2013 年我国基准的上证综合指数全年下跌 6.75%，全球排名倒数第三，这意味着对于大部分投资者而言，均以亏损告终，获利者寥寥无几。然而，以光大证券欺诈上市、内幕交易的大摆"乌龙"等为代表，肆意践踏投资者正当权益的事件却屡禁不止，这也是造成资本市场紊乱的因素之一。从"毒胶囊""地沟油"到涉嫌财务造假、欺诈上市的万福生科，这一连串上市公司涉嫌违规造假的事件无不牵动着投资者的神经。2014 年 3 月，受马航失联事件、人民币快速贬值、IPO 重启、"超日债"违约事件等六大利空影响，投资者非理性甩卖导致互相踩踏，A 股市场经历了一次"强烈地震"，大盘再度大跌，收盘沪指跌 2.86%，报 1999.06 点击穿 2000 点整数关口，而对于我国股市的中小投资者而言损失惨重，一度哗然。股市的"不给力"加上上市公司对投资者权益的漠视，我国股市投资者的境遇可谓雪上加霜。

近些年，投资者权益保护的呼声日益高涨，在引起有关各方的重视之后，也激起诸多有识之士的研究热情。近些年，证监会把投资者权益保护作为工作的重中之重，与广大投资者诉求相呼应，国务院分别于2013 年 12 月 27 日及 2014 年 5 月 9 日相继印发了《关于进一步加强资本市场中小投资者合法权益保护工作的意见》（简称"国九条"）以及《关于进一步促进资本市场健康发展的若干意见》（简称"新国九条"），对保护中小投资者合法权益提出了具体的措施和意见（以下统称为"国九条"）。"国九条"的出台可谓适逢其时，对维护我国中小投资者的切身利益，保障其知情权，合法、合理行使股东权益以及有序参与投资回报分配和纠纷赔偿等正当权益具有指导意义。与此同时，致力于投资者保护的专门机构——中国证监会投资者保护局已于 2011 年 11月底正式成立，投保局运行以来，效果明显，在统筹投资者保护方面做了大量富有成效的工作。随着"国九条"等各项政策措施的出台和不断完善，我国投资者权益保护将迎来大有可为的机遇期，"防护网"的组建和"保护盾"的设立将为我国中小投资者迎来"股市之春"。

为了了解我国上市公司投资者的保护状况，我们精心设计了调查问卷，并开通了中国股票投资者财务权益保护网（www. hyfip. com，2013年3月7日开通），通过腾讯微博、新浪微博等多家网络媒体公开发布该网站，面向全国股票投资者进行问卷调查。同时打印纸质调查问卷（内容与网络版相同）派专人发放并收回。问卷涉及的内容包括投资者的性别、年龄、入市时间、收入状况等，问卷的类型有多选和单选，其中多选6个，单选51个（具体调查问卷见附录1）。

截至2014年9月20日，网站浏览量达到10000多人次。一共收回问卷737份，有效问卷624份，其中，网络调查问卷537份，有效问卷451份，有效率为83.99%。收回纸质调查问卷200份，有效问卷173份，有效率为88.5%。

二　调查结果与分析

我们经过对调查问卷数据的整理和统计分析得出以下结论：

（1）参加股票投资的以男性为主，年龄一般在30岁到51岁，学历普遍较高。

表 3 – 1　　　　　　　　投资者的性别、年龄描述性统计

性别 年龄	男性	女性	总数	百分比（%）
20 岁以下	18	11	29	4.65
21—30 岁	35	23	58	9.30
31—40 岁	97	62	159	25.48
41—50 岁	132	79	211	33.81
51 岁以上	102	65	167	26.76
总数	384	240	624	
百分比（%）	61.54	38.46		100

注：表中数据经过四舍五入处理。

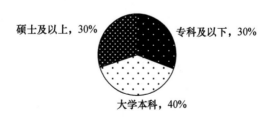

图 3 – 1　我国股民学历水平分布

注：图中数据经过四舍五入处理。

从表 3 - 1 可以看出：我国上市公司投资者中男性居多，占 61.54%，女性仅占 38.46%。我们认为，产生这种情况的原因应该是：股票投资的风险比较大，而男性投资者更愿意冒较大风险，他们认为高风险往往能带来高回报。而女性往往以家庭为重，比较害怕投资失败，所以投资于比股票风险小的项目如购买债券、基金等。另外，也不难看出我国的股票投资者年龄主要集中在 30 岁以上，占 86.05%，30 岁以下仅占 13.95%。这与实际情况是完全吻合的，因为股票投资需要资金，而 30 岁以上的人往往事业和收入都比较稳定，这就为股票投资奠定了经济基础。从图 3 - 1 可以看出，我国股民 70% 左右为本科及以上学历，本结果可能与全国实际情况不一定相符，与本次选取的样本有关，因为本样本主要来自网络，能主动在网上接受调查者往往学历较高。

（2）男性比女性投资收益高，长期投资比短期投资收益高，入市时间长的投资者收益高，学历高者收益水平高。

根据表 3 - 2 简单计算可得男性盈利百分比为 22.91%（143/624），女性盈利百分比仅为 9.78%（61/624），所以可以看出男性比女性在股票投资中收益水平要高。从表 3 - 3 可以看出，我国股票投资者的投资习惯：34.62%（差不多 1/3）的人喜欢短期投资，即买入后很快卖出，57.19% 的人喜欢长期或较长期投资，即买入后等待一段或较长时间才卖出。从盈利水平看：短期投资盈利百分比为 4.65%（29/624），而长期投资盈利百分比为 25.80% [（53 + 108）/624]。这说明长期投资盈利的可能性比短期投资大得多。从表 3 - 4 可以看出，我国股票投资者的入市时间有长有短，而且比例也比较接近，比例分别为 24.83%（1年以下）、23.72%（2—5 年）、23.08%（6—10 年）、28.37%（10 年以上）。但是从收益水平差看，入市时间长者往往盈利的比例大，即 7.89%、20.94%、43.06%、54.24%。这说明入市时间越长，投资赔钱的可能性越小，而赚钱的可能性越大。根据理论假设：学历越高，股票投资赚钱的可能性越大。我们实际调查的结果完全证实了这一点。从表 3 - 5 可以看出专科及以下学历投资盈利的百分比为 14.2%，本科学历投资盈利的百分比为 33.33%，而硕士及以上学历者投资盈利的百分比为 51.06%。说明高学历高收益，这一点不难理解，高学历者往往有一定技术或投资技巧，掌握的信息资源比低学历者多，这也是高智商和高智力在股票投资中发挥作用的一个表现。

表 3 - 2　　　　　2012 年投资者股票收益水平按照性别分类

收益 ＼ 性别	男性	女性	总数	百分比（％）
盈利	143	61	204	32.69
保本	57	42	99	15.87
亏损	184	137	321	51.44
总数	384	240	624	
百分比（％）	61.54	38.46		100

注：表中数据经过四舍五入处理。

表 3 - 3　　　　　2012 年投资者股票收益水平按照投资习惯分类

收益 ＼ 操作习惯	短期	较长	长期	都有	总数	百分比（％）
盈利	29	53	108	14	204	32.69
保本	14	22	53	10	99	15.87
亏损	173	74	47	27	321	51.44
总数	216	149	208	51		
百分比（％）	34.62	23.86	33.33	8.20		100

注：表中数据经过四舍五入处理。

表 3 - 4　　　　　2012 年投资者股票收益水平按照入市时间分类

收益 ＼ 入市时间	1 年以下	2—5 年	6—10 年	10 年以上	总数	百分比（％）
盈利	15	31	62	96	204	32.69
保本	7	24	28	40	99	15.87
亏损	133	93	54	41	321	51.44
总数	155	148	144	177		
人数百分比（％）	24.83	23.72	23.08	28.37		100
入市时间盈利百分比（％）	7.89	20.94	43.06	54.24		

注：表中数据经过四舍五入处理。

表 3 – 5　　　　　　　**2012 年投资者股票收益水平按照学历分类**

学历 / 收益	专科及以下	本科	硕士及以上	总数	百分比（%）
盈利	27	82	95	204	32.69
保本	18	49	32	99	15.87
亏损	145	115	61	321	51.44
总数	190	246	188	624	
百分比（%）	30.44	39.43	30.13		100
学历盈利百分比（%）	14.2	33.33	51.06		

注：表中数据经过四舍五入处理。

（3）对 2013 年预期收益普遍不看好，股民投资满意度不高，认为中国股市存在大量违规操作，制度不够完善，2013 年股市仍然会持续震荡。

从表 3 – 6 的统计结果可以看出男性在总样本中的投资满意度为 22.27%，女性投资满意度为 32.38%，总体满意度为 54.65%。说明我国股民投资满意度不高。通过简单计算，可以看出在男性样本中男性投资者满意度为 46.18%［（49 + 46 + 44）/301］，在女性样本中女性投资满意度为 62.54%［（67 + 72 + 63）/323］。通过以上数据不难发现女性投资者满意度比男性高，我们认为原因可能有两点：一是女性投资者在投资中比较容易满足；二是女性投资者的预期收益水平比男性低。样本显示：有 75.51% 的股民认为中国股市存在大量违规操作，64.05% 的股民认为我国投资制度不够完善，普遍（73.79%）认为，2013 年我国股市仍然会持续震荡，一半以上（57.33%）对 2013 年预期收益不看好。我们认为，以上结果均可能受到 2012 年股民投资收益水平的影响。

表 3 – 6　　　　　　**投资者的性别、投资满意度描述性统计**

性别 / 满意度	男性	女性	百分比（%）	
			男性	女性
满意	49	67	7.85	10.74
比较满意	46	72	7.37	11.54
很满意	44	63	7.05	10.10
不满意	88	66	14.10	10.58
很不满意	74	55	11.86	8.81
总数	301	323	48.23	51.77
	624		100	

注：表中数据经过四舍五入处理。

（4）大多数股民风险意识差，不知道自己有哪些合法权益，也不了解如何保护自己的合法权益。当自己合法权益受到侵害时，大多数股民不知道如何维权。

股票投资属于高风险投资，入市前应该有充分的认识。可以肯定的是，入市前对股市有充分认识和了解的投资者投资时会更理智和更成熟。调查结果显示：只有58.79%的投资者对风险有充分认识，没有充分认识者占41.21%，说明我国投资者大多数还是比较理智的，但相当一部分人对股票投资还缺乏一定的风险意识，需要宣传和引导。

通过问卷计算分析：64.33%的股民不知道自己有哪些合法权益，56.21%的股民不了解如何保护自己的合法权益。45.07%的股民觉得应该通过向公司拨打投诉电话来维权，12.15%的股民认为应该向客户经理反映来维权，仅有23.43%的股民认为应该通过向监管部门反映来维护自己的合法权益。这就需要我国相关部门加大宣传力度，加强投资者合法权益的教育。

（5）对于投资者财务权益的各因素重要性程度，投资者认为最为重要的是股价增长快和现金股利高，而忽视了企业的成长和风险等因素。

在投资者财务权益最为重要的问卷中，我们设计了8个选项（可以多选）：公司经营活动每股现金流量净额高、公司所有者权益每股所有者权益账面价值高且增长快、资产负债率低、ROE（年净资产收益率）高、市盈率（年度末每股市价/每股盈余）低、会计信息质量高、股价增长快、现金股利高。计算分析发现：绝大多数（91.23%）投资者认为股价增长快和现金股利高重要，只有少数（33.78%）投资者认可会计信息质量高对于投资者财务权益保护的重要性。经营活动每股现金流量的高低及ROE（年净资产收益率）高低反映了企业获利能力的强弱，也是现金股利的保障。公司每股所有者权益账面价值高低和增长快慢反映了企业的发展潜力的大小。资产负债率高低、市盈率（年度末每股市价/每股盈余）高低反映了企业经营风险的高低，市盈率同时也是反映当前股价是否合理的重要指标。而上述指标却几乎无人问津，这也充分说明了我国投资者以短期投资为主，重视眼前利益而忽视了长远利益。

三　多变量模型分析

1. 数据来源与样本筛选

研究样本从2013年3月7日至2014年9月20日网络及纸质调查

问卷结果数据处理，并随机抽出 90 个小样本，采用 Excel 2003，E - views 等计量分析软件进行。

2. 变量定义

被解释变量（因变量）为股民股票投资的总的收益率（The Total Return Rate of Stock Investment，TR）。

表 3-7 因变量取值

被解释变量可能结果	取值
亏损 80% 以上	1
亏损 50%—80%	2
亏损 20%—50%	3
亏损 0—20%	4
不赔不赚	5
盈利 0—20%	6
盈利 20%—50%	7
盈利 50% 以上	8

解释变量。影响股民投资收益因素主要有：性别、年龄、学历、入市时间、投资习惯、操作方法和股票选择因素。根据调查表的设计对变量的含义及取值进行定义如表 3-8 所示。

表 3-8 解释变量的定义

变量类型	变量名称	变量符号	预计符号	变量含义及取值
解释变量	性别（Sex）	S	?	男性取值 1，女性取值 2
	年龄（Age）	A	+	20 岁以下取值 1，21—30 岁取值 2，31—40 岁取值 3，41—50 岁取值 5，51 岁以上取值 6
	学历（Education）	E	+	专科及以下取值 1，大学本科取值 2，硕士取值 3，博士取值 4

续表

变量类型	变量名称	变量符号	预计符号	变量含义及取值
解释 变量	入市时间（Time）	T	+	不到1年取值1，2—5年取值2，6—10年取值3，10年以上取值4
	投资习惯 （Investment habits）	I	?	买入后很快卖出取值1，买入后持有一段时间，但不会太长取值2，买入后坚决长期持有取值3，以上都有取值4
	操作方法 （Method of operation）	M	?	基本面分析，取值1，技术分析法，取值2，跟风方法，取值3，凭感觉去买卖，取值4
	股票选择因素 （Factor of Stock selection）	F	?	所处板块，取值1；近期走势，取值2；公司业绩，取值3；重要消息，取值4；股价水平，取值5

3. 模型构建

模型以投资者投资收益率（TR）作为因变量，以投资者的性别（S）、年龄（A）、学历（E）、入市时间（T）、投资习惯（I）、操作方法（M）、股票选择因素（F）作为自变量，模型如下：

$$TR = \beta_0 + \beta_1 S + \beta_2 A + \beta_3 E + \beta_4 T + \beta_5 I + \beta_6 M + \beta_7 F + \varepsilon$$

式中，ε 为随机误差项，表示没有考虑到的因素和测量误差等。

根据所收集问卷数据，通过 E – views 得出如表 3 – 9 所示的回归结果。

表 3 – 9　　　　　　　　　E – views 回归结果

Variable	Coefficient	Std. Error	t – Statistic	Prob.
S	− 0. 403955	1. 025155	− 0. 394043	0. 0316
A	1. 497175	0. 912740	1. 640309	0. 0426
E	1. 330508	1. 121081	1. 186808	0. 0572
T	− 0. 449153	1. 130649	− 0. 397252	0. 0296

续表

Variable	Coefficient	Std. Error	t – Statistic	Prob.
I	– 0. 268362	0. 412275	– 0. 650929	0. 0819
M	0. 508475	0. 847458	0. 600000	0. 0094
F	0. 505650	0. 474374	1. 065929	0. 0981
C	– 3. 183616	4. 001041	– 0. 795697	0. 5096
R – squared	0. 975148	Mean dependent var		4. 700000
Adjusted R – squared	0. 888165	S. D. dependent var		1. 946507
S. E. of regression	0. 650945	Akaike info criterion		1. 969778
Sum squared resid	0. 847458	Schwarz criterion		2. 211846
Log likelihood	– 1. 848888	F – statistic		11. 21086
Durbin – Watson stat	2. 318983	Prob. （F – statistic）		0. 084314

从回归结果看，自变量的 Prob. 值均小于0. 1，R^2 值为0. 975，说明模型对所使用的样本拟合得很好。各个自变量对应变量的影响是显著的。也就是说，投资者的性别、年龄、入市时间、投资习惯等每一个变量都对投资者的投资收益产生影响而且是显著的。DW 统计量为2. 31，说明自变量之间不存在自相关。F 统计量为11. 2，其 Prob. 值为0. 08小于0. 1，说明投资者的性别、年龄、入市时间、投资习惯等共同对投资者的投资收益产生影响而且是显著的。

从表3 – 10可以看出，除了I和S、I和A、I和T的相关系数的绝对值小于0. 5之外，其他自变量之间的相关系数的绝对值都大于0. 5，说明投资习惯（长期或短期投资）与投资者的年龄、性别、入市时间相关性不大。而其他自变量之间高度相关，比如性别（S）与股票操作方法的相关系数为0. 6030，说明男性一般喜欢公司基本面分析和技术分析，而女性更喜欢跟风或凭感觉买卖股票。年龄（A）、学历（E）与股票选择因素（F）之间的相关系数分别为 – 0. 6897、– 0. 9201，说明年龄（A）、学历（E）与股票选择因素（F）之间高度负相关，即年长者和高学历者喜欢根据近期走势或所处板块选择股票，而年轻和低学历的投资者更喜欢根据股价水平或重要信息选择股票。

表 3 - 10　　　　　　　　　　各变量相关系数

	TR	S	A	E	T	I	M	F
TR	1	- 0. 8122	0. 9699	0. 7977	0. 8921	- 0. 5469	- 0. 7510	- 0. 6972
S	- 0. 8122	1	- 0. 8620	- 0. 6405	- 0. 7844	0. 3015	0. 6030	0. 6546
A	0. 9699	- 0. 8620	1	0. 7515	0. 9016	- 0. 4909	- 0. 7075	- 0. 6897
E	0. 7977	- 0. 6405	0. 7515	1	0. 8793	- 0. 5190	- 0. 9414	- 0. 9201
T	0. 8921	- 0. 7844	0. 9016	0. 8793	1	- 0. 3104	- 0. 7539	- 0. 7560
I	- 0. 5469	0. 3015	- 0. 4909	- 0. 5190	- 0. 3104	1	0. 7159	0. 5921
M	- 0. 7510	0. 6030	- 0. 7075	- 0. 9414	- 0. 7539	0. 7159	1	0. 92113
F	- 0. 6972	0. 6546	- 0. 6897	- 0. 9201	- 0. 7560	0. 5921	0. 9211	1

TR 和每个自变量的相关系数的绝对值都大于 0.5，说明投资者的投资收益（TR）与投资者的性别、年龄、入市时间、投资习惯等高度相关。TR 与性别负相关，说明男性收益比女性高。TR 与投资者年龄、入市时间正相关，说明年龄越大，炒股时间越长（往往经验越丰富），其收益越高。TR 与学历正相关，说明投资者学历越高，其收益越高。TR 与操作方法（M）、股票选择因素（F）之间的相关系数均为负数，说明收益高者往往喜欢进行公司基本面分析或技术分析，也喜欢根据所处板块和近期走势选择股票。TR 与投资习惯（I）之间的相关系数为 - 0.5469，高收益者往往采取短期投资，即买入和卖出时间很短（与表 3 - 3 结论不一致）。这可能与近年来我国股市波动较大有关，如果投资者长期持有股票所获得的收益没有短期持有股票获得的收益高，就需要进一步研究。

四　对策建议

根据调查结果的结论及分析，为了更好地保护投资者的合法财务权益，我们分别从政府、有关部门、上市公司、投资者的角度提出了以下对策建议：

1. 政府应该建立严格的外部行业监管，完善信用评级制度

证监会是依法对全国证券市场实行集中监督管理的合法监管机构，该监管机构应即时跟踪并总结证券市场经济活动的动态情况，掌握时事信息，为进一步建立健全《公司法》《证券法》等法律体系提供相应的修正意见。同时，还应该向美国证券交易委员会（SEC）借鉴经验，重

视证券评级，进一步完善我国的信用评级体制，真正为投资者投资决策提供参考价值。

2. 政府和有关部门应该加大投资者保护的宣传教育

投资者教育是一项经常性、基础性、长期性的工作，是一个复杂的系统工程，要求越来越高，挑战越来越大。保护投资者合法权益，需要各界的共同参与和大力支持。应该创建多元化的投资者宣传教育形式。如主题活动、媒体宣传、户外宣传、网上宣传等多元教育形式，多渠道、多角度地覆盖不同类型的投资者。

3. 上市公司应该加大信息披露并不断提高信息披露质量

投资者经常利用上市公司披露的信息来进行投资决策，所以上市公司应该尽可能多地向投资者披露企业的重要信息，同时必须提高审计报告中会计信息的质量，确保会计信息资料的正确性和真实性。审计报告中列示的公司财务指标是广大投资者进行投资决策的关键。披露的信息质量越高，对投资者决策越有用，并且能在很大程度上提高投资者财务权益的保护程度；相反，如果上市公司信息披露不真实或不合规，可能给投资者带来不可估量的经济损失。

4. 投资者应该加强自身修养，与证券机构订立合同契约书

首先，投资者应加强自身学习提高自身修养。我国中小投资者普遍存在的投机意识浓、投资理念存在偏差、投资决策不科学等固有因素，严重阻碍了投资者合法权益的有效保护，从而纵容了大股东和内部管理者掠夺中小投资者的行为频繁发生。为此，投资者应该对相关证券知识和法律法规有一定的掌握，要熟悉自身的合法权益，当权益受到侵害时懂得如何依法保护自己的合法权益。其次，要求订立合同契约书。投资者应当从自身利益点出发，要求证券公司与其订立各项能充分保护自身合法财务权益的书面契约，以确保投资者可以通过法律途径维护自身的利益。

5. 投资者应该树立长期、理性、价值投资的理念

随着监管的逐步完善和监管机构积极推动上市公司以分红等形式回报投资者，引导长期资金入市等举措的逐步实施，理性投资将具备更加坚实的基础，其优势必将不断显现。脱离上市公司基本面的炒新，无论其股价在短期内如何暴涨，始终要受其内在价值的约束，最终会回归到理性价值。中工国际、吉峰农机等股票的爆炒及随后的大跌都验证了这

一点。股票的价值受公司业绩、企业成长、行业定位、市场状况等多种因素的影响。投资者应该仔细阅读上市公司相关公告或报告，尽量获得最直接、最可靠的信息，据此对公司经营业绩、行业特点、发展前景、潜在风险等进行分析，也可以参考专业机构的评价分析。投资者应该"以史为鉴"，牢记理性投资。

6. 投资者切忌盲目跟风，增强风险意识，减少投机行为

投资是投资者追求其资本增值的过程，其主要目的是获利。但是，由于投资是高度复杂的，在投资过程中，种种不确定性因素的影响，决定了投资过程中必然存在风险，即其未来实际投资收益与预期收益发生背离的可能性及背离程度。然而，风险又是一把"双刃剑"，正是因为有风险才使得交易活跃起来。因此，投资者在入市之前要学会正确认识投资风险，谨记"投资有风险，入市需谨慎"，树立成熟的投资理念，改变以往盲目跟风、投机的心理。必须战胜自己人性中的贪婪、恐惧、幻想等缺点，坚持自律。

第四章 信息披露与投资者财务权益保护

一 引言

（一）研究背景

1. 中国证券市场不断扩张

1990年12月，为了发展有中国特色的社会主义市场经济，为国有公司搭建募集资金的融资平台，上海证券交易所和深圳证券交易所相继开始正式营运，此后一发不可收拾，中国证券集中交易市场步入了快速发展通道。如图4-1所示，我国上市公司总数逐年增加，尤其自2009年以来增幅更为显著。截至2014年9月，上市公司总数已达到2888家；股票面值达到43197.27亿元，其中流通面值为38815.9亿元；股票总市值高达300486.66亿元，其中流通市值为249171.27亿元；股票日均交易额高达3624.42亿元，去除休眠账户后股票投资者有效账户数已达13797.62万户。[①] 由此可见，无论是对经济总量还是个人经济生活而言，中国证券市场对中国经济的影响越来越深远。

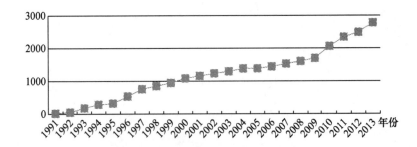

图4-1 1991—2013年上市公司总数

[①] 数据来源于中国证券监督管理委员会，http://www.csrc.gov.cn/，2014年10月《证券市场概况统计表》。

为了适应不断扩张的中国证券市场，维护市场秩序，保障其合法运行，我国政府于 1998 年 12 月颁布了《证券法》并多次修订，大力推行股权分置改革，适时推出投资者保护基金，加快风险券商处置进度，推动完善上市公司治理结构进程等措施，证券市场改革不断深化，规范化和开放化的成果显著。

2. 中国证券市场发育不良忽视投资者权益

如前文所述 20 多年间中国证券市场迅速扩张，2013 年境内外累计筹集资金高达 7948.72 亿元，融资功效可见一斑。在此期间，政府采取了一系列的措施以规范证券市场并取得了一定的成效，但由于中国证券市场在诞生伊始就带有浓重的政治色彩，证券市场运行的方方面面都有政府的身影，市场的有效调节作用受到局限，并使投资者产生了对政策的过度依赖，形成了"政府必然救市"的盲目乐观态度，从而忽视"股市有风险，入市需谨慎"的提醒。难以应对投资风险。正因为如此，我国证券市场存在以下发育不良的问题：首先，从功能上说，重融资轻投资，忽视投资者的财务权益。其次，从投资者结构上说，多散户少机构。机构投资者规模占投资者总数的 30%，其中证券投资基金、全国社保等专业机构投资者更是仅占 18.54%。最后，从投资者投资目的上说，重投机轻投资，投资者更关注资本利得，多选择短期投资，持股期间不超过 3 个月。①

因此，如果要充分发挥证券市场合理配置资源的作用，必须对我国证券市场进行"转型"，从"重融资"转为"重投资"。如何才能成功转型？我们以为关注投资者财务权益，尤其是中小投资者财务权益是重中之重。只有投资者财务权益得到保护，才能使投资者摆脱"政策信心"，重塑"市场信心"，正视和恰当应对证券市场风险，理性投资从而保证资本市场的公平、公开、公正，使之能够达到可持续发展的目标。

3. 完善信息披露制度保护投资者财务权益

国内外学者普遍认同完善的信息披露制度能够有效地保护投资者利益，尤其是保护中小投资者权益。目前，我国证券市场信息披露制度还

---

① 数据来源于中国证券登记结算公司《证券市场概况统计表》，2013 年 12 月，http://www.chinaclear.cn/。

不成熟，存在较多缺陷，各类财务丑闻层出不穷，从"ST 猴王"事件到"银广夏"事件到"江苏琼花"事件再到"中山公用"内幕交易等，这些财务丑闻无一不与不实披露或不足披露相关。我国证券市场中小投资者占绝大多数，他们作为上市公司的外部投资者，信息缺失，只能无奈地"用脚投票"，其财务权益难以保全。因此，完善信息披露制度是健全我国证券市场迫在眉睫的重要问题。只有完善了信息披露制度，才能从根本上保证财务信息的合法性和合规性，杜绝内幕交易，保证市场的公平、公正和公开，真正保护投资者财务权益。

（二）研究意义

只用了短短 20 载，中国证券市场就走过了西方国家近百年的发展历程，虽说其发展速度可观、成果喜人，然而缺少了中间的跌跌撞撞、磕磕绊绊、摸摸索索，难免打下的根基不牢。再说考虑到国情不同、环境不同，在借鉴西方先进经验的时候，中国证券市场也难免产生各种"水土不服"的症状。因此，只有通过研究我国证券市场的发展现状，分析现行信息披露的缺陷所在，关注西方发展历程，深入分析其优劣所在，才能借以完善我国信息披露制度，保护投资者财务权益，从而促进国民经济的健康和持续发展。

二 文献综述

（一）相关概念

1. 信息（Information）

美国数学家、信息论的创始人克劳德·艾尔伍德·香农（Claude Elwood Shannon）在《通讯的数学原理》一书中提出："信息是用来消除随机及不确定性的东西。"因此，广义的信息是指所有能够帮助和影响人们行为的数据。在会计学中，信息表现为会计信息，是指会计主体通过财务报表、财务报告或附注等形式向投资者、债权人或其他信息使用者揭示单位财务状况、经营成果和现金流量的信息。葛家澍认为"信息作为一种资源在外部市场交易和公司内部交易中起着必不可少的媒介作用"（葛家澍，2006）。

本书所指信息为上市公司所发布信息，按公开发布的时间分为定期或不定期公开发布的信息数据，其中前者是指受信息披露制度制约以合规形式强制公布的财务报告信息，后者是指公司以临时公告形式自愿不定期与社会进行的沟通，如管理层预测信息、公司社会责任信息等。按所反映的内容分为会计信息和非会计信息，其中会计信息反映的价值指标能够以货币计量；而非会计信息则是以非会计财务形式发布的与公司经营活动有直接或间接相关性的各种信息，如重大信息、审计信息等。

2. 信息披露（Information Disclosure）

在资本市场中，交易双方以及监管者与被监管者之间普遍存在信息不对称现象。为了维系市场"三公"，促使资本市场高效地优化资源配置，信息优势方有动机主动将占有的信息以公开形式发布给信息缺失方，此行为就是信息披露。

狭义信息披露的主体是上市公司，指拟上市公司在向投资者和社会公众初次公布招股信息或持续公布公司经营信息，依照相关法律法规，及时、真实、准确地向广大投资者公开披露公司相关情况的行为。

广义信息披露的主体则包括所有资本市场中的信息优势方，指的是上市公司和拟上市公司以及包括政府监管机构、机构投资者、交易所、证券公司、中小投资者和新闻媒介等在内的所有相关信息主体，披露有助于投资者决策的有用信息。如证券公司进行证券市场及股票投资的分析报告，政府监管机构发布的监管信息及对违规公司进行处罚的信息，甚至包括投资者获取的私人信息等。

本书所指信息披露仅指狭义信息披露，即上市公司信息披露。包括上市公司首次公开信息披露的招股说明书和上市公告书，年度与中期的定期报告及对公司重大事件进行披露的临时报告。

3. 信息披露制度（Information Disclosure System）

信息披露制度源于英国和美国，其目的是为了规范上市公司信息披露行为，保护外部投资者的权益。包括首次公开发行制度、定期报告制度和临时报告制度。

首次公开发行制度，即初次信息披露制度，披露的信息包括招股说明书和上市公告书。招股说明书是指拟上市公司向投资者提出的书面要约，邀请投资者认购其发行的证券。招股说明书的内容主要包括公司基本情况、经营基本情况和财务基本情况等。招股说明书是投资者了解拟上市公司的窗口，是正确投资的基石，只有全面、及时、准确地编制招股说明书，才是对广大投资者利益的最大保障。上市公告书是指按照政府监管机构和交易所的相关要求，拟上市公司在其股票上市交易前对相关情况向投资者汇报的公告性文件。

定期报告制度，即持续信息披露制度，应及时披露定期公告。定期公告是指上市公司在规定时间内，向公众公开披露年度报告、中期报告和季度报告，对该期限内的业绩和财务情况进行汇报。

临时报告制度是指上市公司在发生重大事件时，要在第一时间内，按照法定程序和内容，完整、准确地披露该事件情况、进展和影响等相关情况的临时报告，以供投资者决策参考。

4. 信息披露质量（Accounting Disclosure Quality）

会计准则中明确界定了会计信息质量特征用以衡量上市公司公开披露的会计信息。会计信息质量要求是公司财务报告提供会计信息质量的基本要求，是财务报告提供给投资者等决策使用者有用会计信息应具备的基本特征，它主要包括可靠性、相关性、可理解性、可比性、实质重于形式、重要性、谨慎性和及时性等。

信息披露质量的高低，直接影响着投资者决策的正确与否，通过股票价格变化有效引导市场中资本要素的流动。2012年，由高明华教授领导的北师大公司治理研究团队推出的《中国上市公司信息披露指数报告（2012）》对信息披露质量水平进行了全面的评价。

（二）投资者财务权益保护的理论基础

1. 有效市场假说（Efficient Markets Hypothesis）

"有效市场假说"是美国经济学家尤金·法玛在20世纪70年代初首次提出的。尤金·法玛假设了信息与证券价格的相关关系，并按证券价格对信息的不同反应速度将市场分为三种形式的有效市场，即弱式、半强式和强式有效市场。她认为，如果市场有效那么有用的信息将全部在证券价格中反应，而与证券的价格变动本身没有内在联系；同时，能够引起价格变动的仅有相关信息而非不相关信息。有效市场假说理论中这种相关信息与证券价格的相关关系，为上市公司信息披露奠定了理论基础，使人们可以对股票价格的合理性以及股票价格与信息披露和市场上其他各种因素的关系进行进一步的研究。

当前，我国证券市场正在从弱式有效市场向半强式有效市场转变，股票价格还会受到失真信息、不相关信息的干扰，如果我们要在这个最好的时代抓住市场转变的机遇，就必须完善信息披露制度，提高信息披露质量，为市场转变提供良好的环境。

2. 市场失灵理论（The Market Failure Model）

市场失灵理论的观点是，完全竞争的市场结构是资源配置的最佳方式。当然，完全竞争市场只是一种理想状态，在现实经济中由于垄断、外部性、信息不对称和公共物品等方面因素的影响，市场无法仅靠价格机制配置资源，无法达到资源配置效率最大化，也就无法实现帕累托最优，从而造成市场失灵。当市场失灵时，为了实现资源配置效率的最大化，就必须借助于政府的干预；另外，市场不能解决的社会公平和经济稳定问题也需要借助于政府的干预。

在我国证券市场上，普遍存在的信息不对称是导致市场失灵的主要原因。例如，在投资者购买股票时，因信息缺失无法了解所有上市公司的状况，只愿意购买低价股票，此时"知其然，不知其所以然"，无法了解股票低价的原因是否源于其业绩低劣，从而形成追捧绩差股的怪圈。再如，在投资者持有股票期间，除了依赖公开披露信息，无法对投资的公司实施有效的监督，导致信息缺失，可能受到失真信息的误导做出错误决策，导致巨大损失，同时扭曲市场价格，限制证券市场优化配置资源的作用。

因此，面对我国证券市场的市场失灵，应加强政府干预，加大信息监管力度，规范信息披露制度，提高信息披露质量，以维护投资者财务权益。

3. "两权分离"理论

20世纪90年代，学者伯利和米恩斯在他们的著作《现代公司与私有财产》中讨论了所有权和控制权分离问题。他们研究了公司的管理层、董事会、少数所有权、多数所有权和私人所有权六类主体的控制权，发现公司管理层控制下的公司数量及其资产总额都是最高的，公司管理层正成为公司的实际控制者，由此提出股权分散假设。他们认为"由于所有者人数的增加，出现了所有权和控制权的实质性分离"，"对生产工具的实际控制权，正在以越来越大的程度让渡给管理巨额财产的中心集团"，"对实物资产的控制权，已从个人所有者转移给那些领导准公共机构的人，而所有者保留了对这些实物资产的产品和增值的权益"，公司股东对公司的直接影响越来越小，公司控制权已从股东手中转移到了职业经理手中（Berle and Means，1932，2001，2005）。

覃家琦博士指出，根据"两权分离"理论，在我国资本市场上，这种分离将会导致：①投资者财产权与公司法人财产权相分离；②治理控制权与管理控制权相分离；③股权与治理控制权相分离。其中，股权与治理控制权的分离将意味着管理层对治理结构和管理结构的同时控制，从而妨碍投资者权益的实现，导致管理层机会主义行为和大股东掠夺行为的发生，这就引发了对投资者（特别是中小投资者）权益保护问题的研究（覃家琦，2006）。

（三）信息披露的相关研究

1. 信息披露动因

由于信息不对称的影响，优质资产拥有者期望收到更多的投资，不得不自愿披露部分信息。

Grossman 和 Hart（1980）的研究表明，优质绩优公司为了将自身与劣质绩差公司区别开来，自愿更多地披露信息，向投资者和潜在投资者传递优质资产信号，以使市场能够公正评价，避免公司价值被低估。Preston（1978）的实证研究证实了本期 ROE 与公司自愿信息披露质量之间的正相关关系。此后，Skinner（1995）对 1981—1990 年纳斯达克上市公司数据的实证研究也验证了自愿性信息披露能够提高公司财务信息的完整性及可靠性。

但是，Camferman（1997）对 1945—1983 年在阿姆斯特丹股票交易所于上市公司年报信息的自愿性披露部分进行了实证检验，却发现，公司自愿信息披露质量与财务业绩（ROE）密切相关。起初公司自愿信息披露质量与 ROE 正相关，但当 ROE 接近投资者预期时，自愿信息披露质量反倒会下降。投资者预期将会对公司自愿信息披露质量与财务业绩之间的关系产生影响。

Michalisin 等（2000）从实证的角度研究了公司声誉、技术秘密、公司文化等战略因素，与建立竞争优势及获取超额利润之间的关系，结果表明这些无形的战略因素对股东权益具有显著影响。Roberts 和 Dowling（2002）基于《财富》杂志对 1984—1998 年美国最受尊敬的公司的调研数据进行分析，发现具有良好质量声誉的公司往往可以持续获取超额利润。Paulson 和 Slotnick（2004）研究了当内部和外部的影响因素随时间变化时，公司声誉和产品质量的关系。Paulson 和 Slotnick 指出，公司提高产品质量的成本与效益分析，主要是基于竞争对手的质量和价格，以及公司本身所拥有的市场声誉。由于消费者处于不同的环境，对公司的产品不可能完全的了解，因此，公司的声誉就成了表现产品质量的有力信号。

另外，Palepu（1986）的研究表明上市公司 CEO 会在股价被低估时，通过增加信息披露来抬高股价，以避免公司被收购。

总之，优质绩优的上市公司会为了摆脱被市场低估难以融资的困境提高信息披露水平，强化与外部投资者的信息交换。

2. 信息披露影响因素

如前文所述，如果要减少信息不对称的现象，公司必须增加信息披露，增加披露会受到以下因素的影响：

（1）公司治理环境。独立董事在董事会比例越高公司信息披露水平越高，与之相反的是，由家族控股的上市公司则会因股权过分集中而导致独立董事的作用受到限制，降低信息披露水平（Bikki Jaggi and Charles Chen，2000）。对于家族控股的上市公司，建立审计委员会能提高公司信息披露水平。（Simon and Kar，2001）控制层数、股东人数与信息披露质量显著负相关（王雄元、沈维成，2008）。

（2）股权集中度。公司股权集中度与公司信息披露质量负相关，外部股东持股比例越高，上市公司信息披露水平越高，公司最终控制权与现金流量权分离程度越高，公司透明度越低（Fan and Wong，2002）。

（3）市场监管。市场监管力度与公司信息披露质量正相关。例如联交所上市公司中，H 股市场披露的信息比香港本地公司更多；但在 A 股市场上，这些公司却没有比其他公司披露得更多（Ferguson，Lam and Lee，2002）。

（4）外部独立监督。如果有第三方信息中介结构，如审计机构及评级机构等，对上市公司进行外部独立监督并对外公布，那么当第三方机构更具专业性同时具有信息收集上的优势时，会对上市公司信息披露产生良好影响。

以上各类因素都会影响上市公司的信息披露。那么增加信息披露的方式就包括：制度性强制披露，如建立健全信息披露制度、证券交易制度、会计准则；加强外部独立监督和市场监管；完善公司内部治理制度，如在董事会下设立专门委员会（审计委员会），加强对管理层的监督和约束（Healy and Palepu，2001）。

三 中小投资者财务权益保护现状

如上所述，由于资本市场中各方的信息不对称，委托人和代理人之间出现"逆向选择"，为了维护投资者尤其是中小投资者的财务权益，完善信息披露制度刻不容缓。

（一）中小投资者权益保护的主要内容

1. 基于法学角度的中小投资者权益保护

危兆宾（2009）按照自益权与公益权的分类方法，来界定中小投资者权益保护的法律内容。

（1）自益权。股东的自益权是指股东为从公司获取财产利益而行使的一系列权利。股东自益权主要包括：股利分配请求权、剩余财产分配请求权、建设利息分配请求权、新股认购优先权、股份买取请求权、股份转换请求权、股份转让权、股票交付请求权、股东名义更换请求权和无记名股份向记名股份的转换请求权等。

从上述内容可以看出，股东的自益权虽然体现为经济利益的要求，但并不局限于货币收益的形式，这种权益既包括用货币形式计量的权利形式如股利分配请求权、剩余财产分配请求权等，也包括用非货币形式表达的权益如股份转让请求权等。

（2）公益权。股东的公益权是指股东以参与公司经营为目的而行使的权利，此权利兼顾自己利益和公司利益。主要包括：投票权、累计投票权、代表诉讼提起权、股东大会召集请求权和召集权、提案权、质询权、股东大会决议撤销诉权、股东大会决议无效确认诉权、新股发行停止请求权、新股发行无效诉权、公司设立无效投诉权、公司合并无效诉权、会计文件查阅权、会计账簿查阅权、检查人选任请求权、董事监事和清算人解任请求权、董事违法行为制止请求权、公司解散请求权和公司重整请求权等（张龙文，1976）。

以上两项内容相辅相成、互为补充。公益权是实现自益权的手段，自益权则是公益权行使的目的和归宿。但公益权主要是确保公司利益和股东全体利益，而自益权主要是确保股东个体利益，二者的权利指向不尽相同。

2. 基于经济学角度的中小投资者权益保护

经济学上，中小投资者权益保护的内容包括公司所有者的剩余控制权和剩余索取权。在现代公司观中，公司是一个由各生成要素的利益相关者组成的契约型组织。公司经营所得应按生产要素在不同利益相关者之间进行分配。其中，股东的分配顺序应排在其他利益相关者（如员工、债权人、政府）之后，即表现为剩余索取权。另外，股东还可以通过行使投票权来参与公司经营决策从而最终获取股东的剩余索取权。股东的这二者经济学内容也是相辅相成、互为补充的。

（二）内部投资者与中小投资者之间财务权益冲突

1. 内部投资者与中小投资者之间财务权益冲突的产生

古典经济学认为，每个人都是理性的自利经济人，而公司就是由这样的一群理性自利经济人形成的暂时联合体，由于每个自利经济人都只追求自身利益最大化，因此每个股东之间都缺乏必要的信任。

根据法学观，股东权分为自益权和共益权，其核心在于股东从公司中获取经济利益，股东参与经营管理不是目的而是手段。围绕股东权的行使，持有不同比例股份的股东具有不同的利益取向。一般而言，持股比例较大的股东更倾向于行使共益权，以便从参与经营管理活动中获取经济利益，而对于持股比例较小的股东，更倾向于自益权的行使，因为行使共益权将付出一定的成本，一个理性的小股东是不会为此行使共益权的。由此可见，股东利益并非一致，而是存在一定的冲突的，尤其在大股东与小股东之间的冲突更为激烈。

这种冲突如此激烈，是因为股东基于出资而联合在一起，资本是股东之间连接的纽带，对于高额投资回报的追求使得股东之间存在利益的共同性。从表面上看，股东利益的冲突，主要是对公司控制权的争夺。当股权相对分散时，由于人人缺少话语权，没有明显差异，股东之间的权力相互制衡，利益冲突并不激烈。但是，如果一旦公司股权相对集中，存在控制性内部投资者即大股东，股东之间的权力平衡被打破，此时占主导地位的大股东与其他中小投资者之间的利益冲突将会不断激化。大股东可能利用投票权的优势，欺诈、打压中小股东，如对出席股东大会的股东科以持有最低股份的限制、利用关联交易侵占公司资产、排挤中小股东选派的代表进入公司机关、在公司增资时以特别优惠的价格得到新股份从而扩大对公司的控制权、采用有利于自己的股利分配政策等。

究其根源，内部投资者与中小投资者之间利益冲突在于二者之间的委托—代理关系以及由此引发的信息不对称关系。

2. 内部投资者与中小投资者之间财务权益冲突的表现

（1）选举董监事时的冲突。在公司组织中，股东行使股东权的机构是股东大会，但股东大会并不是常设机构，如果股东没能进入公司董事会、监事会，则会被彻底边缘化，沦为纯粹的出资人。而大股东一旦控制了董监事成员的选任，也就实质上控制了公司的日常经营和股利的分配。因此，董监事职位的角逐是内部投资者与中小投资者之间利益冲突的第一战场。

（2）关联交易中的利益冲突。大股东将归属公司所有股东的资产通过转移定价以低于市场的价格将资产出售给控股股东或控股股东控制权与现金流量权较为一致的公司，如出售资产或进行信用担保等（Djankov，La Porta，Lopez - de - Silanes and Shleifer，2005）。

（3）金融交易中的利益冲突。大股东通过定向增发稀释外部小股东股份或通过秘密协议将公司控制性股权出售给其他个人或机构，甚至是内部人通过控制权将影响公司股价的私人消息泄露给其他外部人；大股东或通过秘密协议将公司控制性股权出售给其他个人或机构，甚至是内部人通过控制权将影响公司股价的私人消息泄露给其他外部人。

（4）股利分配上的冲突。获取股利是股东投资的主要目的。按理说，股利分配应当遵循同股同酬，按股份平等分配的原则。但实际上，当公司存在大股东时，大股东往往倾向于自利的股利分配方案。以用友软件分红案为例，用友软件的第一大股东拥有 55.2% 的股份，与其他 4 家私人发起人一起实际出资 8000 万元，持股比例高达 75%，当年分红总额 6000 万元，第一大股东与其他 4 家私人发起人共分得 4500 万元，不到两年就能收回投资。而出资 20 亿元的流通股东只分得红利 1500 万元，需要 133 年才能收回投资。这就是大股东通过操纵股利分配方案，将再融资所得现金作为红利分配，甚至借钱分红，牺牲了公司整体利益和长远利益以及中小投资者的利益，以此来满足大股东的私利。

（5）公司并购中的利益冲突。上市公司收购的实质是在公司的控制权运动过程中，各权利主体依据公司产权所做出的制度安排而进行的一种权利让渡行为。在收购过程中，收购公司为了节约成本常常私下与一些大股东协商，以较高的溢价收购其持有的股份，对中小股东则采取漠视态度，使得中小投资者没有机会以较高的溢价出售自己的股份。并且，目标公司的中小股东因为在专业能力、信息、资金数额上的劣势，而不得不成为被动的参与者。

在公司收购中，一切活动基本上由目标公司的控股股东主持，控股股东经常可能因得到收购公司的某种承诺或高补偿而做出同意被收购或者基于自身利益的考虑而做出抵制收购的行为，这期间，中小股东的权益常常被忽略。与公司正常经营相比，收购中控股股东与中小股东的利益冲突更为明显。

综上所述，股东对公司收益的要求权来自公司未来可分配的现金流，若将此种现金流视为整体，则大股东获得控制权私利实际上是对小股东收益的转移，因而，控制性股东占有控制权私利也就导致小股东的利益被侵害。

（三）影响投资者财务权益保护的因素

缺乏保护的投资者财务权益，如同一块肥美的鲜肉吸引着大股东垂涎欲滴，如何才能有效地保护投资者财务权益？

"投资者的法律保护被认为是金融市场发展，资本和所有权结构优化及控制权私人收益约束的关键因素，良好公司治理的核心是引入适当的投资者法律保护"（Andrei Shleifer and Robert W. Vishny，1997）。然而，新兴市场国家的研究却显示，投资者法律保护普遍缺失，或即便存在相关立法但却受其他因素影响而致使法律无法有效行使对投资者的保护，因此，公司治理被认为是在法律缺失情况下对投资者保护的有效替代（LLSV，2000）。

继 LLSV 提出法律对投资者权益保护的重要作用后，如何通过内外部制度安排解决外部投资者保护问题成为近年公司金融研究的主要方向，各国学者对保护投资者的方式及手段展开多方研究，形成自上而下、由表及里的投资者保护体系。

1. 外部法律监管环境的强制约束

法律对投资者的保护作用是最为有效的，"好的法律环境将保护潜在投资者免受公司的剥削，增强资金供给者购置证券的意愿从而扩展资本市场的范围"。

法律包括立法和执法，仅有严谨的法律条文是不够的，还需要严格的执法。La porta（1998）、Pistor 等（2000）、Defond 和 Hung（2004）、Chen 等（2005）先后强调"如果执法不能比立法更加有效，但至少是与法律条文同等重要"。但由于立法难以具有前瞻性，因此"完全依赖存在固有不完备性的法律规则保障投资者的权益显然不够"。

除了法律体系，还需证券市场监管制度保障及监管机构协调。投资者保护是国际证券委员会组织（IOSCO，1998）确定的证券监管核心，其实质是要保护投资者知情权，确保市场公平、有效和透明。证券市场监管制度构建有效解决投资者因专业性和信息收集弱势造成的对公司内部治理的监督不力，因此证券市场机构监管成为立法与司法不完备的有效补充。

我国基于中小投资者保护的外部法律体系是以《公司法》和《证券法》为框架搭建起来的。《公司法》明确了股份公司股东大会、董事会、监视会以及经理的责权利，并对股份有限公司的股份发行和转让作了详细的规定，以强化公司的意识自治、强调对债权人和中小投资者利益的保护。《证券法》则是调整证券发行、交易和国家对证券市场监管过程中，所发生的社会关系的法律规范系统。它从规范证券市场的角度维护了中小投资者的利益。目前，除了这两个基本核心大法，还有250多条法规，包括事先预防性质的关于股东大会召集权、提案权、知情权等方面的相关规定，事后补救性质的如诉讼提请方面的相关规定，这些法律、法规共同构建了我国证券市场法的外部法律体系。除此之外，我国的证券市场监管制度保障及监管机构协调的主体主要有证监会、证券交易所和注册会计师协会。

2. 外部非强制性约束

在新兴市场国家中，法律及证券市场监管等都由于自身的原因，难以有效运行投资者保护机制，根据市场失灵理论，此时需要政府介入干预。政府干预一般分为掠夺性干预和保护性干预。其中，掠夺性干预是指各级政府将各种施政目标强制性引入公司中，比如完成 GDP 和税收指标、增加雇员数量、摊派公共行政支出等；而保护性干预则是指政府利用自身的行政权力以帮助公司获得优惠政策、稀缺的金融资源和垄断地位，比如采取各种政策进行地方性保护、提供税收优惠、提供优惠贷款支持、给予财政补贴、帮助当地公司抢夺上市融资机会、颁发特别许可证等。现实中，政府干预的这两种效应往往相伴相生，相互交织，难以剥离。当政府对公司实施掠夺性干预时，公司利益必然因背负沉重的政策性负担而遭受损失造成业绩下滑，因此公司又会反过来要求政府反哺提供更多的政策支持以获取补偿。

在新兴市场培育的早期，政府干预可能是积极的，但随着市场逐步走向成熟，在国有控股比例较高的公司地方政府干预反而会导致国有股权比例与关联交易公告的超额回报负相关（Cheung et al.，2005）。王鹏（2008）在对比国内各省政府对公司干预程度的研究中发现，各省上市公司投资者保护水平存在差异。

除了政府干预外，中介组织如独立审计机构、金融分析师或媒体等的介入也有助于上市公司信息透明化，上市公司被动自我约束。中介组织的专业化和优良的信息收集能力，通过影响投资者投资决策，为保护中小股东财务权益起到相当大的作用。另外，综观国内外的财务丑闻、重大舞弊事件，中介组织尤其是媒体都发挥了举足轻重的作用。

处于转型经济的中国，政府对市场的干预行为非常普遍，通常情况下，地方政府是主要的干预主体，各地政府为了追求政绩，十分注重本地区的经济发展状况，而税收和财政盈余、充分就业、社会稳定都是其追求的政绩目标，这些政绩目标的实现很大程度上依赖于辖区内各类公司的经济指标完成情况，为此，政府总是变着手法干预辖区内公司对外披露的会计信息，操作会计信息透明度，以此作为地方官员实现自己政绩目标的主要方法和重要途径。

3. 内部治理的自我约束

当以上外部约束没能起到应有的效果时，投资者不得不依赖完善的公司内部治理结构来寻求权益保护。因为公司要进入资本市场吸引投资者关注，就必须采取严格遵循法律条款或添加其他强化公司内部治理的措施，降低代理成本和资本市场的资本成本，而有助于投资者利益的保护（Dumev and Kim，2005；Doidge et al.，2007）。

公司内部治理的自我约束手段有：

（1）聘请外部董事，研究证明外部董事的存在与 CEO 的解聘正相关（Wrisbach，1988），外部董事比例高的董事会能够增加股东财富（Lee，Rosenstein et al.，1992）。

（2）建立独立董事制度有助于增强董事会的独立性，"通过抑制控股股东的机会主义行为，提高公司透明度"（王跃堂等，2008）。

（3）抑制第一大股东有助于股权制衡，"多个大股东间的竞争与制衡减少控制性股东侵占行为发生，达到保护中小投资者目的"（Francis Bloch and Ulrich Hege，Multiple Shareholders and Control Contests，2001）。

（4）建立健全内部控制制度，有助于降低代理成本，提高盈余质量（Ashbaugh – skaife et al. , 2008；Doyle et al. , 2007）。

四　实证研究

在前文关于投资者财务权益保护的影响因素分析的基础上，我们将通过实证研究来验证在资本市场中它们是如何对信息披露质量产生影响的，以期以此实证基础为最终完善信息披露制度保护投资者财务权益提出研究建议和展望。

（一）研究假设

本书在综合国内外相关研究成果的基础上，力图从外部强制约束和非强制约束以及内部治理机制的角度探讨机构投资者对上市公司信息披露的影响。为此，我们将结合本章的研究目的和实际情况，提出以下假设：

H1：公司外部法律监管环境的强制约束程度与信息披露质量正相关。

H2：公司外部其他非强制约束程度与信息披露质量正相关。

H3：公司内部治理的自我约束程度与信息披露质量正相关。

毋庸讳言，在当前市场环境下，我国对中小投资者的保护机制还远未成形。由于违法违规造成的成本低廉，控股股东热衷于通过关联交易或其他手段转移利润，从而赚取丰厚的回报，而被转移利润的公司业绩下降，中小投资者财务权益受损。而信息披露就是着眼于大股东与小股东之间的信息不对称，以"防止公司控制股东凭借控制权对外部投资者的利益侵占"（LLSV，2000）。基于以上理由，我们提出如下假设：

H4：上市公司会计信息质量与投资者保护水平正相关。

（二）研究方法

1. 数据来源和样本设计

本书所使用财务数据均为按照新会计准则调整之后的数据，数据主要来源于锐思金融研究数据库（www. resset. cn），参考了深圳证券交易所上市公司年度报告。另外，所采用的信息披露考评结果来自深圳交易所网站（www. szse. cn）"信息披露"中的"上市公司诚信档案"。使用的数据处理软件是 Excel 2007 和 SPSS 19. 0。

本书以我国上市公司为研究对象，所选择的样本为 2013 年在深圳证券交易所发行的 A 股主板和中小板上市公司。同时，我们依据以下标准对原始样本进行了筛选：①由于同时发行 B 股和 H 股的上市公司其披露要求与只发行 A 股的上市公司有所不同，因此本书剔除了同时发行 B 股和 H 股的上市公司，把只发行 A 股的上市公司作为本书的研究样本；②考虑到金融行业与非金融行业的会计准则存在较大差异，不具有可比性，因此为了保证数据的有效性，遵从惯例剔除了金融保险类上市公司样本；③剔除 ST、PT 以及 * ST 等财务状况严重恶化且信息披露遵循特殊方式的上市公司样本；④剔除数据缺失以及明显数据异常的上市公司样本。依据以上样本选择标准，得到 591 家有效样本公司。

2. 被解释变量定义——股权资本成本

（1）会计信息披露质量的替代变量的选择。由于信息披露质量适于定性难以定量，国内外学者大多通过设计替代变量来进行信息披露质量的相关研究。一部分研究者以盈余管理程度代表会计信息披露质量。如 Ball（2001）以及 Dechow 和 Dichev（2002）都先后选择应计项目的现金流分析和应计项目的调整研究代表会计信息质量的公司盈余信息，Francis 等（2004）则采用了以下七个方面的盈利质量指标分析会计信息披露质量：应计质量、盈余的持续性、盈利的可预测性、盈余的平滑性、盈余的价值相关性、盈利的及时性、盈利的稳健性。本书将在下一章重点研究盈余问题，因此本章研究会计信息披露质量的替代变量就不再选取盈余管理程度。

另外一些学者则以股权融资成本代表会计信息披露质量，并分别通过规范研究和实证研究验证了会计信息质量和股权资本成本之间具有显著的负相关关系。鉴于我国上市公司更偏好股权融资行为，我们选择上市公司股权资本成本作为被解释变量。下面我们首先回顾一下他们的相关研究成果。

就规范研究而言，学者们普遍认为提高会计信息质量能够有效降低股权资本成本从而影响投资者的投资行为。例如 Barry 和 Brown（1984）、Handa 和 Linn（1993）等认为，当上市公司信息披露水平较低时投资者会对其股票赋予更高的风险水平和回报期望，但是更低的投资意愿和出价水平，最终会导致更高的公司资本成本。Amihud 和 Mendelson（1986）、Welker（1995）、Healy 等（1999）则认为，当上市公司信息披露充分、及时质量较高时，股票交易成本下降，促使资本成本降低。另外，Bhushan（1989）、Lang 和 Lundholm（1993）、Coles 等（1995）、Lang 和 Lundholm（1996）等从股票评估的角度提出，披露水平的提高可以有效地减少股票评估中的不确定性，降低评估股票风险，缩小不同分析师和不同投资者的评估差距，从而降低资本成本。Diamond 和 Verrecchia（1991）、Kim 和 Verrecchia（1994）、Amihud 和 Mendelson（2002）还提出，信息披露频率的增加和其质量的提高有助于解决投资者间信息不对称的问题，吸引投资，加速股票流动，降低资本成本。

就实证研究而言，近 20 来国外学者也从多个角度验证了会计信息质量和股权资本成本之间的负相关性。Botosan（1997）以 1992 年美国机械制造业上市公司为样本，发现在控制 β 系数和公司规模的条件下，从分析师关注度的角度，发现在 5 期股利收益模型下的股权融资与会计信息质量负相关，会计信息质量越高的公司的股权资本成本越低。基于以上结论，Botosan 和 Plumlee（2002）扩大样本，同样在控制 β 系数和公司规模的条件下，选取了 1997—2000 年的美国十个行业的上市公司作为样本，发现会计信息质量和股权资本成本之间存在负相关关系。Bloomfield 和 Wilks（2000）通过实证验证了改进信息披露可以提高投资者的投资意愿和出价水平，增加股票的流动性，最终导致较低的公司资本成本。Bhattacharya 等（2003）将实证研究扩展到 30 多个国家的十年数据，从盈余披露的角度，发现盈余披露质量越差的国家，其剩余收益模型下的股权资本成本越高，股票交易越不活跃。此后，Francis 等（2004）、Aboody 等（2005）、Gietzmann 等（2005），Kravet 和 Shevlin（2007）研究也都从盈余质量的角度相继发现，会计信息质量的改善将提高股票评估的预测精度，从而降低投资者的预测风险及股权资本成本。而 Ball 和 Shivakumar（2005）、LaFond 和 Watts（2008）等从公司治理的角度，发现会计信息质量的提高能够有效约束管理层的机会主义行为，从而降低投资者利益受损的风险，进而降低资本成本。

随着我国信息披露制度逐步完善，上市公司信息披露质量显著提高，国内学者对我国资本市场的相关研究逐渐增加。汪炜、蒋高峰（2004）主要从信息披露数量方面进行实证研究，发现了上海股票市场上市公司信息披露与股权资本成本之间的负相关关系。曾颖和陆正飞

（2006）也以 2002—2003 年在深圳证券交易所的上市公司为样本，对其信息披露质量进行考核评级，采用改进后的剩余收益模型进行实证研究，发现样本公司会计信息质量越高，其股权资本成本越低。张金鑫和王逸（2013）从会计信息质量的稳健性出发，对公司融资进行研究，发现会计稳健性水平的提高总体上有助于缓解公司的融资约束，并提出相对于事后的条件稳健性，内生于会计准则和公司会计制度的非条件稳健性的提高能够降低资本成本。

综上所述，无论在国内还是国外的资本市场，提高上市公司的会计信息质量都能够带来降低股权资本成本的经济后果。因此，本章选择股权资本成本作为会计信息质量的替代指标并定义为被解释变量。

（2）股权资本成本的确定。股权资本成本的估计方法包括基于风险溢价的直接估计模型和基于未来收益贴现的间接估计模型。其中，基于风险溢价的直接估计模型是从股权资本成本的定义出发，对各类风险因素进行量化，然后将各量化值和风险溢价求和得到，这种方法主要有CAPM 资本资产定价模型、APT 套利定价模型和 Fama – French 三因素模型。这种方法虽然简单直观，但是由于难以穷举所有的风险源且风险溢价水平难以赋值，其准确度较低，因此在目前的实证研究中已经较少采用。

而基于未来收益贴现的间接估计模型与直接估计模型正好相反，采用逆向思维，首先假定当期股票价格定价正确，然后以当期价格为基点对未来预测的收益进行贴现，使未来收益的贴现值等于当期价格的折现率，也就是股权资本成本。国外采用这种方法有股利贴现模型（DDM）、剩余收益模型（RIM）和异常收益增长模型等众多模型和改进模型。2013 年东北财经大学的闫志刚博士针对中国资本市场，对间接估值模型的可靠性进行了实证检验，检验结果表明 OJN 模型（Ohlson and Juettner – Nauroth，2005）、PEG 模型和 MPEG 模型的估计结果具有较高的可靠性。因此，本书采用闫志刚博士的观点选择 OJN 模型估计股权资本成本。

OJN 模型是 Ohlson 和 Juettner – Nauroth（2005）首创，该模型将每股收益 EPS 及其增长引入到股利折现模型：

$$p_0 = \sum_{t=1}^{\infty} \frac{dps_t}{(1+r)^t} \tag{4-1}$$

其中，p_0 为第 0 期的股票价格；dps_t 为第 t 期的每股股利；r 为股权资本成本。若：

$$z_t = \frac{eps_{t+1} - eps_t - r(eps_t - dps_t)}{r} \quad\quad (4-2)$$

式中，eps_t 为第 t 期的每股收益。

假设序列 $(z_t)_{t=1}^{\infty}$ 满足 $z_{t+1} = (1+g)z_t$，$t = 1, 2, \cdots, 0 \leqslant g \leqslant r, z_t > 0$，$\lim\limits_{t\to\infty}\left(\dfrac{eps_t}{eps_{t-1}}\right) = 1 + g$，其中 g 表示每股收益长期稳定的增长率，则：

$$p_0 = \frac{eps_1}{r} + \frac{eps_2 - eps_1 - r(eps_1 - dps_1)}{r(r-g)} \quad\quad (4-3)$$

式（4-3）变形可得：

$$r = A + \sqrt{A^2 + \frac{eps_1}{p_0} \times \left(\frac{eps_2 - eps_1}{eps_1} - g\right)} \quad\quad (4-4)$$

式（4-4）即为 OJN 模型，其中，$A = \dfrac{1}{2}\left(g + \dfrac{dps_1}{p_0}\right)$；$\dfrac{eps_2 - eps_1}{eps_1}$ 为每股收益的短期增长率；g 为每股收益长期稳定增长率。

在下文的实证研究中，对于未来 1—2 期的盈利预测，我们将采用锐思数据库中的分析师盈利预测数据。由于财务数据的分布大多不具有对称性，在选取其均值时不应选取算术平均值而是选取中值。因此 eps_1 和 eps_2 选取所有证券分析师盈利预测数据的中值。dps 将根据过去三年股利支付率的平均值（如果过去三年均未支付股利，则股利支付率为零）进行估计。每股收益长期稳定的增长率 g 一般用通货膨胀率来代替，下文采用我国 2003—2012 年十年通货膨胀率的平均值：2.97%。p_0 采用年末最终收盘价作为当年股票价格。

3. 解释变量设计

上文提到影响投资者财务权益保护的因素包括外部强制性和外部非强制性约束以及内部自我约束，因此我们从这三个方面选取了以下指标作为解释变量。

（1）外部强制性约束变量（EM）。EM_1，公司重大事项违规处罚，它是公司所处法律监管环境的替代变量，记录了上市公司及公司领导人受到重大违规处罚情况，处罚机构包括国家各级政府、公安、检察、司法、中国人民银行、中国银监会、中国证监会、深圳交易所、中国保监会、中国注册会计师协会等部门和组织，几乎涵盖了整个市场强制性监管的各个主体，一定程度上反映了外部强制性约束对投资者权益保护状况。本书使用变量 EM_1 来表示，其取值取决于上市公司当年受到的重大违规处罚次数，如果当年上市公司没有重大违规处罚则取值为 0。

EM_2，外部审计意见。自美国政府颁布了《证券法》（1933）和《证券交易法》（1934）规定上市公司的财务报表必须公布审计报告以来，专业的独立外部审计作为上市公司的外部强制性监督机制，是对公司会计信息质量进行监督和控制的重要力量，一直都在为提高财务信息质量和保障投资者权益发挥强大的作用，而外部审计意见正是这种外部强制性约束的直观结果。对普通的投资者而言，会计信息的内容复杂难懂，而且就算看懂了也对其准确性和真实性捉摸不透，难以做出恰当的投资决策以保证自身权益。此时注册会计师一方面凭借其专业胜任能力和客观公正的立场，帮助投资者尤其是中小投资者建立他们对会计信息的信心；另一方面注册会计师通过发表不同类型的审计意见以降低审计风险，以避免陷入法律诉讼，同时起到鉴别低质量的会计信息的作用，促使公司改进会计信息质量。本书使用哑变量 EM_2 来表示外部审计意见，当其为标准无保留意见或无保留意见带解释性说明时赋值为 1，其他意见包括保留意见、拒绝/无法表示意见、否定意见、未经审计以及保留带解释性说明等则赋值为 0。

（2）外部非强制性约束变量（ENM）。如前文所述，政府干预可能妨害会计信息透明度，不利于保护中小投资者权益，我们将其作为外部非强制性约束的变量之一。由于政府干预的隐蔽性及其影响的难以观察性，如何测度政府干预一直以来都是较为复杂的难题，我国学者先后提出了各种方案。一种是采用综合度量方法，其中樊纲、王小鲁（2003）设计的政府干预指数是目前较为常用的一种度量方法，另外金煜、陆铭和陈钊（2006），马忠和刘宇（2010）等都建立了自己的综合指标体系。另一种是采用单一度量方法，例如陈信元和黄俊（2007）、张保柱和黄辉（2009）则以公司是否为政府直接控股来度量；徐二明等（2008）以国有股集中度指标度量；方军雄（2008）以公司所有权性质度量政府干预。本书将选取以下指标衡量政府干预程度。

ENM_1，国有股比例。从股东的角度，我们选取国有股控股比例作为政府干预程度的测量指标，当公司国有股比例低于 30% 时，赋值为 0；当公司国有股比例高于 30% 时，按公司国有股持股比例赋值。

ENM_2，会计信息披露质量评分。中介组织的外部监督能够有效促使上市公司被动自我约束，其中证券交易所的监督作用不容忽视。基于《深圳证券交易所股票上市规则》《深圳证券交易所创业板股票上市规则》等有关规定，2001 年 5 月深圳证券交易所发布了《深圳证券交易所上市公司信息披露工作考核办法》，开始对深市上市公司的信息披露质量进行考评。深圳证券交易所分别从上市公司日常信息披露的及时性、准确性、完整性和合法性四个方面进行考评，考评结果分为不及格、及格、良好和优秀（2011 年再次修订后改为 A、B、C、D 四个等级），以期改善我国资本市场上的会计信息质量。深圳证券交易所考评角度还包括了上市公司受奖惩情况、与证券监管机构的工作配合情况以及投资者关系管理情况等，全面评价了上市公司信息披露状况。深圳证券交易所的直接考评数据虽然相对简单，但是鉴于其权威性、全面性、综合性和代表性，我国诸多学者都以此作为衡量信息质量的标准，如曾颖和陆少飞（2006）、高强和伍丽娜（2008）、伊志宏（2010）和徐红（2013）等。方军雄、洪剑峭（2006）的研究表明深交所信息披露考评结果与公司盈余管理变量和审计意见类型显著相关。因此，我们也将采用深圳证券交易所的考评结果作为中介组织和机构外部非强制约束的替代变量。深交所诚信档案公布的上市公司信息披露工作考评结果依据上市公司信息披露质量从高到低划分为 A（优秀）、B（良好）、C（及格）、D（不及格）四个等级，本书则对 ENM_2 分别赋值为 4、3、2 和 1。

（3）内部自我性约束变量（ISC）。对于影响投资者财务权益保护的内部自我性约束因素，我们将从股权结构、治理结构和公司激励三方面入手研究。

ISC_1，赫芬达尔股权集中指数。Bai 等（2002）对 35 个国家上市公司的股权集中度水平进行实证研究，发现股权集中度较高时，公司经营绩效较差、控股股东资金占用情况较多、关联交易较频繁，公司的股权融资成本较高。Leung 和 Horwitz（2004）的研究发现，大股东的所有权越集中上市公司自愿性信息披露程度就越低。而相比于英美等西方发达国家中上市公司股权相对分散的治理结构，我国上市公司的股权结构问题更加突出，"一股独大"的现象非常普遍，由此引发的直接后果一般表现为大股东侵占小股东利益，中小投资者权益遭受损害。正如前文所述，抑制第一大股东有助于股权制衡，保护中小投资者权益。2002 年中国证监会和国家经贸委共同开展了以公司治理为重点的上市公司建立现代公司制度的检查，其间发现控股股东占用上市公司资金是我国上市公司治理中的一个严重问题。钟伟强和张天西（2006）也以前五大股东持股比例之和来代表股权集中度，研究发现股权集中度与自愿披露水平呈二次曲线关系。侯宇、王玉涛（2010）研究发现，降低股权集中度能够提高上市公司治理水平。可见，股权集中度能够有效反映公司的内部治理的自我约束情况。这里我们选取赫芬达尔指数（Herfindahl）来衡量股权集中度，其按第一大股东持股比例的平方取值，这样既能反映公司的股权集中情况又能反映公司被控股的情况。

另外，我们还选取了公司前十大股东的持股比例作为股权集中度的补充指标，ISC_2。

ISC_3，独立董事比例。除了股权结构外，董事会结构也是衡量公司内部治理的重要指标。独立董事自 20 世纪 30 年代在美国出现以来就为完善公司治理机制发挥着重要作用。独立董事又称作外部董事或独立非执行董事，"上市公司独立董事是指不在上市公司担任除董事外的其他职务，并与其所受聘的上市公司及其主要股东不存在可能妨碍其进行独立客观判断关系的董事"。可见，独立董事是超脱于公司各种利益集团如大股东和管理层等之外，能够以客观、公正的立场维护公司整体利益。Forker（1992）提出独立董事的设立有助于增加董事会的透明度，提高会计信息披露的质量。Shunwong（2001）的研究表明上市公司自愿披露程度与董事会中独立董事的持股比例正相关，虽然并不显著。我国学者乔旭东（2003）对 100 家上公司的分析发现独立董事能够有效促进上市公司的自愿信息披露的情况。因此，我们设置了变量 ISC_3 代表董事会独立董事比例，即独立董事人数占董事会人数的比例。

ISC_4，管理层薪酬。国内外的学者已有研究发现管理层薪酬有明显的激励作用，因此我们选择期末管理层人均年薪作为激励指标。

以上解释变量的符号和具体描述如表 4 - 1 所示。

表 4 - 1 解释变量定义

指标	简写	变量描述
外部强制性约束变量		
公司重大事项违规处罚	EM_1	当期公司及公司领导人受重大违规处罚次数
外部审计意见	EM_2	无保留意见赋值为1，其他意见赋值为0
外部非强制性约束变量		
国有股比例	ENM_1	国有股直接持股比例
会计信息披露质量评分	ENM_2	按考评结果分别赋值4、3、2和1
内部自我性约束变量		
赫芬达尔股权集中指数	ISC_1	第一大股东持股比例的平方
股权集中度	ISC_2	前10大股东持股比例之和
独立董事比例	ISC_3	独立董事人数占董事会人数的比例
管理层薪酬	ISC_4	期末管理层人均年薪

4. 控制变量设计

为了排除干扰因素，本书共选取了5个控制变量。依次是公司资产规模（SIZE）、账面市场价值比（BM）、财务杠杆（FL）、财务状况指数（Z）和行业类别（IN）。控制变量的符号和具体描述如表 4 - 2 所示。

表 4 - 2 控制变量定义

指标	简写	变量描述
公司资产规模	SIZE	期末资产总额的自然对数
账面市场价值比	BM	公司账面价值与市场价值的比值
财务杠杆	FL	期末资产负债率
财务状况指数	Z	财务状况综合指数
行业类别	IN	制造业取值为1，非制造业取值为0

SIZE，公司资产规模。由于规模效应即公司规模与股票回报呈显著负相关关系，公司规模能够显著影响公司股权资本成本，从投资者的角

度来看，规模越大的公司一般存续的时间越长，历史沉淀的信息越多越有利于投资者的投资决策；同时，公司规模越大信息披露及信息传播的途径越多也越易被熟悉，增加投资意愿，增强股票流动性，从而降低股权融资成本，巫国柱（2004）利用多元线性回归模型对我国 A 股上市公司的实证研究验证了上市公司自愿性信息披露与公司资产规模呈正相关关系。从公司融资的角度看，公司规模越大则股权融资需求也就越大，从而摊低股权资本成本。因此，进行股权资本成本分析时必须控制公司规模因素，本书将按公司期末总资产的自然对数对公司资产规模赋值，并假设公司规模越大股权资本成本越低，上市公司规模与股权融资成本呈负相关关系。

BM，账面市场价值比。Fama 和 French（1992）研究发现，当公司账面市场价值比较高时，其股票未来 3 年的市场表现明显优于其值较低的公司。这说明账面市场价值比较高的公司，其公司价值可能会被低估，投资者对股票的投资回报率相应降低，公司股权资本成本从而维持在较低的水平。我们以公司账面价值与市场价值的比值对 BM 取值，并假设 BM 越高股权资本成本越低，BM 值与股权资本成本呈负相关关系。

Z，财务状况指数。当公司面临不同的财务状况时，其融资成本存在明显区别，此处选取的财务状况综合指数计算公式如下：

$$Z = 0.012X_1 + 0.014X_2 + 0.033X_3 + 0.006X_4 + 0.999X_5 \qquad (4-5)$$

其中：X_1 =（营运资金/资产总额）×100

X_2 =（留存收益/资产总额）×100

X_3 =（息税前利润/资产总额）×100

X_4 =（股票市价总额/负债账面价值总额）×100

X_5 =（销售收入/资产总额）×100

IN，行业类别。不同行业的公司财务指标都有着显著的行业差异，包括融资成本，因此我们引入哑变量 IN，根据证监会和沪、深交易所的行业大类规定，为所有隶属于 C 类——工业类的公司取值为 1，而为除了金融行业外隶属于其他 12 个行业的公司取值为 0。

5. 模型设定

根据我们的研究假设和实证检验方法，我们建立如下回归模型：

$$EC = \alpha_1 + \alpha_2 EM_1 + \alpha_3 EM_2 + \alpha_4 ENM_1 + \alpha_5 ENM_2 + \alpha_6 ISC_1 + \alpha_7 ISC_2 +$$
$$\alpha_8 ISC_3 + \alpha_9 ISC_4 + \alpha_{10} SIZE + \alpha_{11} BM + \alpha_{12} FL + \alpha_{13} Z + \alpha_{14} In + \varepsilon \qquad (4-6)$$

（三）实证结果及分析

1. 描述性统计

本书选取了 2013 年度深圳证券交易所上市的主板及中小企业板 592 家公司为研究对象，对上市公司所选变量数据进行描述性统计，如表 4-3 所示。

表 4-3 变量描述性统计

变量	股权融资成本	重大事项违规处罚	外部审计意见	国有股直接持股比例	信息披露质量评分	股权集中指数	股权集中度
均值	0.13	0.10	0.99	0.03	3.20	0.16	0.61
中值	0.12	0.00	1.00	0.00	3.00	0.13	0.62
标准差	0.04	0.31	0.09	0.11	0.54	0.13	0.15
极小值	0.03	0.00	0.00	0.00	1	0.00	0.21
极大值	0.40	1	1	0.84	4	0.80	1.65

变量	独立董事比例	管理层人均年薪	公司规模	账面市场价值比	资产负债率	财务状况指数	行业类别
均值	0.38	331819.57	21.95	0.42	0.39	6.95	0.71
中值	0.38	271376.47	21.77	0.38	0.38	4.19	1.00
标准差	0.09	225572.12	1.03	0.25	0.20	12.26	0.45
极小值	0.08	23823.53	19.06	0.03	0.01	0.35	0
极大值	0.70	1966288.89	25.84	2.07	0.90	201.76	1

我们在对样本公司进行回归分析前，首先对各变量数据进行了描述性统计，结果发现如下情况：

（1）对被解释变量股权融资成本而言，2013 年样本公司的均值约为 13%，中位数为 12%，看上去较高，这是因为本书采取的是 OJN 模型对股权融资成本进行估值，此模型的估值高于采用资本资产定价模型（CAPM）、套利定价模型（APT）、三因素模型（FFM）、股利贴现模型（DDM）、剩余收益模型（RIM）等的估值水平。

（2）从解释变量中的外部约束变量的中位数看，重大事项违规处罚和国有股直接持股比例都为 0 或很低，而外部审计意见的中值为 1，即无保留意见和会计信息披露质量评分为3，即B（良好），这些指标极端的中值都说明我国资本市场还缺乏足够的外部约束。

（3）管理层人均年薪的标准差非常大，说明其离散程度非常高，偏离均值的幅度也较大，这是因为各个公司管理层薪酬差异较大，且有少部分公司管理层薪酬异常偏高。此外，财务杠杆的标准差也较大，说明此类控制变量各公司间差异较大。

2. 偏相关分析

正是为了能够排除干扰因素，透过现象看本质，发现相关因素对股权融资成本的影响，我们从资产规模、公司价值、负债情况、财务状况以及行业类别方面设置了5个控制变量，因此就可以采用偏相关分析的方法进行研究了。

偏相关分析也称净相关分析，是指当两个变量同时与第三个变量相关时，将第三个变量的影响剔除，只分析另外两个变量之间相关程度的过程。在这里我们希望剔除5个控制变量对股权融资成本的影响，只分析9个解释变量与股权融资成本的相关程度。因此，此处p值是对原假设H0：假设解释变量与被解释变量之间无线性相关而言的。假设检验的显著性水平为0.05，若p值小于0.05，就拒绝原假设H0，解释变量与被解释变量之间线性相关，且无线性相关的可能性小于0.05；若p值大于0.05，则可以认为解释变量与被解释变量之间无线性相关关系。变量间的相关程度取决于相关系数R值，R越大，变量间的相关程度就越大；反之，则相关程度就越低。

偏相关分析结果列示了不考虑控制变量情况下的零阶偏相关系数和考虑控制变量情况下的净相关系数。如表4-4所示，各变量间的相关系数皆不超过0.6，能够通过对方差膨胀因子的检验，VIF均小于10，说明在模型进行回归分析时各变量间不存在严重的多重共线性问题。

另外，从表中的相关性检验结果明显能够看出，股权融资成本与信息披露质量的相关影响因素间存在一定负相关关系，其中外部审计意见、国有股直接持股比例、信息披露质量评分和股权集中指数都存在显著的相关性，但另一些参数则相关性不显著。下面，我们将进一步利用回归分析进行实证检验。

表4-4　偏相关分析下变量相关系数矩阵

控制变量		股权融资成本	重大事项违规处罚	外部审计意见	国有股直接持股比例	信息披露质量评分	股权集中指数	股权集中度	独立董事比例	管理层人均年薪	公司规模	账面市场价值比	资产负债率	财务状况指数	行业类别
	股权融资成本	相关性	1													
	重大事项违规处罚	相关性	0.006	1											
	外部审计意见	相关性	-0.130**	0.031	1										
	国有股直接持股比例	相关性	-0.152**	0.007	0.022	1									
	信息披露质量评分	相关性	-0.058	-0.056	0.153**	0.043	1								
	股权集中指数	相关性	-0.071	-0.124**	-0.067	0.215**	0.000	1							
	股权集中度	相关性	-0.028	-0.083	-0.039	0.150**	0.061	0.577**	1						
	独立董事比例	相关性	-0.055	0.034	-0.002	-0.096*	0.124**	-0.083	0.016	1					
	管理层人均年薪	相关性	0.109**	-0.025	0.040	-0.066	-0.008	-0.026	-0.080	-0.100*	1				
公司规模 & 财务状况指数 & 行业类别	公司规模	相关性	0.209**	-0.005	0.014	0.132**	0.125**	0.169**	0.024	-0.150**	0.312**	1			
	账面市场价值比	相关性	0.316**	-0.046	-0.055	0.043	0.062	0.051	-0.011	-0.151**	0.103*	0.479**	1		
	资产负债率	相关性	0.255**	0.019	0.004	0.076	-0.094*	0.086*	-0.054	-0.169**	0.190**	0.630**	0.274**	1	
	财务状况指数	相关性	-0.202**	0.067	0.017	-0.026	0.041	-0.062	0.009	0.135*	-0.085	-0.248**	-0.263**	-0.470**	1
	行业类别	相关性	0.043	-0.025	0.006	0.139**	0.049	-0.092*	-0.035	0.075	-0.080*	-0.216**	0.017	-0.276**	0.071	1

续表

控制变量		股权融资成本	重大事项违规处罚	外部审计意见	国有股直接持股比例	信息披露质量评分	股权集中指数	股权集中度	独立董事比例	管理层人均年薪
股权融资成本	相关性	1								
重大事项违规处罚	相关性	0.021	1							
外部审计意见	相关性	-0.134**	0.029	1						
国有股直接持股比例	相关性	-0.177**	0.004	0.020	1					
信息披露质量评分	相关性	-0.075*	-0.062	0.152**	0.024	1				
股权集中指数	相关性	-0.110**	-0.125**	-0.071	0.192**	-0.022	1			
股权集中度	相关性	-0.029	-0.085*	-0.039	0.146**	0.057	0.581**	1		
独立董事比例	相关性	-0.013	0.028	-0.002	-0.074	0.141**	-0.055	0.019	1	
管理层人均年薪	相关性	0.048	-0.024	0.038	-0.116**	-0.050	-0.085*	-0.092*	-0.055	1

公司规模&财务状况指数&行业类别

注：**在0.01水平上显著相关，*在0.05水平上显著相关。

3. 多重线性回归分析

刚刚我们已经提到解释变量间相关系数最大的仅有 0.58，不超过 0.6，能够对数据进行进一步的多重线性回归分析。

考虑到在前面的相关分析中得到的相关系数都不太大，难以得到满意的结果，因此在回归分析中我们打算采用逐步回归分析的方法，剔除一些不当引入的线性相关关系不明显的解释变量。由于控制变量的存在，我们采用了"Stepwise"逐步回归模型，分两批先后将控制变量和解释变量投入分析。分析结果如表 4-5、表 4-6、表 4-7 所示：

表 4-5 输入的变量

模型	输入的变量	方法
1	账面市场价值比	步进（准则：$F-to-enter$ 的概率 ≤ 0.050，$F-to-remove$ 的概率 ≥ 0.100）
2	资产负债率	步进（准则：$F-to-enter$ 的概率 ≤ 0.050，$F-to-remove$ 的概率 ≥ 0.100）
3	行业类别	步进（准则：$F-to-enter$ 的概率 ≤ 0.050，$F-to-remove$ 的概率 ≥ 0.100）
4	外部审计意见、重大事项违规处罚、股权集中度、独立董事比例、国有股直接持股比例、管理层人均年薪、信息披露质量评分、股权集中指数	输入

表 4-6 模型汇总

模型	R	R^2	调整 R^2	标准估计的误差
1	0.377[a]	0.142	0.134	0.0419404
2	0.440[b]	0.194	0.173	0.0409813

注：a 预测变量：（常量）、财务状况指数、行业类别、账面市场价值比、公司规模、资产负债率。

b 预测变量：（常量）、财务状况指数、行业类别、账面市场价值比、公司规模、资产负债率、外部审计意见、重大事项违规处罚、股权集中度、独立董事比例、国有股直接持股比例、信息披露质量评分、管理层人均年薪、股权集中指数。

表4－7　　　　　　　　　　　　　　　　系数

模型		非标准化系数		标准系数	t	Sig.
		B	标准误差	试用版		
1	（常量）	0.125	0.053		2.367	0.018
	资产负债率	0.049	0.014	0.210	3.586	0.000
	账面市场价值比	0.047	0.009	0.264	5.570	0.000
	公司规模	−0.002	0.003	−0.042	−0.731	0.465
	行业类别	0.009	0.004	0.091	2.135	0.033
	财务状况指数	0.000	0.000	−0.050	−1.070	0.285
2	（常量）	0.151	0.058		2.618	0.009
	资产负债率	0.046	0.014	0.197	3.327	0.001
	账面市场价值比	0.046	0.008	0.255	5.448	0.000
	公司规模	0.000	0.003	−0.007	−0.119	0.905
	行业类别	0.007	0.004	0.069	1.635	0.103
	财务状况指数	0.000	0.000	−0.054	−1.177	0.240
	重大事项违规处罚	0.002	0.006	0.016	0.387	0.699
	外部审计意见	−0.060	0.021	−0.115	−2.846	0.005
	国有股直接持股比例	−0.062	0.017	−0.149	−3.611	0.000
	信息披露质量评分	−0.002	0.003	−0.029	−0.687	0.493
	股权集中指数	−0.040	0.018	−0.116	−2.294	0.022
	股权集中度	0.024	0.015	0.080	1.635	0.103
	独立董事比例	$-4.541E-5$	0.020	0.000	−0.002	0.998
	管理层人均年薪	$9.372E-9$	0.000	0.047	1.108	0.268

表4－5输入/移去的变量：逐步测试投入的三个控制变量和其余全部的解释变量，没有解释变量被剔除。

表4－6模型汇总：根据表4－5的测试结果列示2个模型的概况，包括负相关系数、决定系数、校正决定系数、随机误差的估计值。其中，模型1为全控制变量模型，其预测变量包括财务状况指数、行业类别、账面市场价值比、公司规模以及资产负债率；模型2为全变量模型，其预测变量包括财务状况指数、行业类别、账面市场价值比、公司规模、资产负债率、外部审计意见、重大事项违规处罚、股权集中度、独立董事比例、国有股直接持股比例、会计信息披露质量评分、管理层

人均年薪以及股权集中指数。

如表 4 - 7 所示，输出了各模型中解释变量的偏回归系数，且整体回归结果显示，全样本数据的拟合度最佳，且整体表现出不存在严重的多重共线性，且 F 统计量显示股权融资成本与信息披露质量及控制变量间的线性关系不显著，或存在共线性。

五 完善信息披露制度保护投资者财务权益

（一）信息披露制度的国际比较

信息披露制度最早起源于 1720 年英国的《反金融欺诈和投资法》，经过近 200 年的发展，西方国家的上市公司信息披露制度已经日趋完善，并各有所长。前文我们已经论述了影响投资者财务权益保护的因素，下面就将从上市公司外部法律监管环境的强制约束、外部其他非强制性约束和内部治理的自我约束三方面进行比较。

1. 外部法律监管环境的强制约束

大力发展机构投资者是发达国家或地区保护投资者利益的措施之一，更容易使投资者形成合力，监督制约上市公司经营和追偿由虚假信息披露造成的投资者损失。主要发达国家和地区的证券市场投资主体主要为机构投资者，包括养老金运营机构、保险资金运营机构、公募基金、私募基金等。各国比较而言，美国、英国等是保险资金、共同基金和养老基金等稳定持有股市绝大部分上市公司股份；日本等则是法人机构相互持股，也是机构占据主导地位。而且随着证券市场的发展，机构投资者持股比例不断上升。美国机构投资者占美国上市公司总股本的比重由 1950 年的 7.2% 上升到目前的 46.7%，其中，养老基金上升到19.8%，共同基金上升到 17.9%，保险公司上升到 7.3%。

发达国家或地区均建有投资保护组织，保护投资者的合法权益，一旦投资者的合法权益因为上市公司虚假信息披露而受到损害，受害的投资者可以通过投资者保护组织团结起来集体维权，追偿受害损失。

发达国家或地区的证券市场都非常重视违反信息披露制度的处罚。维护证券市场的公平与公正，使违规者受到严惩，使受害者得到赔偿，是各证券市场信息披露制度建立和完善的重中之重。一般而言，对于那些违反证券市场信息披露制度的上市公司，其应承担的法律责任有三种：行政责任、刑事责任和民事责任。发达国家或地区各证券市场在确定违规上市公司的法律责任时所依据的法律也不尽相同，如美国以证券法为定责的依据，英国则以金融服务法、公司法和证券公开发行规章为依据，日本以证券交易法、公司法和有限公司法为依据，德国以证券交易法、交易所法和发行说明书法为依据，我国香港地区则以各种条例为准绳。

2. 外部其他非强制性约束

按照监管部门的职能不同，可将证券发行上市制度分为注册制和核准制。注册制是指证券发行申请人依法将与证券发行有关的一切信息和资料公开，制成法律文件，送交主管机构审查，主管机构只负责审查发行申请人提供的信息和资料是否履行了信息披露义务的一种制度。其最重要的特征是：在注册制下证券发行审核机构只对注册文件进行形式审查，不进行实质判断。核准制即所谓的实质管理原则。核准制下的拟上市公司审批上市程序和标准较为严格，拟上市公司首先需要对其公开信息的真实性做出承诺，在进入审批程序后，拟上市公司必须满足和达到证券监管部门制定的所有发行条件，只有全部都符合发行条件的拟上市公司才能获批上市，而不能全部符合发行条件的拟上市公司将不能上市，监管部门制定的相关上市条件一般较为苛刻，很多成长型公司被挡在了上市门外。这一制度的目的在于禁止质量差的证券公开发行。在两种不同制度下，上市信息披露的监管部门也有所不同。在注册制下，信息披露主要由证券交易所监管；在核准制下，信息披露的监管部门主要为政府主管部门。

在主要发达国家和地区，上市公司信息披露工作的监管部门不仅仅局限于政府，证券交易所作为行业自律机构发挥着一线监管的作用，被视为一个国家证券监管体制下不可或缺的组成部分。同时，主要发达国家和地区充分重视社会监督作用，分别建有健全的社会诚信体系，每个公司和每名公民都有各自的诚信档案，上市公司如果出现虚假信息披露，公司档案将被抹黑，今后将很难继续开展经营业务，高管人员如果发生违法违规信息披露而受到交易所谴责甚至法律制裁的话，其信用污点将伴随其终身，影响其正常生活。因此，全社会诚信体系的建立有利于制约上市公司信息披露违法违规行为的发生。

3. 内部治理的自我约束

世界上主要发达国家和地区都高度重视上市公司的内部治理结构问题，近百年的发展已经形成了股东大会、董事会和监事会"三权分立"

的稳定治理结构，充分发挥了独立董事和监事会的监督作用。

独立董事制度起源于美洲，20世纪40年代，美国政府颁布了著名的《投资公司法》，标志着独立董事制度的建立。根据《投资公司法》的有关规定，上市公司董事会应有一部分独立董事，其占比不应低于40%。据统计，在美国主要上市公司董事会的构成中，独立董事人数占据了绝对的数量优势，平均而言，董事会成员组成为11人，这11人中，内部董事为2人，独立董事为9人，独立董事人数占据了绝对优势。这种情况不仅仅发生在美国，根据世界银行对主要发达国家和地区上市公司的统计显示，独立董事占董事会比例在英国和法国分别达到了34%和29%。

上市公司设立监事会制度，最早可以追溯到监察人制度，其目的是塑造股东大会、董事会以及监事会之间"三权分立"的治理机构，充分体现了所有权与经营管理权相分离、经营管理权与监督权相制衡的近代公司治理特征。日本《日本商法特例法》规定，上市公司监事会成员应为3人以上，并特别规定大型上市公司必须设立监事会，其中必须有1人为外部监事；我国台湾地区的"公司法"与日本《商法》相同，对监事人数不作要求，但规定公司必须设监事，具体人数由公司章程确定；法国《商事公司法》规定，监事会由至少1名成员组成，最多不得超过24人；德国立法不但规定监事会必须由3名以上监事组成，还根据公司资本规模对监事会成员数额分别作了规定，同时对不同职工数量、不同行业的公司中职工监事的数量分别作了规定：资本不到300万德国马克的公司，监事会成员为9人；资本超过300万德国马克的公司，监事会成员为15人；资本超过2000万德国马克的公司，监事会成员为21人；欧盟公司法草案结合德国与荷兰的做法，规定监事会由1/3的职工监事、1/3的股东监事、1/3股东与职工共同选举的监事组成。

4. 对我国完善信息披露制度的启示

（1）外部法律监管环境的强制约束。相较于发达国家和地区，我国在外部法律监管环境的强制约束方面有明显缺陷。面对信息披露违规行为，更多采用行政处罚方式，民事责任方面法律条文具有固有的不完备性，《民法通则》缺少针对具体证券民事行为的法律责任，《证券法》也还没有形成保护投资者的法律体系，另外，执法效率低下投资者维权困难。

（2）外部其他非强制性约束。相较于发达国家和地区，我国在外部其他非强制性约束方面有明显缺陷。我国证券市场监管体系尚不完善，"政策市"的行政干预依然过多，限制了市场对资源的配置作用。证监会权力过于集中呈半官方状态，监管效率不高，对证券交易所放权不够，没有发挥出其应有的监督作用。我国全社会的诚信体系正在重新构建阶段，乱世应用重典，应对信息披露中的违法违规行为严惩不贷。

（3）内部治理的自我约束。相较于发达国家和地区，我国在上市公司内部治理的自我约束方面有明显缺陷。我国上市公司控股股东的持股比例一般较高，与其他股东相比处于"一股独大"的地位。控股股东的"一股独大"现象，使得上市公司自我约束力不强，缺乏内部控制和监督机制，影响上市公司的健康发展和信息披露的质量，从而产生了虚假信息披露和内幕交易等违法行为。这些违法行为归根结底是由于上市公司内部治理结构不健全、代理成本高造成的。

因此，应考虑我国国情，进一步推进上市公司内部治理结构的改善，在加强独立董事、监事会和审计委员会的监督机制的同时，大力推行内部控制制度建设以完善内部治理结构。

（二）信息披露制度的发展

信息披露制度的发展过程大致经历了社会规范、法律制度与市场机制主导的三个阶段，三者相互依存、相互影响、共同作用。

1. 自主信息披露的产生

信息披露的动因最早起源于委托—代理关系。信息披露一开始仅用于实现会计职能，自发地反映某一时点的财务状况、某一时段的经营成果，反映代理人对委托人的委托责任的履行情况，是自发式信息披露，并未形成公开统一模式。早期信息披露仅限于公司内部合伙人或监督分支机构的财产与经营状况，经营者只需定期向所有者汇总报告数据及解析数据产生的原因。因而早期财务报告仅是公司内部的自发报告，没有确定模式，公司间各不相同，只对公司自身负责，也未形成具体的信息披露制度。早期的自发信息披露制度的产生是委托人在社会规范的帮助下维护自身权益的工具。

2. 强制信息披露的确立

（1）无序的强制性信息披露。17世纪初由于生产力发展，公司组织规模迅速扩张，资本市场的产生成为公司的重要资金来源，资本市被疯狂追捧。1720 年英国南海事件爆发，英国国会开始整顿资本市场，消灭泡沫，投资者开始意识到会计信息对规避股票风险的重要性，并要求对上市公司财务信息进行审查。直到第一次工业革命席卷英国，公司发展再次遇到资金"瓶颈"，英国政府不得不于 1844 年在投资者的需求推动下颁布《股份公司法》对公司财务报告形式及内容进行明确规定，要求公司发起人与董事在推进股票公开发行时及时对外公布"招股说明书"并同时公开即将上市公司的资产情况。《股份公司法》的颁布标志着信息披露制度初步建立，被广泛认为是现代强制性信息披露的起源，此后英国政府对《股份公司法》中有关信息披露的内容及条款进行一系列修订使上市公司信息披露更具有专业性及可靠性，而通过立法要求公司强制性披露信息以保护投资者的手段也被其他发达国家所借鉴。

19 世纪 80 年代后，世界经济重心转移到美国，大型工业公司出现，银行贷款已难以满足社会资金需求，资本市场再次迎来发展高峰。随着股票发行增加，投资者对信息披露的需求也逐渐增多。股份制公司逐渐成为主要公司组织形式，投资者数量飞速增多，信息披露不得不担负起受托责任与决策有效两方面的作用。1911 年堪萨斯州的《蓝天法》颁布，"要求证券发行及销售须登记并获得相应许可，未经登记许可不得出售，发行过程中须由发行人公布财务报告并接受检查；凡存在欺诈行为或不遵守登记条款，未经检查许可的行为都须负刑事责任"。此后强制性信息披露要求相继出台。

不过此时的信息披露仅以财务信息为主，财务信息在具体操作上专业性明显，会计核算方法及形式多样给予公司广泛的调整空间，披露信息的质量难以保证，同时执法监督及行业约束不完善也为公司提供了执行上的宽松环境。因此，强制性信息披露制度仅流于形式，对上市公司信息披露的具体行为并未产生明显效果，对减少投资者与上市公司间的信息不对称并未起到关键性作用。

（2）规范的强制性信息披露。20 世纪 20 年代，世界大战爆发后，受战争拖累欧洲资本市场发展停滞，而大发战争财的美国资本市场资金充裕，由于缺乏规范的信息披露，市场风险过高，经济泡沫后美国经济进入了寒冬。

大萧条过后，痛定思痛，强化会计信息披露管制的要求呼声渐起。

为加强证券管理，美国先后于 1933 年及 1934 年颁布以保护投资者利益、防止信息欺诈为根本目的的《证券法》与《证券交易法》，规范资本市场证券发行及交易。《证券法》要求发行人在发行证券时需对会计信息进行真实可靠的披露，具体表现为强制要求标准化公布公司过去、现在及预测的财务状况、经营成果和其他相关信息，有助于投资者在充分掌握信息的基础上做出投资决策。《证券交易法》则注重信息披露的充分性原则，要求上市公司必须定期报告和持续报告。

此后，在双法的指导下，美国证券交易委员会（Securities and Exchange Commission，SEC）制定相应信息披露细则并监督执行。SEC 构建的信息披露制度体系，经历近七十年的发展形成多部分、多层次的综合性强制信息披露体系。其中，由信息披露法律法规、会计规范和审计规范共同构成三部分；三层次则主要表现在：第一层国会颁布具有最高效力与信息披露相关的法律，包括《证券法》《证券交易法》《证券修正案》《证券投资者保护法》《萨班斯—奥克斯利法案》《公平披露条例》等规范资本市场信息披露的法律法规；第二层是由 SEC 制定的与资本市场信息披露相关的各种规则，包括《S－X 规则》（Regulation S－X)《S－K 规则》（Regulation S－K）《S－B 规则》（Regulation S－B)《S－T 规则》（Regulation S－T）等，SEC 授权及批准的会计准则与审计准则；第三层则是由准则及条例延伸的具体财务和审计实施公报，以指导上市公司信息披露的具体操作细节，包括由会计研究公报、会计原则委员会意见书及财务会计准则公告等组成的公认会计准则、财务报告公告、会计系列公告及审计程序与准则说明。

在此后的 80 年，资本市场迅速发展，资本融合及股权交易频繁，对强制性信息披露的需求进一步增强，最终形成包括首次公开发行与持续发行相结合的强制性信息披露体系，首次发行需在 SEC 登记注册，提交规定格式的注册说明书，要求发行公司在证券交易所上市流通后开始提交持续披露与临时披露信息。英国、日本等发达国家也纷纷仿效强制规定上市公司进行信息披露，同时在证券委员会及行业协会的协助下，构建相应的会计准则及审计准则体系。

综上所述，无论是无序的强制信息披露还是规范的强制信息披露，都是在法律约束下强制性实施的制度体系，在促进上市公司定时进行必要内容信息披露的同时，对违反规则的上市公司进行惩处以达到威慑的目的。因而在此阶段，通过确立会计与审计规范及建立公共管制机构与强化其职能，在法律体系的根本保障下强制性信息披露制度不断完善，保证外部分散投资者对上市公司信息披露质量的要求。

（3）扩展的自愿信息披露。1970 年 Fama 提出"有效市场"假说，此后 Jensen 和 Meckling（1976）以理性"经济人"为前提，分析证券发行人行为，以市场有效为名，建议减少对证券市场的监管。可是，现实中市场不可能完全强势有效，因此美国证券交易委员会一再加强对上市公司信息披露监管，要求上市公司提供更加全面的信息披露，协助作为信息弱势的投资者在众多的信息中去伪存真，寻找可靠信息进行投资。

1985 年迈克尔·波特提出核心竞争力理论，核心优势公司能够带来超额收益，投资者希冀公司提供更加充分的有效信息，帮助决策。自此自愿性信息披露应运而生，信息披露监管机构积极建议公司进行自愿性信息披露以加强证券市场中非财务信息供给，并为鼓励公司发布预测性信息，国会颁布《私人证券诉讼改革法案》来完善对预测信息的披露要求，建立安全港以减轻信息披露者被诉讼的潜在风险，即便预测与实际结果存在明显偏差，只要预测信息存在合理依据，公司也不必为预测信息承担责任。

资本市场中介机构及协会组织积极参与自愿信息披露研究，对自愿披露信息内容进行界定说明。1994 年，美国注册会计师协会（AICPA）发表报告《改进公司报告：面向用户》提出五项投资者需要的自愿信息披露：财务与非财务数据、管理层对财务及非财务数据的分析、预测性信息、管理层信息及公司前景。

1995 年，国会美国财务会计准则委员会（FASB）于 2000 年成立有关《公司报告研究计划》的"自愿性信息披露"工作小组，在汽车、化学品、计算机、食物、石油化工、制药、地区性银行、纺织品八个行业中抽取 6—9 个上市公司作为样本对其进行自愿性信息披露研究。在此基础上，于 2001 年发表题为"改进财务报告：提高自愿性信息披露"的研究报告，在报告中总结了六项自愿性信息披露内容：①公司业务（销售、产品成本、经营资本、财务）等方面信息；②管理层对公司业务信息的分析；③未来发展预测信息；④管理层及控制股东的信息；⑤公司的背景信息；⑥未确认的无形资产信息。报告强调在当前新经济形势下，上市公司的财务报告中需依据行业特征自愿披露信息使用者特别关注的非财务信息，并提供了一套以"核心能力"信息披露为主要内容的公司自愿信息披露框架，框架内容包括经营信息、管理层分析、预测性信息与公司背景信息四类。

上市公司对外自愿发布的信息主要为与公司重大决策相关的治理信息，采取自愿发布形式正是通过市场竞争机制保障投资者利益，上市公司将优质信息传递给外部投资者，而外部投资者购买公司股票降低公司资本成本实现对公司优质信息的激励。市场机制下公司自愿信息披露是向投资者主动发出信号以达到融资目的，而投资者则会通过理性选择借助上市公司主动积极发布自愿信息将优质公司与劣质公司进行区分，选取能保障投资者利益的质优公司。

（三）健全信息披露体系保护投资者财务权益

在西方资本市场确立以强制性信息披露为主、自愿性信息披露为辅的制度框架后，因外部信息技术飞速发展及投资主体的多元化给信息披露监管带来了新挑战。信息披露制度不断完善及深化是促进证券市场制度完善的主要手段，因而西方发达国家针对新形势变化开始着手加强信息披露制度体系的优化，主要体现在信息披露呈现出"更加频繁、更加真实、更加复杂和更加公平的发展方向"。

科技飞速发展缩减信息披露传递给投资者的成本及时间，导致市场上专业与非专业的投资者都能迅速获得上市公司基本信息，从而更多投资者参与资本市场投资。资本市场中资金充裕，资本市场的扩展，机构投资者逐渐壮大及专业分析师的出现使投资者内部亦出现信息获取及辨别上的差别。一方面，资金雄厚的机构投资者利用规模优势雇用专业分析师评估上市公司信息披露质量，而中小投资者不论是资金条件抑或专业程度都无法比拟；另一方面，证券机构及专业分析师通过各种渠道收集相关信息证实上市公司公开披露信息真伪，并借助与公司内部人员进行私下沟通获取公司盈利情况或发展计划等有用信息，证券分析师根据私下获得信息增加对公司现状的了解，从而更准确地判断公司证券变动减少投资风险，这种差别对待的信息披露使投资者之间地位存在明显差异，中小投资者风险增大。

此外，机构投资者为维系与经理人的关系，也会刻意为经理人粉饰公司，通过证券分析师粉饰后再行公告的投资分析报告将有碍于中小投资者做出正确决策。

为促进资本市场公平，减少私下信息交易，美国证券交易委员会明确表示希望拥有较少信息资源的中小投资者可以与专业机构投资者获得同样多的信息，共同承担市场风险。因而，SEC 于 2000 年公布《公平信息披露规则》，要求但凡证券发行者或代表发行者利益的其他人向证券分析师或其他根据所得信息进行交易的投资者发布还未公布的重要信息，就必须同时向公众发布同样信息。此后，SEC 不断要求上市公司通过网络进行信息发布，以便能将信息迅速、及时、公平地发布给各类型投资者。香港证券及期货事务监察委员会关于《持牌人或注册人操守准则》中也明确表示要求证券分析师、经纪人和证券商在公布研究报告时披露已获知和应当获知的利益冲突事项。2005 年，香港联交所公开谴责中海油曾于 2002 年及 2003 年向媒体及部分分析师选择性披露预测盈利信息，违反相关上市协议及规则。2006 年我国为指导信息的公平披露颁布了相应指引，借助公平信息披露规则促进资本市场的公平发展。

2001 年"安然事件"后，一系列会计舞弊案件随后被揭发，一贯以完善制度体系为傲的美国开始反思其构建的信息披露制度，试图通过新规则的制定完善资本市场发展过程中产生的规则漏洞，其中以 2002 年 SEC 颁布《萨班斯—奥克斯利法案》（Sarbanes‐Oxley Act）意义最为深远。该法案在安然事件后颁布，是针对安然事件中外部审计独立性缺失的补漏行为，希冀通过法案对现代会计及审计信息披露进行重新定位及对信息披露制度进行重塑，因而法案主要涉及以下几个方面：①成立公众公司会计监督委员会。安然事件前会计师事务所监管以自律性组织公众监督委员会担任，并在行业间实行同业复核制度，自律组织制定规则实施监督，使惩戒权威缺失。通过成立与美国注册会计师协会相对独立的监管机构，将自律监管转向外部监管，独立行使监督注册会计师的审计工作，监督审计工作中的欺诈行为保护投资者利益。②加强审计独立性，限制注册会计师提供非审计服务。安然事件中，安达信事务所为安然公司提供审计服务的同时也提供非审计类的公司咨询服务，两种职责间存在冲突，且隶属于安达信的会计师在安然就职直接接受来自安然的薪酬，使审计工作缺乏独立性。因此，法案要求注册会计师实行审计事务时需回避提供非审计服务，并强制要求会计师事务所实施强制性轮换。③对公司及经理人会计责任及信息监管进行体系再造，强调公司首席执行官与首席财务官对会计报告信息质量承担直接责任，禁止其对外部审计产生不当影响，当确认公司财务报告存在信息欺诈行为时，公司 CEO 及 CFO 需受到退回奖金等与业绩相关报酬的处罚，增加董事会成员、独立董事及公司管理人员对财务报告的责任。④对公司财务信息披露提出更加明确与细致的要求。法规规定需定期披露经复核的财务信息及加强实时信息披露，主动披露涉及公司管理层及大股东的交易，要求积极披露内部控制报告等，强化公司审计委员会的管理并提出加强年报和中报中最为主观的管理层讨论与分析（Management's Discussion and Analysis，MD&A）部分的审计力度。⑤明确公司信息欺诈的刑事责任，包括虚假财务报告、篡改文件、证券欺诈等行为都需承担刑事责任，实施财务报告审查的注册会计师如在审计报告时有任何行为影响财务报告的公正性都将被视为非法行为。尽管 SOX 法案的主要内容仅从本质上表现出规范公司内外部会计及审计体系，但却通过对公司管理层责任的凸显而达到对整个公司内部治理结构的重塑。法案对董事会成员，公司 CEO、CFO 等代理人及外部审计人员三方职责都做出明确说明，强化相关责任人的具体职责并通过立法进行阻吓遏制因委托—代理关系诱发的信息欺诈。

此外，SOX 法案颁布对美国上市公司内部治理结构提出新要求的同时也给予公司信息披露的新挑战。法案中对公司财务管理机制的再造也使得公司管理流程及整体技术构架都亟须在信息技术的协力下进行变革。由于在形成完整的公司财务体系过程中，重新构建的财务流程需依赖公司组建的信息集成化系统和 IT 控制技术形成财务流程各节点必需的数据，进而完成法案所要求的信息披露形式及内容。同时，全面的信息集成系统也为责任人如首席执行官等提供便捷的监督方式，可以随时直接监控信息形成流程的各节点与及时获取经营成果。因此，有效利用信息系统重塑财务体系构建整体财务流程，通过促进公司内部信息沟通、增强内部控制达到监控公司财务状况的目的。

信息披露制度的产生与现代公司的代理问题密切相关，而信息披露制度的发展则受到公司治理理论与实践深入的影响。信息披露制度是特定公司治理机制的反映，而公司治理机制的发展变化又会对信息披露形式、内容及质量提出新要求。早期公司治理制度关注解决股东与经理人间的利益冲突，在公司股东利益最大化的理念下对经理人构建激励与约束机制，通过强制性公布财务状况及公司经营信息解决外部人与内部人间的信息不对称问题。20 世纪 60 年代，"利益相关者"概念被提出，利益相关者则不仅包括股东，还包括其他与公司存在利益关系的债权人、员工、供应商、消费者及管理者等。由此，公司治理目标也从最大化投资者利益变为最大化利益相关者利益。从公司治理角度，利益相关者与股东一样投入了"专用性资产"，并因投入资产承担风险，如债权人及进行赊销往来的供货商同样承担公司的经营风险，也正因为承担风险，利益相关者的利益就应当得到相应保护。以保护利益相关者为目的而构建的公司治理理论与传统保护股东利益的公司治理相比，更多强调公司社会责任的实现。而依据利益相关者界定的公司治理目标也并非单纯的公司价值最大化，因利益相关者众多，单纯公司价值不能完全体现所有的利益相关者的价值，因而需通过公司社会责任实现所有的利益相关者价值。

为达到保护利益相关者的目的就需要通过增加相关公司治理信息减少债权人、消费者、供应商所面临的风险。因此，各国相继通过一系列强制性或非强制性法规对公司社会责任信息披露提出要求，如英国会计准则委员会 2005 年颁布的报告准则（Reporting Standard – 1，RS1），准则中要求英国公司年度报告中添加"经营与财务评述"（Operating and Financial Review）。"经营与财务评述"部分需对现有资源、面临风险及与利益相关者关系，甚至包括对其他公司员工、环境保护、社会问题等因素的影响进行阐述。我国 2006 年新《公司法》及 2007 年颁布的《国有公司社会责任指导性意见》也对社会责任问题的发布做出了相关规定。

综合以上内容可见，信息披露正向更加深入与全面的方向发展，不仅反映财务信息，还需如实公布更多非财务信息；不仅遵循法律法规定期公布信息，还需不定期发布公司信息吸引外部投资者；不仅反映重大信息，还需及时发布其他相关信息；不仅需要反映公司现状，还需提出未来发展战略；不仅从自身出发，还需掌握行业发展及所处行业地位；不仅反映公司自身经营状况，还需表达公司承担的社会责任。而以上集多种内容、多种形式的信息于一体的披露制度正是由国家法律（证券法、公司法）、社会规则（如媒体监督所带来的名誉损失）及市场机制（如市场遵循的成本效益原则）的融合最终达到投资者权益保护的目的。首先，通过证券法及公司法构建完善的法律体系并确定执法权，法律赋予了公司与投资者之间、大股东与小股东之间不同的权责关系，并确定在违反法律权责界定后所应承受的处罚，保障了外部投资者权益在被侵占后所能获得的补偿。此外，通过强制性的信息披露还减少了外部投资者搜寻信息的市场交易费用及代理成本，有益于减少外部投资者权益遭到被侵占的风险。其次，社会规则表现为证券市场监管结果发布所带来的社会影响及利益集团之间的相互博弈，最终会形成稳定预期，如证券监督管理机构（如财政部、证监会等）发布信息披露违规信息后，会影响到该上市公司股权再融资的时间及额度（陈冬华，2008），同时对上市公司及公司内部人的声誉产生影响，而这一结果并非产生于某项法律的规制，只是政府乃至社会环境中存在的非制度化的相对稳定的预期行为准则。最后，完善的市场机制将对公司内部治理机制及内部人产生影响，资本市场中参与方会在市场机制作用下，遵循最基本的成本效益原则来达到最大化自身利益的目标，如上市公司为满足融资需求降低自身融资成本，主动揭示上市公司内部治理信息，客观上会抑制内部人对上市公司的侵占行为，从而构建出有利于投资者权益保护的制度体系与作用机制。

第五章　内部控制与投资者财务权益保护

【本章案例导读】

安然公司：神话的破灭

一直以来，美国安然公司（Enron Corporation）身上都笼罩着一层层的金色光环：作为世界最大的能源交易商，安然在2000年的总收入高达1010亿美元，名列《财富》杂志"美国500强"的第七名；掌控着美国20%的电能和天然气交易，是华尔街竞相追捧的宠儿；安然股票是所有的证券评级机构都强力推荐的绩优股，股价高达70多美元并且仍然呈上升之势。直到破产前，公司营运业务覆盖全球40个国家和地区，共有雇员2.1万人，资产额高达620亿美元；安然一直鼓吹自己是"全球领先企业"，业务包括能源批发与零售、宽带、能源运输以及金融交易，连续4年获得"美国最具创新精神的公司"称号，并与小布什政府关系密切。

安然的噩梦

2001年年初，一家有着良好声誉的短期投资机构老板吉姆·切欧斯公开对安然的盈利模式表示了怀疑。他指出，虽然安然的业务看起来很辉煌，但实际上赚不到什么钱，也没有人能够说清安然是怎么赚钱的。据他分析，安然的盈利率在2000年为5%，到了2001年年初就降到2%以下，对于投资者来说，投资回报率仅有7%左右。

切欧斯还注意到有些文件涉及了安然背后的合伙公司，这些公司和安然有着说不清的幕后交易，作为安然的首席执行官，斯基林一直在抛出手中的安然股票，而他不断宣称安然的股票会从当时的70美元左右升至126美元。而且按照美国法律规定，公司董事会成员如果没有离开董事会，就不能抛出手中持有的公司股票。

也许正是这一点引发了人们对安然的怀疑，并开始真正追究安然的盈利情况和现金流向。到了8月中旬，人们对于安然的疑问越来越多，并最终导致了股价下跌。8月9日，安然股价已经从年初的80美元左右跌到了42美元。

10月16日，安然发表2001年第二季度财报，宣布公司亏损总计达到6.18亿美元，即每股亏损1.11美元。同时首次透露因首席财务官安德鲁·法斯托与合伙公司经营不当，公司股东资产缩水12亿美元。

10月22日，美国证券交易委员会瞄上安然，要求公司自动提交某些交易的细节内容。并最终于10月31日开始对安然及其合伙公司进行正式调查。

11月1日，安然抵押了公司部分资产，获得J.P摩根和所罗门史密斯巴尼的10亿美元信贷额度担保，但美林和标普公司仍然再次调低了对安然的评级。

11月8日，安然被迫承认做了假账，虚报数字让人瞠目结舌：自1997年以来，安然虚报盈利共计近6亿美元。

11月9日，迪诺基公司宣布准备用80亿美元收购安然，并承担130亿美元的债务。当天午盘安然股价下挫0.16美元。

11月28日，标准普尔将安然债务评级调低至"垃圾债券"级。

11月30日，安然股价跌至0.26美元，市值由峰值时的800亿美元跌至2亿美元。

12月2日，安然正式向破产法院申请破产保护，破产清单中所列资产高达498亿美元，成为美国历史上最大的破产企业。当天，安然还向法院提出诉讼，声称迪诺基中止对其合并不合规定，要求赔偿。

安然模式的破产

首先遭到质疑的是安然公司的管理层，包括董事会、监事会和公司高级管理人员。他们面临的指控包括疏于职守、虚报账目、误导投资人以及牟取私利等。

在10月16日安然公布第二季度财报以前，安然公司的财务报告是所有投资者都乐于见到的。看看安然过去的财务报告：2000年第四季度，"公司天然气业务成长翻升3倍，公司能源服务公司零售业务翻升5倍"；2001年第一季度，"季营收成长4倍，是连续21个盈余成长的财季"……在安然，衡量业务成长的单位不是百分比，而是倍数，这让所有投资者都笑逐颜开。到了2001年第二季度，公司突然亏损了，而且亏损额还高达6.18亿美元！

然后，一直隐藏在安然背后的合伙公司开始浮出水面。经过调查，这些合伙公司大多被安然高层官员所控制，安然对外的巨额贷款经常被列入这些公司，而不出现在安然的资产负债表上。这样，安然高达130亿美元的巨额债务就不会为投资人所知，而安然的一些官员也从这些合伙公司中牟取私利。

更让投资者气愤的是，显然安然的高层对于公司运营中出现的问题非常了解，但长期以来熟视无睹甚至有意隐瞒。包括首席执行官斯基林在内的许多董事会成员一方面鼓吹股价还将继续上升，另一方面却在秘密抛售公司股票。而公司的14名监事会成员有7名与安然关系特殊，要么正在与安然进行交易，要么供职于安然支持的非营利机构，对安然的种种劣迹睁一只眼闭一只眼。

安然假账问题也让其审计公司安达信面临着被诉讼的危险。位列世界第五的会计师事务所安达信作为安然公司财务报告的审计者，既没审计出安然虚报利润，也没发现其巨额债务。之前，安达信曾因审计工作中出现欺诈行为被美国证券交易委员会罚了700万美元。

安然的核心业务就是能源及其相关产品的买卖，但在安然，这种买卖被称作"能源交易"。据介绍，该种生意是构建在信用的基础上的，也就是能源供应者及消费者以安然为媒介建立合约，承诺在几个月或几年之后履行合约义务。在这种交易中，安然作为"中间人"可以在很短时间内提升业绩。由于这种生意以中间人的信用为基础，一旦安然出现任何丑闻，其信用必将大打折扣，生意马上就有终止的危险。

此外，这种业务模式对于安然的现金流向也有着重大影响。大多数安然的业务是基于"未来市场"的合同，虽然签订的合同收入将计入公司财务报表，但在合同履行之前并不能给安然带来任何现金。合同签订得越多，账面数字和实际现金收入之间的差距就越大。

安然不愿意承认自己是贸易公司，一个重要的理由就是为了抬升股价。作为贸易公司，由于天生面临着交易收入不稳定的风险，很难在股市上得到过高评价。安然鼎盛时期的市值曾达到其盈利的70倍甚至更多。

为了保住其自封的"世界领先公司"地位，安然的业务不断扩张，不仅包括传统的天然气和电力业务，还包括风力、水力、投资、木材、广告等。2000年，宽带业务盛极一时，安然又投资了宽带业务。

如此折腾，安然终于在2001年10月在资产负债平衡表上拉出了高达6.18亿美元的大口子。

破产余波难平

在安然破产事件中，损失最惨重的无疑是那些投资者，尤其是仍然掌握大量安然股票的普通投资者。按照美国法律，在申请破产保护之后，安然的资产将优先缴纳税款、赔还银行借款、发放员工薪资等，本来就已经不值钱的公司再经这么一折腾，投资人肯定是血本无归。

投资人为挽回损失只有提起诉讼。按照美国法律，股市投资人可以对安达信在财务审计时未尽职责提起诉讼，如果法庭判定指控成立，安达信将不得不为他们的损失做出赔偿。

在此事件中受到影响的还有安然的交易对象和那些大的金融财团。据统计，在安然破产案中，杜克（Duke）集团损失了1亿美元，米伦特公司损失8000万美元，迪诺基损失7500万美元。在财团中，损失比较惨重的是J.P摩根和花旗集团。仅J.P摩根对安然的无担保贷款就高达5亿美元，据称花旗集团的损失也差不多与此相当。此外，安然的债主还包括德意志银行、日本三家大银行等。

一　引言

上市公司最重要的投资者是公司股东。目前，资本市场是上市公司长期外部资金来源的重要渠道，外部股东进入股票市场提供了上市公司的主要资金。上市公司的大股东，其所掌控的股份大都为上市之前已经形成的存量资产，这部分资产的规模是有限的。外部股东是新资本的主要来源，由于众多外部股东，持股总量较大，外部股东带来的增量资产投资对上市公司而言是无限的。因此，外部股东的投资行为决定上市公司是否能以合理的价格快速地获得外部资金。显然，针对外部股东的权益保护对资本市场的健康发展具有重要的意义。在资本市场上，对外部股东有效保护，将吸引大量的投资者进入，为上市公司提供源源不断的资金，资本市场也将得到快速发展。但大股东的掠夺行为会损害中小股东的利益，或投资者观察到大股东的机会主义行为，新股东将放弃投资意愿，使上市公司不得不降低新股的发行价格，从而影响外部融资规模与成本。同时，在转轨经济的制度安排中，我国上市公司形成了国有股、法人股和社会公众股的特殊股权结构，国家股和法人股处于绝对控股地位，上市公司普遍存在"一股独大"现象。

上述现象反映在宏观层面，出现这样的结果：股东保护差的不发达国家，证券市场相对不发达，市场的规模和市场的广度都是有限的；反之，也恰恰相反。目前，国内外的研究表明，投资者保护水平是一个国家的资本市场发展水平出现差异的重要原因。对投资者保护水平差异的原因，以及如何提高投资者保护水平，则存在较大的分歧。本章对上市公司内部控制与投资者权益保护进行探讨。

二 文献综述

1. 内部控制信息披露与上市公司会计信息质量相关性研究

Doyle 等（2005）以2002年8月到2004年11月期间披露内部控制重大弱点的261家上市公司为研究样本，发现内部控制存在重大弱点的上市公司，其盈余质量也更低，认为上市公司内部控制是盈余质量的重要影响因素；Beneish 等（2006）的证据表明，SOX 法案302条款的内部控制信息披露要求向投资者传递披露上市公司的财务报告质量方面的信息，也即内部控制重大弱点的披露意味着上市公司的财务报告可信性较低；Doyle 等（2007）以美国2002年8月到2005年11月期间报告内部控制重大弱点（Material Weakness）的705家上市公司为主要样本，发现所报告的内部控制重大弱点与较低的应计质量相关联，并认为内部控制问题正是应计质量较低的根源；Maria Ogneva、K. R. Subramanyam 和 K. Raghunandan（2007）检验了内部控制缺陷与资本成本的相关性，发现内部控制缺陷披露与资本成本存在正相关，即披露内部控制缺陷的上市公司资本成本越高。Ashbaugh – Skaife 等（2008）的证据表明，报告内部控制缺陷的上市公司其应计质量更低，并且在随后的年度里得到不同内部控制审计意见的上市公司其应计质量的变化与内部控制质量的变化相一致，内控审计发挥作用。Messod Daniel Beneish、Mary Brooke Billings 和 Leslie D. Hodder（2008）分别对在萨班斯法案302条款和404条款下披露内部控制缺陷的330个和383个上市公司进行检验，发现在302条款下（较小，非审计），内部控制缺陷的披露导致较大的负 CAR（−4.22%），而在404条款下（accelerated flers，需要审计），内部控制缺陷的披露导致较小的负 CAR（−1.10%）。在资本成本上，发现302条款下的内部控制缺陷披露导致资本成本显著上升，而在404条款下，并不显著。从已有的文献可以发现，内部控制信息的披露与会计信息质量直接存在着相关性，实证数据证明内部控制缺陷是导致上市公司会计信息低下的重要影响因素，并且上市公司内部控制质量能够为投资者所识别，能为资本市场所定价。

在2002—2006年我国上市公司内部控制信息披露较为混乱，可比性很差，内部控制内容流于形式，千篇一律，实质性内容很少，内部控制缺陷信息披露极少，非金融类上市公司的内部控制信息极少经过独立审计（李明辉等，2003）。同时，对于上市公司内部控制信息披露存在豁免条款。吴益兵、王艳艳（2009）发现在未经过审计的2002—2006年我国上市公司自愿性内部控制信息披露行为无法得到市场的认可，即无法降低上市公司的资本成本。

2. 内部控制与上市公司治理、内部控制机制研究

许多学者根据产权理论，认为所有权结构是决定上市公司治理机制有效性的最重要因素，因为股权结构如何将决定上市公司控制权的分布，决定所有者与经营者之间的委托—代理关系的性质。Jenson（1986）指出在所有权和控制权分离的情况下，经理和股东的利益冲突会导致无效的投资行为。经理有动力使上市公司的投资高于最优的规模。而在一些能带来大量经济租金的活动中，来自产品和要素市场的约束相对较弱。这时候上市公司内部控制制度和上市公司控制权市场就会发挥重要的作用。由Grossman和Hart（1986）、Hart和Moore（1990），以及Hart（1995）发展出来的不完全合约理论指出，代理问题本身不能说明上市公司治理机制的作用。因为在标准的委托—代理模型中，合同是完全的，这意味着将来发生的每一种可能都被写入事先的合同中，不存在"剩余决策"问题。只有当合同不完全时，上市公司治理机制才起作用，控制权的作用在于事后针对合约中没有规定的事件做出决策。

Rajan和Zingales（1998）指出对资产的剩余控制权一直能够增加其所有者获取盈余的份额，但是这并不必然会增加其对资产进行专业化的边际激励。因为专业化的资产在相应的专业化领域外有较少的价值，从而减少了所有者外在的机会。拥有一项物质资产可能使代理人更不愿意专业化该项资产。因此，控制权的分配应当最大化进行人力资本专用性投资的激励。由于人力资本是无法写入合约的，如果让人力资本所有者掌握控制权，他们不会有进行人力资本专业化投资的激励，所以最终

的控制权应掌握在物质资产的所有者手中。Zingales（1997）归纳了上市公司治理的目标：最大化促进价值增值投资的激励，同时最小化无效的"寻租"；最小化事后讨价还价的无效性；最小化任何"治理"风险并将剩余风险分配给最不规避风险的一方。

可以说不完全契约理论揭示了上市公司存在的特性，和所有制结构的重要性——克服合同不完全性或市场不完全性。过去的十年里，有关上市公司治理的文献主要集中在股权研究上，也就是从上市公司产权理论的视角进行研究。但是不完全契约理论有一个重要的缺憾。不完全契约和完全契约一样，对当事人的所有可能的未来预期很依赖。这种方法的应用对于上市公司小业主分析是有说服力的，但对于存在已久的大型上市公司分析是缺乏可信度的。一个大型的上市公司涉及一系列复杂的契约，涉及许多方面，很难从这些未来预期获得上市公司的行为模式。不完全契约模型推导的经理行为是不一致的，至少目前的方法无法提供充分的理论依据。

面对现代大型公众上市公司的所有权和控制权分离的情况，所有者的约束必然是软的，经理人的控制权大大增强，仅靠事先的合约是无法对经理人提供足够的约束的。此时，竞争的外部市场体系对上市公司经营者行为的制约以及对上市公司业绩的影响在某种程度上比上市公司内部治理的作用还重要。竞争对上市公司表现的影响体现在两个方面：激励效应和信息效应。Fama（1980）将上市公司看作一系列投入要素签订的合约。从合约的角度看，经理或上市公司是一种单独的生产要素。经理或上市公司提供给上市公司的将是一种特别的生产要素——人力资本，它的要素价格可以在经理劳动市场上得到反映。经营者劳动市场就是通过对经营者当前或以往绩效进行完全事后清偿形式的工资调整过程，来解决两权分离情况下的经营者监督和约束问题。所以只要存在有效经理劳动市场和资本市场，市场竞争就会解决由于两权分离带来的激励问题。

Hart（1983）构造了一个隐藏信息模型证明产品市场的充分竞争能够有效地减少经理的"偷懒"行为。模型假设市场上有两种类型的上市公司：所有者控制的和经营者控制的。在后一种上市公司中，所有者无法观察到经营者的努力，但是可以观察到上市公司的市场绩效。竞争市场上上市公司的成本不是互相独立的，新上市公司的加入必然会使总供给增加，产品价格下降，增加经营者是实现最低利润约束的难度，这迫使经营者不断地增加努力投入，降低生产成本。

Schmidt（1997）的模型区分了竞争的两重效果。竞争直接的结果是减少了利润，这又有两方面的影响。一方面利润的减少增加了上市公司破产或清算的危险，这对经理提供了明确的正向激励，促使他实施减少成本的努力。另一方面，利润的减少可能会影响经理增加努力的边际收益。换句话说，竞争的增加可能减少经理降低成本的活动对于委托人的价值，从而经理不愿提供进一步的努力。这个效果是模糊的。他进一步指出，竞争会增加经理的努力的充分条件是市场结构类似于寡头垄断，即只有有限的竞争者的情况，并且经理劳动市场是出清的。

刘芍佳和李骥（1998）综合了 20 世纪 90 年代发展出的竞争理论，提出了超产权论的观点。认为所有权或剩余索取权只是一个方面，核心的是控制权。控制权收益越高，经营者就越珍惜它的控制权。如果存在一个控制权的市场，对控制权的争夺就会使这部分"租金"消散，这个市场的存在使经营者即使掌握了控制权，也不会过分滥用以损害所有者的利益。他们也认为，内部上市公司治理机制是影响长期绩效的一个重要因素，但任何上市公司激励机制发挥作用的前提是存在充分竞争的市场。

林毅夫、蔡昉和李周（1997）做出了充分的论述。他们并不否认上市公司内部治理机制的作用，但是强调现实中上市公司内部治理机制和具体的监督机制是形式多样的，而且处于不断的创新之中，但竞争的市场环境是确定的，而且永远是上市公司经营成功的必要条件。由于一个充分竞争的外部市场，包括产品市场、经理市场以及股票市场，不仅可以提供无偏的、透明的有关利润率的系列指标，使所有者可以低成本地监督与评价经营者的行为；同时还可以通过经理市场的竞争实现对经营者的奖惩，使所有者与经营者激励相容。作为提供充分信息的机制和事后奖惩的机制，竞争的市场条件是上市公司治理的首要的和基本的条件。只要市场竞争很激烈，就会迫使上市公司选择效率最高的股权结构和内部治理结构，或改进现有治理结构的不足，否则就会被市场竞争淘汰掉。

现代上市公司经营理念提倡一股一权（One Share – One Vote）原则，即每一股股份享有一个上市公司决策的投票权，其目的是降低大股东的道德风险和控制收益（Grossman and Hart，1988）。La Porta、Lopez - de - Silanes、Shleifer 和 Vishny（学界简称 LLSV，1999）指出，"一股一权"中的"股"应该以股东的实际股份为代表，他们的计算方式是以股东实际投入资本后取得的股份为基础，即现金流所有权（Cash Flow Rights）；而"权"的概念应通过实际投票权来衡量，包括经由直接控股及间接控股所拥有的投票权，以体现对上市公司的真正控制力，可称为最终控制权（Control Rights）。

根据上述定义，LLSV（1999）调查了全球 27 个发达国家的大型上市公司，发现大部分上市公司都存在控股股东，其中以家族控股最为普遍。进一步的研究则显示，许多上市公司的控股股东通过发行具有不同投票权力的多类别股份、构造金字塔式持股模式或进行交叉持股等手段，使其投票权超过实际投入资金后取得的现金流量权，以此实现对上市公司的超额控制（Excess Control）。Claessens、Djankov 和 Lang（2000）对 9 个东亚国家（地区）的 2980 家上市公司所做的分析，Faccio 和 Lang（2002）对 13 个西欧国家的 5232 家上市公司进行的研究，以及 Berglof 和 Pajuste（2002）对 10 个中东欧转轨经济国家的上市公司所有权进行的分析均发现了相似的现象。

在控制权大于现金流量权的情况下，控股股东对其他小股东的掠夺而致使上市公司造成的损失具有较大的外部效应，即控股股东只承担或内部化了其中很少的份额，但却享受到了由掠夺行为产生的控制权收益。此时，控股股东产生仅顾私利的道德风险的机会也就相应较高，引发的代理问题为控股股东对小股东的财富剥夺和对上市公司的掏空行为，而非仅单纯如 Jensen 和 Meckling（1976）所提出的特权消费和偷懒行为，这种由控股股东所衍生的代理问题可称为核心代理问题（Central Agency Problem）。事实上，从更深层的理论溯源来看，基于股权分散的传统上市公司治理研究往往只注重分析现金流量权（或持股比重）这一个层面，而基于股权集中的当代上市公司治理研究则全面考虑现金流量权和投票权之间的关系，这一意义上的所有权结构才是剖析股东行为、研究上市公司治理的一把"金钥匙"。

Classens、Djankov、Fan 和 Lang（2002）对 8 个东亚国家（地区）的 1301 家上市公司进行了研究，发现上市公司市净率（每股市价与每股净资产比率）与控股股东的现金流量所有权呈正向关系，但与现金流量所有权和控制权的偏离程度呈负向关系。这一研究结果表明，现金流量所有权的增加将带来激励效应（Incentive Effect），而现金流量所有权和控制权的偏离将产生侵害效应（Entrenchment Effect）。翁淑育和叶银华（2001）对中国台湾市场、Boubaker（2003）对法国市场、Lins（2003）对18个新兴市场的研究也得出了相似的结论。

在控股股东存在道德风险的情况下，如何抑制其掠夺行为，保护中小股东利益成为上市公司治理要解决的核心问题。Bennedsen 和 Wolfenzon（2001）的理论模型探讨了大股东之间结成联盟的情况，其研究结果显示，在法律对投资者保护不完善的情形下，通过由少数几个大股东分享控制权，可以起到限制掠夺中小股东的作用。在经验证据方面，Faccio、Lang 和 Young（2001）发现东亚上市公司的多个大股东通过合谋侵害小股东利益，而西欧上市公司的多个大股东则会形成互相制衡的局面。Volpin（2002）对意大利上市公司进行的研究显示，大股东之间的制衡有助于提高上市公司的市场价值。

2000 年 Kumar、Rajan 和 Zingales 认为，在较完善的投资者保护条件下，上市公司的规模较大。LaPorta 等（2002）利用模型分析也得出了同样的结论。在中小股东利益保护薄弱的国家，少数股东利益将受到控股股东的侵占。2000 年 Modigliani 和 Perotti 研究了投资者保护与资本市场发展之间的关系，提出对少数股东的权利保护越弱，则资本化对GDP 的比例越低，导致上市公司难以获得外部股权融资，因此融资方式以内部融资和银行融资为主导。

3. 上市公司内部控制与法律制度研究

从理论上讲，当投资者法律保护程度高、上市公司治理外部环境好时，上市公司业主（内部人）愿意和放心从外部筹措资金，同时投资者也乐意把资金投入上市公司。当股东权利保护程度高时，人们就愿意通过股权来相互融通资金，就会促进该国股票市场的发育与成长。也就是说，只要投资者权利得到保护，股票和债券市场可以同时良性的发展。LLSV（1997）对不同法系国家的金融市场进行了实证比较分析，证明了普通法系国家不论是股票市场还是债券市场都要比大陆法系国家的发达。股东权利系数最高的英国普通法系国家的股市规模最大，上市公司数量与股票首次发行数量也最高，也就是说股东权益保护程度与金融市场的发展程度之间存在较强的正相关性，而大陆法系国家无论是股东权利还是执法效率都是最差的，而对应的资本市场发育程度最低。

Johnson、Boone、Breach 和 Friedman（2000）开创性地将法律对投资者保护与金融危机联系起来。他们指出即使在对投资者保护很差的国家中，如果上市公司经营的前景很好，内部人也不会严重掠夺投资者，因为其还希望能继续进行外部融资；而如果上市公司经营的预期恶化，内部人为谋求短期利益会加重对投资者的掠夺，而这种掠夺行为又会导致上市公司证券价格的加速下跌。其对 1997—1998 年亚洲金融危机中 25 个国家证券市场进行的实证研究表明，对投资者的法律保护不力的国家的金融市场在金融危机中的表现明显差于其他国家。他们发现投资者保护指标和执法效率指标可以很好地预言危机中各国金融市场受到冲击的程度。这两个指标甚至比那些宏观经济指标更灵敏。

大量的实证研究表明，投资者保护将促进资本市场的发展，一国或地区投资者保护越好，则股票市场规模越大；上市公司数目越多。此外，对投资者权益的法律保护也会通过金融体系的作用影响到国民经济总体的发展。King 和 Levine（2000）、Rajan 和 Zingales（2000）等的研究都指出金融市场发达，尤其是创业资本丰富的国家未来的发展潜力更大、发展得也会更快。

在代理经营的情况下，股东作为出资者投资于上市公司，但上市公司通常是交给职业经理经营的。这种情况出现了两个问题：一是经理的利益与股东的利益不一致。二是经理与股东之间的信息不对称。为了防止经理们的上述个人利益行为发生，股东们就想出各种各样的控制办法来激励和约束职业经理，这些机制的总称就叫作"上市公司治理"。1997 年 Shleifer 和 Vishny 进一步把上市公司治理定义为"是要研究如何保证上市公司的出资人可以获得他们投资所带来的收益，研究出资人怎样可以使经理将资本收益的一部分作为红利返还给他们，研究怎样可以保证经理不吞掉他们所提供的资金、不将资金投资于坏项目"。

Jensen 和 Meckling（1976）从研究不同利益主体在契约关系中产生的利益冲突入手建立代理理论，这使上市公司金融的研究领域突破了以往上市公司价值最大化的框架而具体到细分的相关利益群体上来。最近 20 年，不同股东之间的利益冲突以及该冲突对上市公司股利分配和资本结构等方面影响的研究逐渐增多，上市公司治理问题的研究重心从投资者和经理人之间的冲突转移到控股股东和小股东之间的冲突。

Demsetz（1985）、LaPorta 等（1997，1998，1999）、McConnell 和 Servaes（1990）、Mikkelson 和 Partch（1989）、Morck 等（1988）认为，控股股东和小股东之间经常出现严重的利益冲突，控股股东可能以牺牲小股东利益为代价追求自身利益。

Shleifer 和 Vishny（1997）以及 Pagano 和 Roel（1998）指出，控股股东可以利用小股东无法分享的控制权，通过侵害小股东利益来获取私利。有关控股股东侵害小股东权益的具体方法研究上，Johnson 等（2000）指出控股股东利用金字塔式股权结构，将底层上市公司的资金通过证券回购、资产转移、利用转移定价进行内部交易等方式转移到控股股东手中。他将这些使底层上市公司小股东利益受到侵害的行为称为"隧道效应"。

Ronald J. Gilson 和 Jeffrey N. Gordon（2003）总结了大股东最大化其自身价值的三种方法：获取与其所持股份不匹配的上市公司收益、低价强迫收购少数股东股票和以高价出售所持股份。

我国上市公司处于大股东超强控制的状态下，第一大股东持股比例平均在40%以上，在上市公司决策中大股东基本不受其他股东制约。在此情况下，大股东与中小股东之间的利益冲突问题更为突出。唐宗明和蒋位（2002）的研究表明，中国上市公司大股东侵害小股东的程度远高于美英国家。李增泉等（2003）的研究结果表明上市公司的所有权安排对大股东的资金占用行为具有重要影响。刘峰、贺建刚、魏明海（2004）通过五粮液的案例分析表明，由于缺乏对小股东利益保护的法律机制，且相应约束大股东的市场机制尚未建立，大股东控制更多地导致了侵害小股东利益的利益输送现象。具体的大股东侵害中小股东权益的方法研究方面，在股权分置情况下，由于流通股与非流通股权益与定价方式等方面的不同，上市公司控股股东侵害小股东权益的主要方法是在证券市场上过度融资，通过隧道效应从上市公司转移更多的资产。Lee 和 Xiao（2002）的研究表明，当上市公司的股权集中度高的时候，派现行为成为大股东侵占小股东利益的一种手段。刘俏、陆洲（2004）考察了中国上市公司在控制股东谋求自己利益的前提下，其盈余管理和上市公司资源"隧道效应"的相关性。何卫东（2004）指出上市公司本着为非流通股东通过其他途径获取利润的目的而进行融资，但未能揭示其具体原理。

　　理论研究和实证分析表明，大股东与小股东之间的利益存在冲突，大股东利用控股地位采取各种手段侵害中小股东的利益，使自己的利益实现最大化。大股东侵害的小股东利益的方法多样化，但国内的大股东侵害中小股东的利益更为严重。随着改革的深化，中国的资本市场与发达国家差距越来越小，必将对大股东与小股东利益冲突问题产生深刻影响。

三　上市公司内部控制规范研究描述

（一）上市公司内部控制一般描述

　　1992 年，美国 COSO（The Committee of Sponsoring Organization of the Treadway Commission）发布了《内部控制：整体框架》的研究报告，提出内部控制整体框架的概念，即内部控制应达到财务报告的可靠性、经营活动的效率性、法律法规的遵循性三项目标，并且包含五个相互关联的要素：控制环境、风险评估、控制活动、信息与沟通、监控。①控制环境。包括员工的诚实和职业道德、人员胜任能力、管理哲学和经营作风、董事会及审计委员会、组织机构、权责划分、人力资源政策及执行。②风险评估。包括经营环境的变化、新技术的应用及上市公司改组等。③控制活动。包括职务分离、实物控制、信息处理控制、业绩评价等。④信息与沟通。包括确认记录有效的经济业务、采用恰当的价值计量、在财务报告中恰当提示。⑤监控。包括日常的管理监督活动、内部审计，以及与上市公司外部团体进行信息交流的监控。

　　尽管美国 COSO（1992）提出的内部控制整体框架已为理论界认同和许多上市公司采用，但是，随着上市公司管理重心移至风险管理，人们更加强调内部控制应与上市公司的风险管理相结合。"安然事件"之后，COSO 结合《萨班斯—奥克斯利法案》的要求，在吸收各方风险管理研究成果的基础上，于 2004 年 10 月正式颁布反映内部控制框架新发展的、控制范围更为广泛的上市公司风险管理（Enterprise Risk Management，ERM）框架。相对于内部控制整体框架而言，上市公司风险管理框架在原有内部控制整体框架的基础上，将内部控制提升到上市公司风险管理这一更高层面。风险管理框架提出一个新概念，增加一项目标、两个概念和三个要素，即提出风险组合观念，新增战略目标、风险偏好和风险容忍度概念，以及目标制定、事项识别和风险反应三个要素。

　　在 COSO 的新报告中，风险管理的定义是：上市公司风险管理是一个为上市公司目标的实现提供合理保证的过程。它由上市公司的董事会、管理层和其他员工共同参与，并用于上市公司战略制定和上市公司内部各个层次和部门，用于识别可能对上市公司造成潜在影响的事项并在其风险偏好范围内管理风险。这个定义明确指出：①风险管理是一个过程；②涉及上市公司各层次员工；③应用于上市公司战略制定；④贯穿上市公司所有层级和部门；⑤旨在识别和管理风险；⑥目的是实现上市公司目标；⑦为实现目标提供合理保证。

可见，上市公司风险管理框架是比内部控制整体框架范围更为宽泛的概念，它既保留了原有内部控制整体框架的合理内容，又在框架和要素方面有相当大的突破。其主要变化包括：①始终将上市公司风险作为控制的核心，并且内部控制的应用由上市公司的经营向战略制定变化；②将内部控制的重心上移至董事会，明确董事会对上市公司风险管理负有监督职责及实现职责的方式；③不仅要求控制会计反映的内容，还要控制上市公司报告的所有信息。

为了加强和规范我国上市公司内部控制，提高上市公司经营管理水平和风险防范能力，促进上市公司可持续发展，维护社会主义市场经济秩序和社会公众利益，根据国家有关法律法规，财政部会同证监会、审计署、银监会、保监会制定了《上市公司内部控制基本规范》。该规范借鉴了 COSO 内部控制整体框架和上市公司风险管理框架的思想，并结合了中国国情。我国上市公司被要求自 2009 年 7 月 1 日起施行《上市公司内部控制基本规范》，同时鼓励非上市的大中型上市公司执行。执行该规范的上市公司应当对本上市公司内部控制的有效性进行自我评价，披露年度自我评价报告，并可聘请具有证券、期货业务资格的会计师事务所对内部控制的有效性进行审计，这标志着我国内部控制发展在融入国际主流的进程中又向前迈出了实质性的一步。

投资者权益保护的根本目的是维持投资者信心，实现上市公司价值最大化，提高资源配置效率，促进资本积累、证券市场发展和经济增长。投资者权益保护遵循的原则包括：①公开原则。及时披露与上市公司财务状况相关的信息，保证信息披露的透明度与准确度。②公平原则。确实保护投资者权益，公平、公正地对待所有股东。③公正原则。保证以实现股东和上市公司市场价值最大化为经营目标，而不是个人财富最大化为目标。在投资者保护和上市公司管理层相机抉择、上市公司效率以及其他利益相关者的利益之间取得合理平衡。④建立一套完善的投资者保护制度。投资者保护制度的核心是要通过一整套法律、法规以及行为规范，建立起对上市公司治理结构有效的激励与约束机制，使上市公司内部人与投资者的利益相一致。

（二）上市公司内部控制与投资者权益保护的内在逻辑关系

在社会化大生产中，内部控制作为上市公司生产经营活动的自我调节和自我制约的内在机制，处于上市公司中枢神经系统的重要位置。上市公司规模越大，其重要性越显著。上市公司内部控制是指为了保证上市公司业务活动的有效进行，保护资产的安全和完整，防止、发现、纠正错误与舞弊，保证会计资料的真实、合法、完整而制定和实施的政策与程序。其主要目标包括：①保护上市公司资产的安全、完整及对其的有效使用；②保证会计信息及其他各种管理信息的可靠和及时提供；③保证上市公司制定的各项管理方针、制度和措施的贯彻执行；④尽量压缩、控制成本、费用，减少不必要的成本、费用，以求上市公司达到更大的盈利目标；⑤预防和控制且尽早尽快查明各种错误和弊端，及时、准确地制定和采取纠正措施；⑥保证上市公司各项生产和经营活动有序有效进行。

上市公司的股东是上市公司的投资者，所谓上市公司的投资者利益就是股东权益。总体来看，上市公司股东通常有这些权利，即知情权、在主要经营管理人员任免上的参与权、对重大经营事项的参与权、对上市公司经营活动的监督权、股份转让权、分红权、司法救助权等。投资者权益的保护就是上市公司的股东能依法行使以上所述的各项权利，包含两层内涵：一是法律对上市公司的股东能依法行使以上所述的各项权利。二是对于股东和债权人而言，不仅包括法律和规章制度中的以上所述的各项权利的书面规定，还包括其执行的效率。从后一层意义来看，投资者权益保护的范畴非常广，现实中很多问题都属于投资者权益的保护范畴。例如，平时经常谈到的诸如上市公司内部人控制、董事和大股东的侵权、信息披露不规范的损害、证券上市公司违规经营或破产的影响以及交易所系统出错和监管不严的损害等均可纳入到上述两种权利的侵害之中。

一般而言，上市公司内部控制的有效性在以下两个方面对投资者权益保护具有重要的作用：①保证会计信息的真实性和准确性，真实地反映投资者权益；②有效地防范上市公司经营风险，维护财产和资源的安全完整，确保投资者权益。

（三）我国投资者权益保护状态非常严峻

我国证券市场是一个多方参与的特殊系统，参与者有上市公司、上市公司大股东、中小投资者、券商等中介机构、交易所，还有政府。同时又是一个在特殊的环境中的产物。因为，我国原来是一个计划经济和国有体制的国家，证券市场是从计划经济向市场经济转轨时期出来的产物，处于新兴和转轨期的中国股票市场从投资者结构、监管方式、股市波动性、市场微观结构乃至上市公司股权结构都有自己的特色。中小投资者（散户）的数量占了股市投资者的大部分、资金量的40%。作为市场主体之一，其行为结果对市场同样会产生一定影响，但多年来对证券市场的研究较少涉及散户问题，80%的散户处于亏损状态，因此，从我国证券市场的特殊环境出发，研究这一特殊产物下的中小投资者利益保护问题，很有必要。

1. 内部人控制问题

内部人控制是控制权的一种特殊情形，也是中国经济体制转轨过程中出现的一种特殊的代理问题。内部人控制是指独立于所有者（外部人）的经理人员掌握着上市公司的实际控制权，在上市公司经营中充分体现自身利益甚至与职工"合谋"谋取各自的利益，从而架空所有者的控制与监督的情形。内部人控制是现代上市公司经济"所有权与控制权相分离"的结果，一方面，它具有客观必然性和积极作用；另一方面，它又会产生侵害出资者利益的消极作用。研究表明：国有股（包括国家股和国有法人股）在上市公司中所占比例越大，上市公司的内部人控制就越强。我国上市公司的内部人控制既具有内部人控制的一般特点，又具有某些特殊的表现形式。在国有上市公司改革中，似乎存在一种两难的处境：一方面上市公司抱怨政府干预过多，上市公司缺乏经营自主权；另一方面政府却抱怨上市公司失去控制，上市公司对国有财产的使用不负责任，国有财产大量流失。其实，二者是有内在联系的，前者是后者的直接原因，国有上市公司的这种两难处境正是"内部人控制"的重要表现，而国有资产所有权管理主体的缺位恰是造成这种内部人控制的关键原因。

根据对沪市异常波动情况的统计分析（金晓斌，2000），政策是造成股市异常波动的首要因素，同样不可避免地会对中小投资者行为产生影响。作为证券市场的微观主体，我国上市公司股权结构不合理，国家作为上市公司大股东的缺位使国有股代理人几乎是在没有真实财产所有者的监督下对经营者进行监督。这种"大股东利益缺位、小股东无力监督"的股权结构导致我国上市公司"内部人控制"问题严重、经营效率低下，中小股东利益得不到保证。此外，这种畸形的股权结构还直接造成同股不同价、同股不同权，对我国证券市场投资者行为造成极大的影响。由于个人股的取得是通过高溢价、高成本购买的，上市公司历年现金分红比例又极低，个人无法靠长期投资取得回报，只能寄希望于从炒作中谋取差价利润，因此市场投机炒作之风盛行。而近期开始的股权分置改革，由于非流通股东拥有绝对话语权，流通股东难以获得预期补偿，故只能"用脚投票"，拉动股市重心下移。

2. 中小投资者权益保护形势严峻

我国证券市场自 1990 年形成以来，为广大投资者尤其是中小投资者们提供了直接参与金融市场的契机，中国证券交易规模迅速扩大，投资者的数量已经从 1994 年的 575 万户增长至 2004 年的 7211 万户，到 2005 年底的 7500 万户，进入 2006 年以来每天的新增开户数均超 1 万户。

但投资者数量的增加并不能掩盖我国证券市场对投资者的保护存在的问题。汪毅慧等（2003）从信息不对称、交易成本和投资者保护三个方面，比较了中国内地和香港地区的上市公司后认为：内地上市公司的信息成本是香港地区的 2 倍，排除交易行为影响和剔除与政府相关的上市公司后，投资者保护环境和信息成本间仍然呈现显著负相关。这表明中国内地与香港地区市场的交易成本的差异不能完全归咎于国有股权的不流通，而是较差的投资者保护环境所致。张照燕（2003）运用 LLSV 和 Pistor 发展的评估股东权利的指标体系对我国证券市场的法律对投资者保护的水平做了评估。比较的结果表明：总体而言，我国证券市场的法律体系对股东权利提供的保护水平与所有转轨经济国家相近，这是对我国证券市场十几年来法律法规建设成绩的肯定，但在 LLSV 指标（衡量中小股东权利的指标）上的得分低于各国水平，反映了我国证券市场对中小股东权利保护的不足。2001 年以来，国际资本市场上发生了安然、世界通讯等国际知名上市公司造假丑闻，国内证券市场则有中科创业、银广夏、郑百文等事件。伴随上市公司损害中小股东权益案件的曝光，上市公司面临了空前的信任危机。根据中国证券登记结算上市公司的资料，截至 2002 年 11 月底，在 3452 万个沪市 A 股账户中，持有股票的仅为 1466 万个，有 1986 万个账户被闲置，闲置率高达 57.5%。2001 年 11 月持有股票的账户为 1862 万个，到 2002 年 11 月底，已有 396 万个账户被清空，占曾经持有股票账户的 21.3%。显然，投资者已经大规模逃离股市。作为证券市场上重要的参与主体，投资者的信心不足，对证券市场的投资积极性不高，证券市场的健康发展则无从谈起，上市公司也失去了持续发展的动力。

对投资者权益的保护具体到上市公司层面上，就是对股东权利的保护。在中国证券市场，由于投资者保护机制的种种缺陷，致使中小股东的股东权利保护不足，中小股东的多项权利都受到了不同程度的侵害。

（1）中小股东参与经营管理的权利无法实现。要保护中小股东的权利，就要保证其在投资之时用钞票投票，在投资之后用手投票、用脚投票、用诉权投票。其中，要实现其参与上市公司经营管理的权利，必须通过股东大会来"用手投票"。

由于我国《上市公司法》对于股东大会的议事规则语焉不详，且上市公司中大股东处于绝对控制的状态，出现了股东大会的形式化现象。从有关资料可以看到，截至 2003 年年末，深市上市公司第一大股东持股比例较大，平均的控股比例达 41%—47%。也就是说，不考虑其他股东有可能是第一大股东的关联方股东的情况，仅从表面材料来看，中国上市公司中大股东处于绝对控制的状态是符合实际情况的。

上市公司股权过于集中，大股东很容易利用"一股一票"的原则合法地操纵股东大会，使股东大会从一个民主决策机构演变成为大股东一票表决的场所和合法转移上市公司利益的工具，小股东的利益无法通过股东大会"用手投票"的方式得到保护。由于小股东的利益无法得到保护，上市公司中小股东参加股东大会的比例十分低下，股东大会成为大股东唱"独角戏"的场所。

（2）中小股东的剩余分配权受到侵犯。红利分配是上市公司经营决策中最后一个环节，也是大股东与小股东利益平衡的一个关键环节。从股东权益保护与股息支付率的关系方面来讲，控制性股东滥用股权较严重的国家中如果法律对小股东利益保护不够，则该国上市公司的股息支付比率比小股东权益保护较好的国家的上市公司股息支付比率要低。

中国上市公司在股东分红方面，和其他大陆法系国家相似，没有稳定的红利政策，而且在分红中存在相当多的损害小股东利益的行为。从历年不分配上市公司以及该类不分配上市公司占上市公司比率的统计结果可以看出，中国上市公司不分配的比率越来越高。130家样本上市公司的1997年年报统计显示，有的上市公司账面上完全有分红转增能力，但却不予分配。而对于纯粹的配股圈钱，这些上市公司的脚步却从未放慢，如沪、深两市1998年度有35家上市公司在不分配的同时却进行了配股，占不分配上市公司总数的15%左右。中小投资者的剩余分配权受到严重侵犯。

（3）中小股东的知情权受到侵犯。由于大股东同小股东、债权人以及监管机构之间存在较为严重的信息不对称，因此，完善的信息披露是证券市场公平的基础。如果信息披露制度不完善，大股东就会利用该制度缺陷从上市公司掠夺、转移利润，并勾结证券市场上的庄家坐庄，共同欺诈散户，牟取暴利。

虽经过十多年的发展，但我国上市公司信息披露制度仍存在种种缺陷，导致虚假陈述几乎成了我国上市公司的主流，主要表现在：欺骗上市（原本上市公司自身不具备上市的条件，却无中生有、自我包装）；虚构利润（为了保住上市资格或者争取增配资格或是出于经营者、大股东自身利益的考虑，捏造虚假信息，误导投资者）；报喜不报忧（在公开信息时，往往隐瞒对股价不利的事实）；误导性预测（如规避准确性要求，使用模糊术语；信息披露不及时、不规范等）。

（4）中小股东权利被侵犯后的诉讼赔偿权利难以实现。从法律条文来看，我国立法对股东诉权有相应规定，但规定过于原则，缺乏可操作性。从司法实践来看，我国由于没有相应的诉讼机制和司法程序，缺乏证券民事赔偿机制，对证券违规行为只以行政手段予以解决，广大投资者的合法权益无法得到保障。

自我国证券市场建立以来，发生了较多的虚假陈述、内幕交易和操纵市场等侵犯投资者权益的恶性案件。1998年年底，上海股民姜某以赔偿损失为由，将所有与红光实业造假案相关的24名董事及中介机构告上法庭，但法院没有受理此案。2001年9月，最高人民法院发布《关于涉及证券民事赔偿案件暂不予受理的通知》，要求各地法院暂不受理证券市场中涉及虚假陈述、内幕交易、操纵市场三方面的民事赔偿案件。直到 2002 年 1 月，最高人民法院发布《关于受理证券市场因虚假陈述引发的民事侵权纠纷案件有关问题的通知》，允许法院受理因发布误导性信息而引发的诉讼，才标志着中国证券民事赔偿机制得到正式启动，投资者可以依法对实施侵权行为的机构及个人提起民事赔偿诉讼。2003 年 2 月施行的最高人民法院《关于审理证券市场因虚假陈述引发的民事赔偿案件的若干规定》则详细阐述了投资者提起诉讼的条件。但除虚假陈述之外的其他违法行为如内幕交易和欺诈行为却仍不能提起诉讼。

投资者尤其是中小投资者，由于信息不对称、持股比例小，相对于控股股东和管理层处于弱势地位等原因，需要重点保护。投资者保护得好，投资者对市场就有信心，入市的资金和人数就多。从资本市场的发展历程来看，保护投资者利益，让投资者树立信心，是培育和发展市场的重要一环，是我们监管部门的首要任务和宗旨。

（四）我国上市公司内部控制的缺陷

1. 对内部控制认识不足

目前，一些公司特别是某些国有公司对内部控制的认识存在两种倾向值得注意：一是一部分人习惯于甚至满足于传统的经营管理方式，认为只要能够规范化操作就行了，不必考虑是否先进；二是虽然意识到改革的必要性，但是容易片面强调改革组织结构的重要性，忽视了控制方式的跟进和强化，这就使公司的改革同微观治理机制相脱离。

2. 产权关系不明

在我国现阶段，公司的法人治理结构不够完善，甚至是有形无实，尤其体现在董事会这一重要机构没有发挥其应有的职能。有不少国有公司在改革过程中，一味地放权让利，致使原厂长负责制的领导班子现在既是经理层又进入董事会，董事会成员和经理成员高度重叠，致使国有公司产权主体缺位、权责不清，内部控制的受益主体模糊。这种责权不分的公司治理结构，导致所有者对经营者不能实施控制，作为代表公司股东的控制主体（董事会）也就形同虚设。

3. 监督机制不健全

目前，有很多公司监督评审主要依靠内审部门来实现，而有些公司的内审部门隶属于财务部门，与财务部同属一人领导，内部审计在形式上缺乏应有的独立性。另外，在内审的职能上，很多公司的内部审计工作仅仅是审核会计账目，而在内部稽查、评价内部控制制度是否完善和公司内各组织机构执行指定职能的效率等方面，却未能充分发挥应有的作用。

4. 缺乏系统性和完整性

公司运营过程中某个环节出现了问题，就相应地出台一个制度来规范：如今天发现应收账款多了，就制定一个财务叫停制度；明天发现库房管理有问题，就出一个发货监管规定等。无论在内容上还是形式上，都缺乏统一性、系统性和完整性，对可能发生的风险考虑不足。

5. 制度执行不力

这是目前公司普遍存在的现象。其原因大致有三：一是制度本身脱离实际情况，随着公司形式的变化，制度没有适时跟进、修改和完善，从而使制度失去可操作性；二是缺乏保证制度执行的机制，内控制度执行情况没有严格地监督、检查，以及奖罚措施，使制度丧失了严肃性；三是公司核心领导人，特别是民营公司领导人，带头违反和破坏制度，或这种现象又得不到有效制约，使制度最终流于形式。

6. 风险控制与效率关系处理不当

公司实施严格的内部控制无疑是需要成本的，并且在一定程度上会影响到运行效率。一个是公司存亡问题，另一个是公司发展速度问题，两者都得兼顾。在管理咨询中也常常会遇到这样的情形，对公司原有流程、利益格局打破和调整的同时，也会带来部分效率的牺牲，如果处理不好，管理者在执行过程中就经常处于一种矛盾心态，使得真正好的管理理念无法以制度形式固化下来。

7. 没有形成统一的信息管理系统

在信息资源管理上，一方面没有统一归口，比如销售收入的指标从营销、财务、统计等口径报出的都不一样；另一方面过分依赖业务员，使公司的资源掌握在个人手中，极易造成公司对业务失去控制。例如，我们接触的一家公司便是如此，一些业务员可以以手中掌握的客户资源作为筹码，要挟公司满足个人不正当要求，有的甚至还与客户串通一气，谋取私利等。

（五）完善我国上市公司内部控制

重点应当在组织结构控制、授权批准控制、会计记录控制、资产保护控制、职工素质控制、预算控制、风险控制和编制业绩报告控制等重要环节组织实施。

1. 组织结构控制

实行和完善内部控制，首先要从本单位的组织结构开始，主要包括：确定单位的组织形式、明确相关的管理职能和报告关系，以及为每个组织单位内部划分责任权限。

根据内部控制的要求，单位在确定和完善组织结构的过程中，应当遵循不相容职务相分离的原则。所谓不相容职务，是指那些如果由一个人或一个部门担任，既可能弄虚作假，又能够自己掩盖其舞弊行为的职务。单位的经济活动通常可以划分为五个步骤，即授权、签发、核准、执行和记录。一般情况下，如果上述每一步骤均由相对独立的人员或部门实施，就能够保证不相容职务的分离，便于内部控制作用的发挥。

2. 授权批准控制

授权批准是指单位在处理经济业务的过程中必须经授权批准以进行控制。公司每一层的管理人员既是上级管理人员的授权客体，又是对下级管理人员授权的主体。

授权标准的形式通常有一般授权和特别授权之分。一般授权是办理常规性的经济业务的权力、条件和有关责任者做出的规定，这些规定在管理部门中采用文件形式或在经济业务中规定一般性交易办理的条件、范围和对该项交易的责任关系。在日常业务处理中可以按照规定的权限范围和有关职责自行办理。特别授权指受权处理非常规性业务，比如重大筹资行为、投资决策、股票发行等。

内部控制要求明确一般授权和特别授权的责任和权限，以及每笔经济业务的授权批准程序。

3. 会计记录控制

会计记录控制的要求是保证会计信息反映及时、完整、准确、合法。一个单位的会计机构实行会计记录控制，要建立会计人员岗位责任制，对会计人员进行科学的分工，使之形成相互分离和制约的关系。经济业务一经发生，就应对记载经济业务的所有凭证进行连续编号，通过复式记账，在两个或两个以上相关账户中进行登记，以防止经济业务的遗漏、重复，揭示某些弊端问题。

4. 资产保护控制

资产保护控制主要包括接近控制、盘点控制。广义上说，资产保护控制，可以包括对实物的采购、保管、发货及销售等各个环节进行控制。

接近控制主要是指严格控制无关人员对资产的接触，只有经过授权批准的人才能够接触资产。一般情况下，现金、银行存款、其他货币资金、有价证券和存货等变现能力较强的资产必须限制无关人员直接接触，间接接触可通过保管、批准、记录及不相容职务的分离和授权批准控制来达到。

盘点控制是指对实物资产进行盘点并将盘点结果与会计记录进行比较，盘点结果与会计记录如不一致，可能说明资产管理上出现错误、浪费、损失或其他不正常现象。

5. 职工素质控制

职工素质控制包括公司在招聘、使用、培养、奖惩等方面对职工素质进行控制。招聘是保证单位的职工应有素质的重要环节。单位的人事部门和用人部门应共同对应聘人员的素质、水平、能力等有关情况进行全面的测试、调查、试用，以确保受聘人员能够适应工作要求。

如果管理层重视对单位内职工的投资、管理和使用，合理配置组织内的人力资源，职工所创造的价值必然会增加；反之，就会造成人力资源价值的不充分发挥，甚至损失和浪费。

6. 预算控制

预算控制是内部控制的一个重要方面。经过批准的预算就是单位的法令，单位内部的各部门都必须严格履行，完不成预算，将要受到处罚。预算控制也是一个系统，该系统的组织由预算编制、预算执行、预算考核等构成。预算控制的内容可以涵盖单位经营活动的全过程，包括筹资、融资、采购、生产、销售、投资、管理等诸多方面，也可以就某些方面实行预算控制。

预算的执行层由各预算单位组织实施，并辅之以对等的权、责、利关系，由内部审计部门负责监督预算的执行，通过预算的编制和实施，检查预算的执行情况，比较分析内部各单位未完成预算的原因，并对未完成预算的不良后果采取改进措施。

7. 风险控制

公司所面临的风险按形成的原因一般可分为经营风险和财务风险两大类。

经营风险是指因生产经营方面的原因给公司盈利带来的不确定性。比如，由于原材料供应地的政治经济情况变化等带来的供应方面的风险，新产品、新技术开发试验不成功，生产组织不合理等因素带来的生产方面的风险，销售决策失误等带来的销售方面的风险，此外还有劳动力市场供求关系变化、自然环境变化、税收调整以及其他宏观经济政策的变化等方面的因素，也会直接或间接地影响公司正常经营活动。经营风险多数情况来源于公司外部，尽管如此，公司仍应采取有效的内控措施加以防范。

财务风险又称筹资风险，是指由于举债而给公司财务成果带来的不确定性。对财务风险的控制，关键是要保证有一个合理的资本结构，维持适当的负债水平，既要充分利用举债经营这一手段获取财务杠杆的收益，提高自有资金盈利能力，同时也要注意防止过度举债而引起的财务风险的加大，避免陷入财务困境。

8. 编制业绩报告控制

业绩报告也称责任报告，是单位内部各级管理层掌握信息，加强内部控制的报告性文件，也是内部控制的重要组成部分。业绩报告是为单位内部控制服务的，属于管理会计的范畴，因此，编制业绩报告必须与单位内部的组织结构和其他控制方式相结合，明确反映各级管理层负责人的责任。业绩报告可以有日报、周报、月报、季报、年报等，并通过文件的形式予以规定。

四　实证研究

（一）实证研究样本

1. 样本筛选

以沪、深两市上市的企业在2005—2014年的数据为初选样本，并进行处理：剔除ST公司；剔除金融行业的上市公司样本，因为金融行业的行业特征与其他行业差别大；剔除数据不全的上市公司样本。最终的样本为411家上市公司2005—2014年的数据。

2. 统计方法

使用的统计方法包括描述性统计、相关性分析和多元回归分析。其中，基本数据处理使用了 Excel 2003 软件，变量回归分析使用了 SPSS 17.0 统计软件。

（二）样本公司描述性统计分析

观察 411 家企业的数据，下面将主要指标数据的描述性统计指标列示如表 5 - 1 所示。

表 5 - 1　　　　　　　　　　样本公司统计指标

行业	公司数	每股收益	净资产收益率	主营业务利润率	资产规模	负债率	流通股比例
食品饮料	34	0.37	0.07	0.12	11.30	0.38	0.32
		(0.32)	(0.11)	(0.13)	(10.39)	(0.37)	(0.31)
纺织服装	29	0.24	0.05	0.06	7.89	0.36	0.30
		(0.29)	(0.11)	(0.11)	(6.21)	(0.33)	(0.27)
造纸印刷	16	0.21	0.05	0.13	9.90	0.47	0.30
		(0.24)	(0.09)	(0.15)	(8.02)	(0.48)	(0.29)
石油/化学产品	77	0.26	0.09	0.10	15.71	0.37	0.32
		(0.26)	(0.10)	(0.10)	(7.69)	(0.38)	(0.30)
电子	13	0.26	0.09	0.04	14.96	0.40	0.23
		(0.28)	(0.10)	(0.15)	(10.13)	(0.36)	(0.25)
金属、非金属	62	0.24	0.08	0.09	21.52	0.41	0.27
		(0.23)	(0.10)	(0.09)	(9.74)	(0.40)	(0.28)
机械设备	104	0.23	0.06	0.05	12.75	0.44	0.31
		(0.23)	(0.10)	(0.10)	(9.11)	(0.43)	(0.29)
医药/生物制品	35	0.25	0.08	0.26	9.87	0.43	0.33
		(0.28)	(0.11)	(0.13)	(7.24)	(0.40)	(0.29)
信息技术业	41	0.27	0.01	0.00	16.28	0.45	0.31
		(0.27)	(0.11)	(0.10)	(8.63)	(0.45)	(0.31)

注：括号内为中间值。

表 5 - 1 通过各种财务指标反映样本上市公司的行业绩效差异。

表 5 - 2 是综合计算样本上市公司的各种财务指标。

表 5 - 2　　　　　　　　　　　　样本描述性统计量

描述统计量					
	N	极小值	极大值	均值	标准差
大股东控制权（FCR）	411	0.12	0.82	0.4390	0.15506
大股东现金流权（CASH）	411	0.10	0.81	0.3879	0.15764
控制权与现金流权的分离（SQ）	411	1.00	3.60	1.213	0.46716
流动比率（CR）	411	0.69	49.54	6.524	7.0317
现金流量比率（CFR）	411	-2.35	3.46	0.1498	0.65566
固定资产周转率（FAT）	411	0.35	262.10	10.783	26.2341
总资产周转率（TAT）	411	0.20	2.81	0.8187	0.44310
总资产报酬率（RTA）	411	0.02	0.22	0.0833	0.03907
股东权益报酬率（ROE）	411	0.02	0.40	0.1337	0.05504
主营业务毛利率（MBPG）	411	0.02	0.42	0.1444	0.07956
每股现金流量（CFPS）	411	-2.04	18.75	3.8163	2.8707
营业增长率（SGR）	411	-0.30	2.98	0.2751	0.31380
有效的 N（列表状态）	411				

表 5 - 3 是结合后面的业绩变量与控制变量，列举出重要的财务数据。

表 5 - 3　　　　　　　　　　　样本期间数据统计描述

	股票收益率（%）	净资产收益率（%）	基金持股比例（%）	基金投资占总投资的比例（%）	第一大股东持股比例（%）	流通股比例（%）	公司总价值（万元）
均值	-23.09	8.77	3.84	0.22	48.39	33.74	1224577
中位数	-22.27	9.36	1.02	0	50.96	30.43	473824
最大值	59.09	41.98	52	5.74	85	100	46286648
最小值	-120.49	-113.7	0	0	0	0	35305.95
标准差	28.45	12.04	6.10	0.71	18.33	16.93	3820225
观测值	411	411	411	411	411	411	411

（三）研究变量与回归检验

研究变量主要包括业绩变量和控制变量两类，各变量分别定义如表5-4所示。

表5-4 回归分析中使用变量的定义与说明

项目	变量	定义	备注
业绩变量	ROE	净资产收益率	净利润除以所有者权益
	Size	公司总价值变量	
	R	股票收益率	年7月1日至年6月30日的股票收益率
控制变量	Fratio	基金投资占总投资的比例	
	First	控股股东持股比例	
	Float	流通股比例	流通股与总股本的比值

回归检验是为了分析业绩变量与控制变量之间的关系。上述变量的回归模型为：

$$Pef_{it} = \alpha + \sum_i \beta_i Gove_{it} + \sum_i \beta_i Cont_{jt} + u_t$$

式中，$Perf_{it}$（$T=1$，2，…）是代表上市公司本期经营业绩的变量；$Gove_{it}$（$t=1$，2，…）是代表基金公司参与上市公司治理的变量；$Cont_{it}$（$t=1$，2，…）为各控制变量；u_t 是估计误差项；t 表示本年度。

表5-5 研究变量相关性回归结果

Roe	R	log（Size）	Fratio	First	Float
6.1570 * (5.2609)					
	-25.811 * (-11.543)				
		13.082 * (158.52)			
			0.0684 * (0.3462)	-0.0031 ** (-0.4567)	0.0039 * (0.5374)

注：括号内数字为T检验值。＊＊和＊分别代表在0.01和0.05的水平上统计显著（双尾检验）。

上述回归结果表明，基金持股、流通股持股与上市公司业绩呈现显著的正相关关系，而第一大股东持股与公司业绩之间却呈负相关关系。可见，基金持股、流通股持股稀释大股东的控制权，对上市公司的业绩有正面影响；同时，第一大股东持股比例越高，股权稀释性越弱，就越容易产生大股东侵害小股东利益的道德风险。但是，施东晖、孙培源（2008）的相关研究却表明：当第一大股东拥有多数董事席位，却未持有相对多数的实际股份时，它会有诱因滥用其控制权，运用公司资源来获取私利，或者直接通过关联交易转移公司资产和利润、"掏空"上市公司，从而产生严重的核心代理问题和道德风险，对公司财务绩效造成负面影响。

五　研究结论与建议

从上市公司投融资角度来看，证券市场的基础是上市公司，而投资者是上市公司的投资主体，并影响决策机构对公司重大问题的决策；从证券市场本身来看，投资者主导着各种股票市场行为。无论从哪个角度看，投资者权益保护对一国证券市场功能的完善具有重大影响。证券市场的存在不仅是为投资者提供投资机会或投资收益，它的存在和发展促进社会资源的合理配置，投资者对自己合法权益的追求，使社会资源配置这一核心功能更加显著，两者之间没有相互矛盾，而是相互促进、相互依赖。投资者的权益和证券市场的功能相互促进。在投资者权益保护得力的国家，外部投资者的投资利益能得到有效保障，从而对上市公司继续追加投资。相反，在保护不力的国家，在感觉未来前景光明时，外部投资者有少许的投资兴趣；但一旦未来前景恶化，上市公司内部人倾向于对外部投资者权益的剥夺，股东和债权人作为外部人是无能为力的，外部投资者将失去投资的兴趣。

从制度安排来看，投资者保护制度具体涵盖上市公司和社会两个层面。上市公司层面的制度安排，主要涉及完善上市公司内部治理，要形成权利和责任明确的管理层和董事会，建立监督和控制机制，比如：完善上市公司股东的投票权和表决程序、董事会的权力和责任、防止内幕交易、股东派生诉讼和集体诉讼，等等。在社会层面，需要建立一个公开、公平、公正的市场环境，要有科学、合理和有效的监管体系，以最大限度地保护全体股东的权益不受侵害。在这里，投资者保护针对所有投资者，创造一个公平的市场环境和保护投资者作为股东的基本权利，这并不排除外部投资者之间的利益冲突。由于市场波动和上市公司的经营条件的变化，投资者做出不同的投资决策是很正常的，尤其是个人投资者，信息采集窄，处理能力弱于机构投资者，在突发事件中难以及时采取正确的投资决策，造成利益损失并不属于投资者的权益保护。

这里讲的保护投资者权益，是保护投资者作为股东应有的合法权利和利益，而不是保护投资者在二级市场的利润和损失。例如，有人这样形容中国投资者保护的困境：监管部门规范市场，保护中小投资者的利益，整顿市场，但打击非法、处罚上市公司和其他违法主体导致二级市场股票下跌，使中小投资者的利益受损。在这个模式中，处罚上市公司而改变市场预期，影响股票市场价格，损害二级市场投资者的利益。显然，这种观点混淆了投资者权益保护的内涵。加强证券监管，提高投资者保护作为股东的股东权益不受侵犯，调控的目标是增加市场的透明度和完整性，而不是在为股价指数服务。由于我国证券市场长期不规范，市场监管体系的建立是必然的，这有利于从根本上改变投资权益困境。监管部门的信用，体现在其制定和执行法律法规必须具有科学性、一致性、透明性、稳定性和连续性，使投资者树立投资信心，使市场参与者能做出理性的投资决策。

第六章 盈余质量与投资者财务权益保护

一 引言

目前，在上市公司对外报告体系中，现金流量表、利润表和资产负债表依然是股票投资者判断企业经营成果和财务运行状况最主要的信息来源。而企业的会计盈余，因为其具有较高的信息含量，是反映企业经营成果最为直观的指标之一，因此企业盈余及盈余质量备受投资者的关注。

然而近年来，我国资本市场中频频出现大股东挪用或侵占企业资金、上市公司的虚假陈述、会计信息披露严重违规或误导、大股东进行市场操纵、大股东侵害或欺诈中小投资者等现象，这些都严重损害了投资者尤其是广大中小投资者的合法权益，同时阻碍了资本市场的健康、有序发展，投资者保护问题由此成为世人关注的话题和世界性的实践与研究课题和难题。而我们认为保护投资者的关键是保护其财务权益。财务权益的概念是我们于 2011 年首次提出的，财务权益是指投资者在财务方面的权益，主要是指投资者获得正常的投资回报等，并由此而引申出来的一系列与财务有关的权益，如企业负债合理、信息披露真实、内部控制有效、盈余质量高等。

盈余质量是一个综合性指标，不仅仅反映企业盈利水平，还能反映企业的内部控制水平、公司治理效率等。所以盈余质量高低也就成了衡量上市公司对投资者财务权益保护水平高低的重要指标。一个负责任的上市公司就应该不断提高其自身的盈余质量来保护投资者的财务权益。而投资者财务权益的提高或真正得到保护，有利于降低企业代理成本，有利于提升企业价值及外部融资能力，从而有利于提高企业的盈余质量。企业只有不断提高盈余质量，保护了投资者的财务权益，投资者才有实力和信心进行后期投资，从而企业的持续经营才能真正得到保证。

2000 年前后，在国外学术界，"企业盈余质量"相关研究得到了空前重视。美国会计学会在 2002 年 1 月就此还专门创建"盈余质量"项目。很多著名专家学者在美国的《会计时空》《会计评论》《会计教育》等著名会计杂志上发表了盈余质量方面的文章，对盈余质量进行了阐述和评论，甚至在大学课堂上专门开设"盈余质量"的有关课程，对盈余质量进行深入研究。之后，美国 FASB 还就企业盈余质量对于资本市场效率和投资者保护的重要性等问题向公众进行大量宣传教育。与国外相比，虽然也有国内学者对盈余质量问题进行研究，但基本停留在概念性或理论性研究上，或照搬国外的研究文献或实证模型，鲜有适合中国特点的盈余质量的评价指标设计研究，盈余质量与一国投资者保护关系的研究更为少见。因此，本书就盈余质量与投资者保护关系问题进行了研究尝试。

二 相关概念

（一）盈余及其属性

1. 盈余

在会计学中，盈余（Earnings or Profits）是指企业总收入减去成本的差额，而且是正差额。

现行的会计盈余可能存在下述缺陷：只能反映实现的收益，而忽视或排除了其他尚未实现的收益或价值增值；我国利润表对盈余项目划分比较模糊，且各个盈余项目的设置相对简单，不能真正揭示各个盈余项目下具体的事项或交易，不能揭示企业面临的风险。会计盈余能在很大程度上反映着企业的收益水平，却很难揭示其所面临风险，然而企业风险高低却直接影响其未来盈余是否稳定。

2. 盈余的属性（Earnings Attribute）

国际会计准则和美国的通用会计准则中均将相关性、可靠性作为会计信息最基本的质量特征。作为报表基本要素的盈余，当然要满足可靠性和相关性两个质量特征，针对盈余的研究，学者们有更加针对性的盈余属性的表述，如 Francis 等（2004）认为盈余有以下属性：①应计利润的质量。由于可操纵的应计项目会降低盈余信息的相关性，证券分析人士或投资者通常认为一个企业应计利润（具有现金保障）越多，其盈余质量越佳。衡量一个企业的经营业绩时，经营性的现金流量优于净收益，其原因是净收益数字中掺杂了许多递延、应计、估计和摊销项目，这些项目往往带有非常强的主观性、不可操纵性。②持续性。持续性是指企业能够较长时间获得较高盈余，不是时有时无、时高时低。会计盈余持续性越强越能够帮助投资者更好地预测企业的下一期盈余，越能帮助投资者做出更为理性的决策。③可预测性。可预测性是指企业可以通过以前年度的盈余来预测以后年度盈余的能力。可预测的盈余被公认为是高质量的，也是证券分析人士在价值评估中必选的一个重要指标。④价值相关性。此属性源自会计盈余能够解释投资与回报相关的观点。股票收益与盈余质量之间正相关，即盈余质量越高的公司，其公司股票价格会上涨得越快，投资者从中获利将会越高。⑤稳定性。一个企业如果盈余波动太大，往往表明该企业经营不稳定，自然盈余质量欠佳。盈余波动越小说明企业收益越稳定，而稳定的收益才是真正高质量的收益。

（二）盈余质量（Earnings Quality）

高盈余质量的公司特征：①会计政策持续稳健，谨慎确认公司的净收益、财务状况；②收益是由公司基本业务获得所带来的、经常性发生的；③会计上的销售迅速转化成现金；④企业净收益的增加不是依赖于税收政策的变化；⑤适当的债务水平，并且企业不是通过资本结构进行操纵盈余；⑥未来收益的趋势是可预测的、稳定的等。同时，盈余质量不单单靠收益要素，经营活动、财务活动都可能会对企业收益质量的高低产生重要影响，如流动性、财务杠杆系数、经营杠杆系数等因素，同时经济、税收、会计等政策也对盈余质量产生重要影响（Hawkins，1998）。

高质量盈余的三个条件：第一，盈余能够反映当前企业的财务运营状况；第二，盈余可以很好地成为企业财务运营状况的预测指标；第三，盈余能够如实反映企业内在的价值。因此，当企业盈余质量高时，盈余便更加持续、稳定；企业盈余与后期现金流的相关程度也就更高；盈余与公司市场价值相关度自然也更高。同时，只有当企业的盈余能如实反映企业价值时，稳定性和持续性才更加有意义，如果只考虑稳定性和持续性，必然无法保证盈余的预测效果（Dechow，Schrand，2004）。

上述盈余各属性间的关系是相互影响的，而非互相排斥的，所以我们进行盈余质量或盈余管理研究时，不能顾此失彼。

（三）盈余管理（Earnings Management）

盈余管理是国内外会计学、经济学界都在广泛研究的重大课题。会计学界对于盈余管理概念的定义差异较大。我们通过以下较为权威的两个定义来归纳总结盈余管理的内涵。

一是 Scott（美国会计学家）的观点：盈余管理就是通过会计政策的选择使企业价值达到最大化的行为。二是 Kathehne Schipper（美国会计学家）的观点：盈余管理就是企业管理当局在对外财务报告过程中，有目的地进行控制，以获得那些私人利益的一种"披露管理"。

我们认为，盈余管理就是在遵循会计准则的基础上，企业管理当局通过会计政策的选择对会计收益信息进行调整或控制，最终达到价值最大化的一种管理活动。

从上述概念可以看出，盈余质量管理只是盈余管理的一部分，但盈余质量高低却是盈余管理的关键。所以本章主要从盈余质量的角度研究投资者保护。

三 文献回顾与分析

Dichev 和 Dechow（2002）通过会计处理中应计项目的流动性构建了著名的 DD 模型（也叫应计质量模型），根据模型分析，发现当前的应计项目的流动性可以用企业经营活动中过去、现在以及将来的净现金流量和会计处理中的估计错误来表示。但是，他们并没有阐述会计处理中长期应计项目的估计错误问题，也未涉及模型回归出的残差是如何反映企业盈余质量的。

Rajgopa（1999）的研究发现，由于机构投资者的存在，在一定程度上能够减少管理者和股东之间的代理冲突，机构投资者可以有效分担股东的监督任务，这样就大大降低了管理者操纵公司盈余的机会，可以提高盈余的信息含量和价值相关性。

郭永清（2000）从审计报告异常长、应收账款的增长与过去经验不相一致、公司借款异常增加、一次性的收入来源、公司非核心业务的收入来源、年末现金及易变现证券金额偏低等 18 个方面识别盈余质量的变化。

柳木华（2005）采用 1995—1999 年我国的上市公司为研究样本，通过实证分析得出"盈余质量因市场做出较大反应"的结论。

Ball 等（2005）认为，稳健的会计信息（包括盈余信息）可以降低信息的不对称并有利于提高公司治理水平，从而发挥对投资者保护的作用。

魏明海等（2007）指出，缓解事后信息不对称程度是会计的治理功能基本目的，是会计信息有用观的反映，内部人机会主义行为得以约束，从而保护投资者取得正常投资回报。

刘峰、贺建刚等（2004）和我国多位学者的研究均表明我国上市公司通过关联交易以期达到利益输送和资金占用目的，是大股东侵害小股东或损害上市公司利益最常见的手段。所以，关联交易导致企业盈余质量下降，中小投资者的财务权益保护严重受损。

王化成等（2008）从盈余质量的五个方面即基本特征、经济辨别、市场反应、影响因素、经济后果对盈余质量问题进行了实证研究。在研究控股股东对企业盈余质量影响时，证明了关联交易这一变量的存在。他们通过2001年和2002年我国上市公司的数据，经过实证分析发现：当控股股东持股比例未超过50%的临界点时，大股东往往通过关联交易追求更多的私有收益，从而企业盈余质量降低；而当公司控股股东持股比例达到临界点50%以上时，通过关联交易可以取得控制权的共享收益，而最终企业盈余质量得到提高。

刘晓华（2011）指出：企业财务报告中最核心的内容是会计盈余，而会计盈余提供的信息是否与投资者等会计信息使用者的决策有关，关系着企业盈余质量的高低。也就是说，企业盈余决策相关性反映一个企业的盈余质量。

谢志华、崔学刚等（2011）根据中国股票市场进行实证研究分析发现：会计信息指数与公司当年会计业绩有较强的相关关系。也就是说，公司的会计信息质量越高，则公司的经营效率和经营业绩越高。当年会计信息质量高，而当年股票回报不一定高。因为这种高质量会计信息会有一个吸收和传递的过程，投资者在充分理解这一信息后，对公司的股票进行重新估值，因而股票价格上升，股东回报提高，结果表现为股东权益的保护。因此，会计信息质量在一定程度上能够代表一个企业对投资者保护的程度。同时，他们还指出，内部控制运行对投资者的保护主要表现为降低或减少发生内部控制缺陷，并及时识别已经存在的内部控制缺陷，外部监督对投资者的保护作用主要体现在对内部控制运行和披露信息真实性的鉴证和监督，减弱内部控制缺陷与企业盈余质量的消极关系，以保护投资者为最终目的。

四 盈余质量的影响因素

影响企业盈余质量的因素很多，我们将其归纳成下述两种因素：

（一）外部因素

（1）国家政策。企业所处不同行业，其盈余质量往往存在较大差别。国家政策鼓励发展的行业，一般会得到更多政府优惠待遇。而这些优惠，往往会增加企业或行业的盈余，有利于提高公司业绩，从而也有助于提升企业的盈余质量。

（2）物价与利率变动。物价变动必然引起企业原材料和产品的价格的波动，直接影响企业的盈余波动，所以物价变动自然就会影响上市公司的盈余质量。通货膨胀带来较高的会计盈余"水分"，此时的盈余质量较低；由于同样的盈余在通货紧缩时期代表着相对较高的购买力，企业的持续经营更加有保障，因此代表盈余质量较高。利率水平关系到上市公司的债务负担水平的高低，影响到其资产负债水平。而利息本身也是企业成本的一个组成部分，所以利率变化会引起企业成本的变化，最终会影响企业盈余。

（3）外部审计。审计意见本身不会影响公司的盈余，但审计意见会影响企业的盈余质量。注册会计师因担负着对企业经营业绩、经营状况、内部控制效率等的审查责任而被社会公众誉为企业信息质量的守望者。但我国注册会计师职业法律法规还不够健全，导致我国的外部审计缺乏相对独立性，再加上由于上市公司掌控着审计机构的审计费用和聘用等，也使得审计机构为了保证生存而不得不委曲求全，审计人员即使发现了上市公司有盈余操纵的情况，但迫于种种压力往往迁就要审计的上市公司。所以，对上市公司财务状况外部审计的客观公正，有利于上市公司盈余质量的提高。

（4）会计准则和会计政策。会计准则和会计政策都是人为制定的，有一定的伸缩性，企业在会计处理时可以有一定的选择空间，不同会计人员利用会计准则或会计政策所计算出来的会计盈余存在较大差异。管理者有时会出于个人利益或企业利益对会计信息施加重大影响，很可能有"上有政策，下有对策"的情况，严重影响盈余信息的真实性和准确性。

（5）投资者的情绪。Stein（1996）指出：不存在融资约束的情况下，因投资者情绪影响而使资本市场的投融资条件随之发生变化。企业的股票价格往往因投资者的极度悲观被严重低估，此时外部融资的成本会迅速提高，或根本没有办法筹集到股本，这将迫使管理者为了谋求股东财富最大化而必须得放弃前景很好的投资项目。所以投资者对企业有信心时有利于提高企业盈余质量，相反会降低企业盈余质量。

（二）内部因素

（1）经营者管理水平和企业盈利能力。经营者管理水平关系着企业的存亡和兴衰。强有力的管理手段可以提高生产效率，降低运行成本，可以为企业开拓更为广阔的产品市场。"主营业务利润"应该作为分析企业盈利能力的重点指标。因为主营业务利润是企业在基本业务活动中产生的，而且是企业获得的最稳定也是最主要的利润来源。如果主营业务利润占较大比重，而其他利润所占比重很小，就说明企业的利润构成比例更加合理，其盈余质量也更高。所以，企业要提高盈余质量，盈利才是硬道理。

（2）财务状况。企业的财务状况会对盈余质量产生重大影响，主要是通过速动比率、流动比率、应收账款周转率等指标反映出来。

在信用不变的情况下企业销售水平稳定，应收账款周转率才应该是相对稳定的。即便扩大销售，企业也应该力争使应收账款的增加幅度与销售额的增加幅度保持基本一致。这样计算的应收账款周转率才会基本不变。如果一个企业利润没有下降，而应收账款周转率却大幅下降，就说明企业利润的质量因其当期财务运行状况变化而受到严重影响。

一般认为，流动比率和速动比率高，表明企业的财务运行状况良好，短期偿债能力比较强，支付危机也由此而降低。通常认为，这两个比率如果上升，表明企业财务状况有好转的迹象。但从盈余质量分析，这两个比率与前期相比如果上升明显，而又是因应收账款的增加，则说明到期的应收账款未能及时收回，企业盈余质量没有提高反而下降了。

（3）公司治理结构。公司治理结构反映着董事会、高层管理人员与所有者三者之间的制衡关系。公司治理结构中三者的利益与公司盈余均密切相关，同时公司治理结构对整个公司的经营行为、会计行为及经营决策又会产生重大影响，进而对盈余质量产生影响。只有完善公司治理结构才能真正有效约束三方行为，也才能有效地防止利润操纵等对公司及股东不利的行为，使其与股东的目标基本一致，从而提高公司盈余质量。所以，公司治理结构的完善有利于提高公司盈余质量。

（4）股权结构。股权结构就是股份公司中不同性质股份的比例构成以及它们之间的相互关系。股权结构决定公司类型，进一步决定了公司治理结构的差异，最终影响甚至决定公司的经营方式和公司绩效。如果公司股权集中度高，在内在动力的驱使下大股东就有足够的能力对盈余信息施加重大影响。

（5）关联交易。关联交易往往对公司盈余质量产生不利的影响，一般而言，关联方交易的价格越是接近于市场价格，该公司的盈余质量就越高；反之，则盈余质量越低。在关联方交易中受益的往往是关联方中的大股东，而受损害的则永远是中小股东。

五　盈余质量指数模型设计与实证

根据我们所掌握的资料，盈余质量的计量方法有很多，但鲜有学者根据某单一指标反映某企业盈余质量的好坏，我们尝试通过设计盈余质量指数来度量公司的总体盈余质量。

盈余质量指数（Idex of Earnings Quality，EQI），是根据影响盈余质量因素中一些量化指标而计算的反映公司盈余质量高低的综合指标。影响盈余质量的因素很多（如上所述），既有外部因素也有内部因素。一般外部因素不方便量化，所以为了研究方便和指标的客观性，本书主要考虑企业内部因素。在盈余质量指数设计中，我们主要考虑四个项目指标：历史盈余指标、盈余变现能力指标、盈余稳定性指标、盈余增长性指标。当然，以上单个项目指标也可以从某一方面反映企业盈余质量的高低，但不够全面，而且企业或行业之间的可比性较差。

（一）指标的选取

通过上述分析，我们建立了如表 6-1 所示的指标，在构建指数时，可以根据企业或行业的具体情况，对表格的指标进行增加或删减。比如，如果分析银行业，那么营业现金流就没有太大意义，银行的现金流量表表达的含义与制造业完全不同，则盈余变现能力指标就可以剔除。

（二）指标赋值及指标权重的确定

为了研究方便，我们在各个指标中分别选取两个较为重要的分指标，将分指标的得分作为盈余质量指数 EQI 的变量值如下：

表 6 – 1   指数设计

指标类型	指标名称（代码）	分指标名称	指标代码	分指标权重
综合指标	盈余质量指数		EQI	
项目指标	历史盈余指标（HE）	净资产收益率	ROE	W_1
		销售净利率	NPMR	W_2
	盈余变现能力指标（EL）	应收账款周转率	RTR	W_3
		营业利润现金比率	OCR	W_4
		股东权益现金比率	SECR	W_5
	盈余稳定性指标（ES）	营业利润占利润总额的比率	OPR	W_6
	盈余增长性指标（EG）	营业收入增长率	OGR	W_7
		营业利润增长率	OPGS	W_8
外部影响	投资者权益保护程度		K	W_9
	对行业或公司产生重大影响的因素		D	W_{10}

1. 分指标赋值说明

若企业的分指标值等于行业平均值时，该企业得分或取值 1，每高于平均值 1 个百分点，分值增加 0.1 分；每低于平均值 1 个百分点，分值减少 0.1 分。以此类推，但最低分值为 0 分。例如：某一期某行业净资产收益率的平均值为 20%，如果该行业中 A 上市公司该期的净资产收益率为 21%，则此时 A 公司的净资产收益率（ROE）的取值就是 1.1。如果该行业中 B 上市公司该期的净资产收益率为 11%（或 9%），则此时 B 公司的净资产收益率（ROE）的取值就是 0.1（或 0）。这种赋值方法可以减少或避免评分法的主观随意性。

k_j 代表 j 企业或行业在特定时期的投资者财务权益保护程度，主要表现为内部控制、公司治理的水平、信息披露的质量等的好坏。为研究方便，当内部控制、公司治理的水平、信息披露的质量等高或好时，取值 1，其他取值 0；D_j 为虚拟变量，指国家政策、物价和利率的变动等外部环境在某一特定时期对 j 企业或行业的影响。如果对企业或行业影响好或有利，D_j 取值 1，其他取值 0。

2. 权重的确定

指标和分指标权重可以通过以下两种方法取得：

（1）主观评分法。这种方法就是通过将这四项指标和八个分指标分别让若干专家打分或者进行广泛的问卷调查，让调查者选择或打分，然后汇总处理，最后得出权重。但这种方法最大的问题是权重大小很容易受到专家或个体调查者的学识背景和观念等影响，所以主观性较强。

（2）变异权数法。为了克服上述主观评分法的内在缺陷，本书采用统计学中的变异权数法。这种方法的原理是：如果某项目指标的变异程度较大，说明达到该指标平均水平的难度较大，也就说明该项目指标在综合指标中的重要性强，应当赋予其较大的权数；反之，则应赋予较小的权数；若某项目指标的变异程度为零，则说明该项目指标中所有的样本观测值相等，完全没有区别，即该指标没有评价的必要。在统计学中，变异程度的大小，一般采用变异系数（或标准差系数）来衡量，它基本可以消除平均数大小以及量纲变化的影响。

变异权数的计算步骤如下：首先计算各个分指标的平均数 $\bar{Q}$ 和标准差 S_i（$i = 1$、2、3、4、5、6、7、8 或 9、10）。其次，计算各个分指标的变异系数 $V_i = S_i / \bar{Q}$，以反映各指标的相对变异程度。最后对变异系数进行归一化处理 [即（$V_1 + V_2 + \cdots$）$/ \sum V_i = 1$]，得到各指标权数 $W_i = V_i / \sum V_i$。注意：计算企业、行业、地区或全国的 EQI 时的权重确定有差别，应该分别计算企业、行业、地区或全国的平均数和变异系数。

（三）综合指标—盈余质量指数的构建

$$EQI_j = \sum_{i=1}^{10} W_i Q_{ji}$$

$$= W_1 \times ROE_j + W_2 \times NPMR_j + W_3 \times RTR_j + W_4 \times OCR_j + W_5 \times SECR_j + W_6 \times OPR_j \times + W_7 \times OGR_j + W_8 \times OPGS_j （Ⅰ）$$

$$= W_1 \times ROE_j + W_2 \times NPMR_j + W_3 \times RTR_j + W_4 \times OCR_j + W_5 \times SECR_j + W_6 \times OPR_j \times + W_7 \times OGR_j + W_8 \times OPGS_j + W_9 \times k_j + W_{10} \times D_j （Ⅱ）$$

式中，EQI_j 指 j 企业或行业在某一时期的盈余质量指数，ROE_j、$NPMR_j$ 等分别代表 j 企业或行业在某时期每个分指标的得分值。

模型说明：模型（Ⅰ）只考虑企业内部的盈余指标对盈余质量指

数的影响。由于上市对外公告的数据很容易取得，模型量化方便，如果权重又采用变异权数法，这样计算结果更加客观。但盈余质量确实受外部环境和投资者保护程度的影响，所以我们在模型（Ⅱ）中加入了这两项内容。为研究方便，对加入的这两项内容取值进行了简化处理，只取值 100 或 0。但在实际使用该模型时，也可以根据 K 和 D 的实际情况，从 0 到 100 取值。通过模型（Ⅱ）中的 W_9 大小可以反映投资者财务权益保护对企业盈余质量的影响大小。

通过上述指数模型，既可以计算某个企业或行业的盈余质量指数，也可以计算全国或某个地区的盈余质量指数，根据计算结果进行比较分析、趋势分析，很容易发现某个企业或行业盈余质量的变化或我国企业总体盈余质量水平和变化趋势。同时也可以采用同样的模型计算国外的盈余质量，然后与国内进行比较分析。

（四）以白酒行业为例构建指数

我们以白酒行业为例，尝试进行如下指数的构建：

1. 剔除上市不足 5 年的上市公司，以及 ST 类的公司，共选取白酒类上市公司 13 家（如表 6 - 2 所示）

表 6 - 2　　　　　　　　　　13 家白酒企业编号

样本	沱牌舍得	贵州茅台	泸州老窖	洋河股份	山西汾酒	五粮液	老白干	金种子酒	水井坊	伊力特	古井贡酒	酒鬼酒	金枫酒业
编号	1	2	3	4	5	6	7	8	9	10	11	12	13

取各公司 2011—2013 年年报数据，按表 6 - 1 计算指标如表 6 - 3 所示。

表 6 - 3　　　　　　　　　　指标计算

年份	编号	ROE	NPMR	RTR	OCR	SECR	OPR	OGR	OPGS
2011	1	0.1005	0.1568	46.1191	(1.7700)	(0.1688)	0.9925	0.4187	1.4673
	2	0.4039	0.5027	10576.0772	1.1576	0.3995	1.0000	0.5819	0.7179
	3	0.4168	0.3626	158.0176	1.3702	0.5498	0.9975	0.5692	0.3823

续表

年份	编号	ROE	NPMR	RTR	OCR	SECR	OPR	OGR	OPGS
2011	4	0.4916	0.3247	373.4792	1.3813	0.5608	0.9989	0.6722	0.7941
	5	0.3450	0.2060	183.6240	2.0456	0.6186	1.0224	0.4878	0.5411
	6	0.3001	0.3142	246.7803	1.5483	0.4122	0.9996	0.3095	0.3942
	7	0.1942	0.0652	2398.4405	1.1602	0.2115	0.9673	0.2124	0.2869
	8	0.2362	0.2073	45.8287	0.4017	0.0846	0.9979	0.2787	1.4150
	9	0.2065	0.2166	146.0726	1.4652	0.2830	0.8402	(0.1849)	0.0714
	10	0.1891	0.1669	50.1285	0.5309	0.0916	0.9895	0.1380	0.2691
	11	0.3165	0.1712	130.9972	1.0623	0.2267	0.9823	0.7604	1.0980
	12	0.2090	0.2003	236.9416	2.9758	0.4426	0.9261	0.7161	1.5067
	13	0.1214	0.1352	14.3677	0.8425	0.0999	0.9194	0.0658	(0.1140)
2012	1	0.1694	0.1888	53.6778	1.0800	0.1715	0.9980	0.5438	0.8684
	2	0.4500	0.5295	2639.7862	0.8955	0.3362	1.0053	0.4376	0.5285
	3	0.4688	0.3931	165.0544	1.0889	0.4893	0.9898	0.3712	0.5105
	4	0.5053	0.3562	376.5967	0.8933	0.3739	0.9967	0.3556	0.4823
	5	0.4411	0.2141	308.3282	0.7829	0.2867	1.0254	0.4435	0.4745
	6	0.3682	0.3799	347.3568	0.8807	0.2776	0.9974	0.3366	0.6128
	7	0.1993	0.0674	776.1621	(0.3781)	(0.0679)	0.8938	0.1787	(0.3176)
	8	0.2781	0.2447	33.4214	1.0118	0.2572	1.0000	0.3003	0.5528
	9	0.1900	0.2073	109.7926	0.1853	0.0330	0.9462	0.1041	0.2593
	10	0.1930	0.1292	72.8280	1.8428	0.3277	0.9827	0.4271	0.0035
	11	0.2380	0.1729	184.1912	1.4931	0.3220	0.9805	0.2687	0.1413
	12	0.3059	0.2994	380.4924	0.4398	0.1152	0.9843	0.7177	2.4139
	13	0.0857	0.1066	11.1242	0.9245	0.0776	0.9781	(0.0875)	(0.2164)
2013	1	0.0051	0.0083	33.0871	8.8453	0.0465	0.9723	(0.2760)	(0.9003)
	2	0.3943	0.5163	3299.1401	0.8354	0.2868	1.0187	0.1688	0.1596
	3	0.3315	0.3391	230.3533	0.3556	0.1153	0.9989	(0.0974)	(0.2322)
	4	0.3144	0.3330	389.9441	0.6359	0.1828	1.0030	(0.1301)	(0.1811)
	5	0.2562	0.1619	612.0481	(0.3185)	(0.0789)	1.0278	(0.0604)	(0.2674)
	6	0.2371	0.3367	315.9523	0.1830	0.0394	1.0142	(0.0913)	(0.1813)
	7	0.1046	0.0364	786.4463	(0.2232)	(0.0235)	0.8533	0.0819	0.2673
	8	0.0610	0.0642	30.9535	2.1763	0.1335	1.0096	(0.0932)	(0.7200)

续表

年份	编号	ROE	NPMR	RTR	OCR	SECR	OPR	OGR	OPGS
2013	9	(0.0879)	(0.3125)	7.1445	不适用	(0.2700)	0.9622	(0.7031)	(1.3000)
	10	0.1940	0.1513	105.7970	1.4571	0.2671	0.9900	(0.0052)	0.4014
	11	0.1747	0.1358	642.3704	1.0221	0.1705	0.9683	0.0914	(0.1354)
	12	(0.0203)	(0.0567)	195.5802	不适用	(0.2619)	不适用	(0.5856)	(0.9882)
	13	0.0907	0.1118	12.6215	1.1830	0.1057	0.9806	0.0785	0.1343

注：年报数据来源于东方财富网，其中括号表明为负值。

2. 指标的进一步筛选

如前所述，根据不同行业的特点，可对表6-1的各指标进行增减调整。我们认为，对于白酒行业而言，应收账款周转率指标不适用，原因如下：对于白酒公司而言，相当一部分收入是以预收款的形式收到的，发货时确认收入。应收账款相对来说很小，其形成具有偶然性，这样就造成一方面应收账款周转率非常高，另一方面周转率差异非常大，而这种周转率上的差异并不能真实体现盈余的变现能力，比如一家公司的应收账款周转率为100，另一家为2000，差异很大，但其实这种差异没有太多经济意义，因为无论是100还是2000，均说明应收账款可以忽略，所以本书剔除了应收账款周转率这个指标。

3. 实证

分年度计算盈余质量指数，首先依据上文说明对各指标赋值，然后根据变异权数法确定出每项指标的权重，再进一步计算出盈余质量指数，如果在个别指标中出现不适用的情况，则在该年不计算该公司的盈余质量指数。经计算，得到如表6-4所示的结果。

表6-4　　　　　　　　　　2011—2013 年指数结果

年份 编号	2011	2012	2013
1	-6.4848	3.5016	1.0099
2	4.4804	4.2122	69.7779
3	4.2547	4.5985	17.6011
4	5.9772	3.2118	27.903

续表

编号＼年份	2011	2012	2013
5	5.1313	1.8656	-19.9953
6	2.048	2.964	4.6968
7	-2.2638	-10.127	-2.5805
8	-0.4608	1.583	6.851
9	-2.7164	-4.4535	不适用
10	-4.1844	-0.574	50.9813
11	3.0969	-0.4208	29.91
12	9.0032	13.6709	不适用
13	-5.2319	-7.5502	21.8268

4. 结论分析

首先，历史盈余质量确实具有一定的预测功能。众所周知，近几年白酒行业面临多重打压，在经历长达10年的景气周期后，开始走向拐点，中央强力反腐、塑化剂事件以及行业产能扩大等，都是行业拐点的催化剂。2013年，相当多的白酒企业营业收入及营业利润双双负增长。通过上述分析与计算，在2011年及2012年盈余质量指数较高的有贵州茅台（编号2）、泸州老窖（编号3）以及五粮液（编号6），在2013年或者继续增长，或者有较小的负增长，表现明显优于全行业平均水平。

其次，由于盈余质量是历史信息，所以对于突发事件无预测能力。比如塑化剂事件，酒鬼酒（编号12）是发端及重灾区，所以，即便其2011年及2012年指数表现最佳，但在2013年业绩大幅下滑，从盈利变为亏损，并且现金流为负数，以致无法计算指数。

再次，由于量化的困难，我们在分析中，没有引入外部影响类指标，那么优质品牌产生的较强的抗击打能力就没有包含在模型中。

综上，盈余质量指数确实表达了盈余的质量，但在对未来的预测方面有局限性，其传达的信息只能表达为，面临相同的不利环境，盈余质量高的企业安全边际高。

六　提高企业盈余质量，加强投资者财务权益保护的建议

1. 投资者应该注重自身素质的提高，增强识别盈余质量的能力

投资者自身应该不断学习盈余质量方面的知识，多关注企业盈余的变化趋势，减少或防止盲目投机行为。有关部门应该加强对投资者的盈余管理知识的教育，同时国家或有关评价机构应该创建简单易懂而且实用的盈余质量指标（如盈余质量指数），以便提高投资者对会计盈余质量的判断能力，这样可以使那些盈余质量不高的企业加强管理、不断提高企业价值。

2. 加强企业内部控制，不断完善治理结构

我国不合理的股权结构严重阻碍公司治理结构的优化。完善公司治理结构首先应该改善权力制衡机制的股权结构，健全治理结构是提高公司盈余质量的重要保障。公司管理层应该建立长效的激励和惩罚机制以防止管理层的盈余操纵。

3. 外部审计部门应该加强其审计独立性

一方面，国家应该创建完善的会计师从业规范体系，加强注册会计师的风险意识和职业道德教育。另一方面，外部审计部门的收入和注册会计师的待遇应该与上市公司脱钩，这样才能真正增强注册会计师执业时的独立性。只有注册会计师的执业独立性提高了，企业盈余的真实性才能得到保证，这样的盈余才可能是高质量的。

4. 国家应完善盈余管理立法

完善会计准则体系，有关部门应该尽快制定和颁布如资产减值、企业合并会计报表等具体准则，同时还应该对收入、费用的确认与计量尽可能地明确和规范，尽量减少上市公司盈余计算的选择空间。加大会计准则执行过程中的处罚力度，这样不仅对公司管理层起到一定的震慑作用，还会增加其违规风险和成本，同时那些遵守会计准则、诚信的公司可以向市场传递其正面信息，有利于该企业价值的提升。

第七章　自由现金流量与投资者财务权益保护

一　引言

企业过度投资、随意支出、关联交易等都会严重影响企业自由现金流量的合理性，从而损害或降低投资者的财务权益。本章试图在自由现金流量研究基础上对我国上市公司投资者财务权益保护进行实证分析，拟发现他们之间的依存关系，以便于投资者财务权益保护的深入研究。

自由现金流量（Free Cash Flow，FCF，后文一般用 FCF 表示）是 Jensen（1986）在 Grossman 和 Hart 的契约论、Williamson 的公司治理结构理论和 Easterbrook 的股利代理成本理论的基础之上，结合对 20 世纪 60—70 年代美国烟草、石油等行业的公司囤积大量现金现象的思考而提出的概念。他认为，企业在"满足所有净现值（NPV）大于零的投资项目所需资金之后多余的那部分现金流量"即为自由现金流量。自由现金流量具有代理成本，因为在两权分离条件下，经营者完全有可能选择增加个人私利（比如，经营管理者往往利用职务便利而享受超高规格的办公场所、更多的休闲时间，获得更丰厚的回报，等等）而损毁股东利益的败德行为。由此可见，Jensen（1986）同时指出，当企业拥有较高自由现金流量时，可以通过回购股票、分发红利等方式将多余现金支付给股东，同时可以通过负债来增加公司破产成本并通过市场监管来控制经营管理者低效的过度投资行为。

二　文献综述

过高的自由现金流量可能会导致企业过度投资行为、企业的随意性支出行为、高额持有现金、关联交易等，严重影响着投资者的财务权益，我们希望通过国内外的文献梳理，明晰自由现金流量与投资者财务权益保护之间的关系，从而为后文的实证研究和分析奠定良好的理论基础。

（一）企业过度投资行为

所谓过度投资，是指那些相对于企业价值而言并不是最优的投资机会［尤其是投资在净现值（NPV）小于零的项目］，进而降低企业资金配置效率、不利于企业价值提升的效率低下投资决策行为（干胜道，2008）。公司经营者之所以偏好于过度投资，是因为扩张后的公司规模常常能够给经营者带来如下效用：第一，过度投资扩大了经营者可支配资源的范围，从而满足其个人的权力欲望；第二，过度投资能提高经营者的报酬，可以满足其个人的物质需求；第三，过度投资能提供更多的高层职位，可以满足那些希望获得晋升的中层管理人员对职位的需求，从而有利于经营者更好地开展工作。Jensen（1986）指出，当公司存在较多 FCF 时，经营者为了自身利益最大化倾向于利用剩余现金流量进行过度投资。可见，过度投资最终必然损害或降低企业的整体价值，属于非效率投资。Strong 和 Meyer（1990）通过实证研究发现，剩余现金流量（Residual Cash Flow）与过度投资之间正相关关系显著。Lang、Walking 和 Stutz（1991）的研究同样表明成长机会较差的公司拥有越多 FCF 越有可能进行不利于股东的投资活动。Harford（1999）通过 487 个并购案例发现：自由现金流量高的公司更有可能利用富余资金进行并购类投资活动，而这些并购活动往往会侵蚀公司的价值，并购后公司业绩也会非正常下降。Polar（1999）等也有类似的实证结论。Richardson（2002）研究指出，过度投资在美国的上市公司中相当普遍，平均来讲，企业剩余现金流量（excess cash flow）中每 1 美元就有 43 美分花在过度投资上。Albuquerque 等（2008）则直接研究了控股大股东通过投资活动侵占中小股东利益的行为，说明了在投资者保护机制越不完善的情况下，控股大股东就越有动机或可能进行过度投资。我国学者俞红海等（2010）在实证研究中也发现，FCF 水平正向影响着公司过度投资行为。

（二）企业随意性支出行为

随意性支出（Discretionary Expenditure）的概念是 Hackle 等在 2001 年构建 FCF 证券评估模型时提出的，并将其进一步分为随意性资本支出（Discretionary Capital Expenditure）和随意性收益支出（Discretionary Profit Expenditure）两大类。前者是指将资金用于净现值小于零的投资项目，也即前文中的"过度投资"；后者是指企业日常经营中的非必要支出，这主要表现为企业日常的广告支出、管理费用支出等超过了保持持续的销售增长率的开支水平。这些多余的支出并未相应地提高企业生产、销售水平，反而增加了企业负担，甚至危害到企业的生命活力，因此，Hackle 很形象地将随意性支出称为"公司赘肉"。他们认为，在法规制度和公司治理结构不完善的情况下，当存在自由现金流量时，公司经营者就可能会为了满足个人私欲而浪费这部分资金，损害股东利益，从而产生代理成本。管理咨询家 Ronald Handoff（1990）研究发现，在美国的企业中有 25% 的费用是可以削减的。符蓉等（2007）以中国 A 股上市公司的 5000 多个数据（2000—2005 年）为样本，研究发现：企业越多的自由现金流量，就会有越高的随意性支出，企业经营业绩增长反而越慢。

（三）其他行为表现

1. 高额现金持有

高额现金持有，是指公司的现金持有水平远远超过了其在日常经营活动中正常的现金需求水平。由于现金是所有资产中盈利性最差的一种资产，因此，当公司长期持有高额现金时，公司资产的整体盈利能力必然会受到负面影响，即产生代理成本。Pinkowitz 等（2004）研究发现，在那些投资者保护程度较低的国家和地区中，1 美元的现金只能给中小股东带来 65 美分的市场价值。Dittmar 等（2003）通过对 45 个国家或地区的 11000 多家公司数据分析后发现，在那些投资者权益保护较差的国家中，企业持有现金数量一般是投资者权益受到较好保护国家企业的 2 倍，这同样证明了持有高额现金的代理成本假说。Guney 等（2003）的研究也得出了类似结果。而 Couderc（2004）对法国、加拿大、英国、美国和德国的 4515 家公司的财务数据（1989—2002 年）分析后，更是发现企业过多地持有现金会降低其整体的经营绩效。

那么，我国上市公司的持有现金的水平一般又会如何呢？有代理成本效应吗？彭桃英和周伟（2006）发现我国上市公司（2000—2003 年）的平均持有现金数量为 18.9%，远高于美国的 8.1%（Kim，1998）和英国的 9.90%（Ozkan，2004）。张功富（2007）以我国 2000—2005 年的 434 家 A 股工业类上市公司作为研究样本，实证发现我国上市公司中有 55.16% 的自由现金流量成为公司的金融资产，而仅有 18.92% 的比例用于对外投资。至于高额持有现金与代理成本之间的关系，王茂超和干胜道（2011）通过对沪深两市1998—2008年A股制造业公司的经验数据分析发现，高额现金与代理成本之间存在内在相关关系，即持有的高额现金产生了代理成本。

2. 委托理财

委托理财，是企业运用自由现金流量的又一种形式，它是指企业将自己所持有的、因一时没有好的投资项目而闲置在企业的资金委托给金融机构代为投资的行为（杨新民，2002）。从理论上讲，公司实施委托理财将带来如下好处：第一，通过委托理财企业可以充分利用闲置资金，企业资金的利用效率大大提高；第二，通过委托理财可以提高使用资金的专业化水平，将资金交付给有专业知识和专业能力的人（或组织）进行专业化管理，这无疑又可以进一步提高资金的获利水平。然而，进行委托理财的公司中常常有一些公司以委托理财的名义从事利益输送的可能。这在一定程度上又会增加企业的代理成本，进而损害或降低公司价值。结合我国上市公司实施委托理财的实际情况，发现委托理财已成为我国上市公司经营者（或控股大股东）实现私人利益目标的又一途径，因为：①我国上市公司投资于委托理财的资金大多以项目投资的名义从资本市场募集而来，而并非上市公司的内部留存收益，即募资前的"圈钱"动机与募资后的委托理财首尾呼应；②许多委托理财时间过长，并非为企业暂时闲置资金寻找出路；③实施委托理财的公司数量众多而且其金额巨大，这更像是进行专门投资而非从事的临时"副业"；④在委托理财收益率偏低（低于同期银行存款利率）甚至亏损的情况下仍然继续实施委托理财，这完全不符合理性"经济人"假设。可见，委托理财所占资金在实质上就是一种自由现金流量，其代理成本效应非常明显，这值得我们提高警惕。

3. 大股东任意占用公司资金

大股东任意占用公司资金是企业存在较高自由现金流量的又一例证。由于大股东持有公司较多股票，在同股同权的决策机制下，大股东对公司的经营决策往往产生重大影响。当上市公司留存有大量自由现金流量时，大股东就可能会以各种理由将这些资金"借出"上市公司，并长期据为己有。这些被长期"借出"的资金由于其使用权并不在上市公司，从而无法为上市公司带来收益，进而无益于公司价值和股东财富的增加。另外，这些被长期"借出"的资金还有可能因大股东破产或大股东控制权转移而无法按时归还，使得上市公司中小股东的损失进一步加大。

就我国实际情况来看，2001 年应该是上市公司资金被占用规模最高的年份，当年资金被占用金额达到了 1175 亿元，超过当年募集资金 900 亿元的数额（赵俊美、周志远，2007）；从单个公司来看，被占用的资金少则 5000 万元，多则几十亿元；从涉及面来看，2002 年底，57.53% 的上市公司存在被大股东占用大量资金的现象。可见，大股东占款已经成了我国股票市场普遍现象。那么，资金被占用后，这些上市公司的业绩又会受到怎样的影响呢？张鸣等（2005）的研究发现，大股东占用公司资金会直接导致这些上市公司的获利能力下降。大股东资金占用数量与上市公司未来的盈利能力之间显著负相关，即股东占用资金会对公司经营产生负面影响（姜国华等，2005）。

4. 关联交易

在市场不完全有效的情况下，关联交易很可能存在非公平交易的情况，而隐藏在非公平的关联交易背后的就是关联方之间的"资产转移"或"利益输送"（Bebchuk et al.，2000；Johnson et al.，2000；Bertrand 等，2002）。从一定程度上来讲，企业用于非公平关联交易的资产所占用资金也是一种自由现金流量。Kirchmaier 和 Grant（2004）通过分析来自德国和意大利的公司案例说明了大股东是如何利用关联交易来侵犯中小股东利益的。而 Cheung 等（2004）以香港上市公司为样本，通过关联交易行为的研究同样表明控股股东常常利用关联交易进行公司的资源转移，并且这些进行关联交易的公司股票超常收益率要显著低于那些未进行关联交易的上市公司。事实上，我国上市公司更有可能从事这种非公平的关联交易，因为它们一般都由我国原国有企业中的优质资产组建而来，而劣质资产则留在了母公司或者关联兄弟公司中。这些承受了劣质资产的母公司或者关联兄弟公司必须以上市公司为依靠，接受来自上市公司的帮助，否则其生存将是非常困难的。Aharony 等（2005）以我国沪市 1999—2001 年实施 IPO 的上市公司作为研究对象，他们发现在上市的前一年，母公司一般会通过关联方资金借贷的形式向其子公司进行利益输入，而在其子公司上市之后，这些控股母公司又会通过资金借贷的形式进行利益输出。邬国梅（2009）的实证研究也同样表明，我国内部资本市场（由企业集团形成的）在很大程度上是服务于集团控股股东的，以便其侵占上市公司利益，因此，这种内部资本市场就变成了集团控股股东非法占有公司资金和非正常获利的工具。这些非公平的关联交易必然会损害或降低中小投资者的财务权益。

三　实证检验与分析

（一）指标设计

1. 自由现金流量（FCF）

Jensen 等（1986）在自由现金流量假说中并未明确提出 FCF 的计量公式。因此，后续研究者在实证研究中测度 FCF 的公式各不相同，其具体名称也各异，比如袭击者现金流量（raiders' cash flow）、超额现金流量（surplus cash flow）、多余现金流量（excess cash flow）、可分配现金流量（distributable cash flow）、可自由使用的现金流量（disposable cash flow）等。不管其名称如何不同，其实质都是指公司在不影响其成长前景的前提下可以自由分配给投资者的最大现金数额。其中，科普兰对自由现金流量（FCF）的定义最为典型，颇具代表性，如自由现金流量＝（税后净营业利润＋折旧和摊销）－（营运资本增加＋资本支出）。

我们认为，当前 FCF 的指标设计中存在如下问题：

（1）所依据的理论基础不统一。Jensen（1986）自由现金流量假说进一步发展了代理成本理论，其主要目的是分析当时烟草、石油等行业中股东与经营管理者之间严重的代理成本问题。管理者自由现金流量（符蓉，2007）的理论基础和运用目的与自由现金流量假说基本相同。而以达姆达兰为代表的另一部分学者所提出的 FCF 却是对公司估价理论的应用与理论发展，评估企业价值是该研究的主要目的。正是由于存在非一致性的理论基础，就出现了人们在判断或理解 FCF 概念和性质时的分歧，一部分学者认为企业拥有越多的 FCF 就越容易或越多地产生代理成本，从而降低或损毁企业价值；但另一部分学者则认为越多的 FCF，企业就有越强的价值创造能力，最终增加企业价值。

（2）忽略了前期 FCF 可能对本期的影响。Jensen（1986）提出 FCF 概念的经济背景是当时美国烟草、石油等行业存在大量被低效甚至无效使用的现金流量，而并未排除前期的现金流量，但后续研究者们却限定于当期生产经营活动产生的 FCF。我们认为，本期产生的现金流量和前期结存下来的现金流量同样容易产生代理成本。因此，在检测 FCF 是否具有代理成本效应时，也应该包括上期结存下来的 FCF。

（3）在研究企业的 FCF 是否具有代理成本效应时，我国学者忽略了一个事实：在我国目前特定资本市场中，对外融资所筹集的资金也有可能形成企业的 FCF。在目前法律法规尚不完善的情况下，我国的上市公司编造项目上市"圈钱"的案例并不少见。因此，我国上市公司筹集的资金（主要是股权融资）在一定程度上就变成了企业 FCF 的一部分。同时，我国国有上市公司的债务融资主要来源于国有商业银行，类似于内源融资性质，这就可能构成我国国有上市公司获得 FCF 的重要来源。

基于上述分析与思考，我们将自由现金流量分为：上年结存的自由现金流量、本年新增内源性自由现金流量（Internal Free Cash Flow，IF-CF）和外源性的自由现金流量（External Free Cash Flow，EFCF），并通过以下公式来量化：

自由现金流量 = 上年结存的 FCF + 本年新增 IFCF 和本年新增 EFCF

其中，本年新增 IFCF = 税后净利润 + 资产减值准备 + 折旧和摊销 - 必要的资本性支出 - 必要的营运资本净增加

本年新增 EFCF = 本年对外权益筹资额 + 本年对外负债筹资额

2. 投资者财务权益保护度

获得正常股利和股本不断增值是投资者的最终期望。而不论是股利还是资本增值都与公司的税后净利润密切相关。因此，从一定程度上来讲，公司所取得的税后净利润越多，则表明公司对投资者财务权益的保护程度越高；公司所取得的税后净利润越少，则表明公司对投资者财务权益的保护程度越低。同时，为了方便不同公司之间，以及同一公司的不同历史时期之间数据的可比性，我们将用"净资产收益率"（ROE）作为投资者财务权益保护程度的替代变量。

（二）数据来源与样本选择

本章所用样本及其数据均来自于瑞思（RESSET）金融数据库2007—2012年"财务报表"子数据库。排除数据不全样本后，共获得9597个面板数据（具体分布情况见表7-1和表7-2）；所使用的统计与分析软件为 SPSS 与 Excel。

表7-1　　　　　　　　　按年度样本分布描述性统计

年度	2007	2008	2009	2010	2011	2012	总计
样本数（个）	1009	1319	1438	1613	1972	2246	9597

表 7 - 2 按行业样本分布描述性统计

行业代码	样本个数	行业代码	样本个数	行业代码	样本个数
A01	88	C30	286	G55	57
A02	26	C31	146	G56	28
A03	34	C32	227	G58	49
A04	39	C33	141	G59	24
A05	6	C34	280	H61	43
B06	117	C35	431	H62	19
B08	28	C36	59	I63	77
B09	94	C37	335	I64	36
B11	24	C38	418	I65	362
C13	175	C39	779	J67	5
C14	83	C40	68	J69	9
C15	140	C41	83	K70	625
C17	284	C42	3	L71	12
C18	9	C43	5	L72	117
C19	8	D44	314	M73	6
C20	30	D45	23	M74	32
C21	14	D46	56	N77	10
C22	133	E47	6	N78	22
C23	29	E48	176	O81	22
C24	27	E49	6	P82	1
C25	68	E50	27	Q83	10
C26	687	F51	202	R85	50
C27	599	F52	470	R86	43
C28	117	G53	11	R87	12
C29	159	G54	114	S90	242

（三）变量赋值

根据前文所列示的自由现金流量计算方法及瑞思（RESSET）金融数据库既有数据，我们对计算 FCF 过程中所涉及的各个影响因素进行了赋值。如表 7 - 3 所示。

表7-3   FCF影响因素及其赋值

影响因素		赋值
上年结存的FCF		从理论上讲，该因素取值应以本章所示方法计算出的上年年末"自由现金流量"为准；但考虑到投资行为的不可逆性，下一年度实际上能够真正自由使用的由上一年度结存下来的资金基本局限于本年年初"货币资金"，因此，该因素的取值为上年年末"货币资金"
本年新增IFCF	税后净利润	取值于RESSET数据库
	资产减值准备	
	折旧和摊销	=本年销售收入×（同行业非流动资产总额÷同行业销售收入总额）－上年年末非流动资产
	必要的资本性支出	
	必要的营运资本净增加	=本年销售收入×（同行业营运资本总额÷同行业销售收入总额）－上年年末营运资本
本年新增EFCF		=本年对外权益筹资额＋本年对外负债筹资额

（四）统计分析

1. FCF描述性统计分析

经过数据整理、指标计算，我们发现在这9597个研究样本中，有8108个研究样本的FCF金额大于零，其样本数量占到样本总量的84.48%。可见，拥有FCF是我国上市公司的一种普遍现象。

就自由FCF值来看，其最大值为23560905万元，均值为190729万元，中位数为75220万元。这说明，我国上市公司拥有的FCF金额非常巨大，平均持有量在19亿元以上。具体情况如表7-4所示。

表7-4   FCF描述性统计   单位：万元

项目	样本数量（个）			最小值	最大值	均值	中位数	标准差
	总数	大于零	小于零					
企业FCF	9597	8108	1489	−6048305	23560905	190729	75220	742508

2. FCF结构统计分析

为了进一步考察FCF的构成因素，我们对FCF的结构进行了分析。分析发现（见表7-5），在企业平均持有的190729万元FCF中，平均有169962万元（占比89.11%）来自本年新增加的EFCF，平均有80267万元（占比42.08%）来自上年结存的FCF，而本年新增加的IFCF却为负值，其平均金额为−59500万元（占比−31.20%）。由此可见，我国上市公司通过生产经营活动来创造价值的能力很低（表现为"本年新增 IFCF"金额为负），难以满足投资者对投入资金保值并增值的要求。上市公司维持自身正常运转所需资金均要通过对外股权资金或（和）债务资金来筹集。这些对外筹集的资金在满足本年度投资与生产经营需求后，其余额滚动结存至下一年度，成为下一年度 FCF 的重要组成部分。

表 7 - 5   FCF 构成因素

项　目	上年结存 FCF	本年新增 IFCF	本年新增 EFCF	企业 FCF 总和
金额（万元）	80267	−59500	169962	190729
百分比（%）	42.08	−31.20	89.11	100

3. FCF 与投资者财务权益保护度关联分析

按照自由现金流量代理成本假说，FCF 不利于公司管理层改善经营管理，从而不利于提升公司业绩，甚至还会诱发公司经营业绩下降。为了验证自由现金流量（FCF）代理成本假说在中国资本市场上的有效性，我们将本章 9597 个研究样本的 FCF 数据与相应样本的净资产收益率数据绘制于二维平面图上（如图 7 - 1 所示），以此来观测 FCF 水平的高低与公司业绩的变化情况。

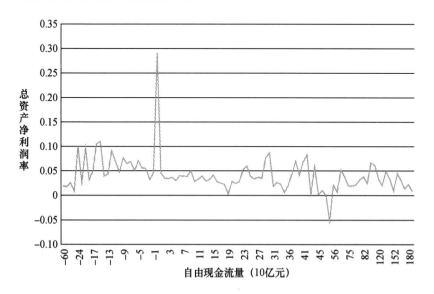

图 7 - 1　FCF 与总资产净利润率关系

表7-6   显著性检验结果

Method	df	Value	Probability
t - test	186	6.042492	0.0000
Anova F - statistic	(1, 186)	36.51171	0.0000

注：根据图7-1和表7-6，我们发现，尽管净资产收益率（ROE）与企业FCF之间不存在严格的线性关系，但自由现金流量的代理成本效应还是比较明显的：表7-6的结果表明净资产收益率与FCF之间存在显著性差异。在自由现金流量（FCF）小于零的情况下，净资产收益率（ROE）均大于零；而在自由现金流量（FCF）大于零的情况下，有部分样本的净资产收益率（ROE）小于零。这说明，正的FCF有可能对公司业绩产生负面影响，即验证了FCF代理成本假说。同时，我们从净资产收益率的变化趋势来看，随着FCF的增加，净资产收益率在整体上出现了逐渐下降的变化趋势。这说明FCF越多，越有可能导致公司管理层过度投资、随意性支出等败德行为，从而导致公司业绩下降，不利于保护投资者（尤其是中小投资者）的财务权益。

四　基于FCF的自保型投资决策

（一）基于单一因素的自保型投资决策

FCF具有代理成本效应，这已经基本得到国内外学者的公认。本章的统计数据又进一步显示，拥有FCF在我国上市公司中是一种普遍现象。那么，在股票市场监管制度并不完善的情况下，作为投资者的我国上市公司股东（尤其是中小股东）在进行投资决策时应该如何保护自身利益呢？我们认为，FCF具有代理成本效应仅仅从"使用"的角度说明了自由现金流量的特征；如果从FCF的"来源"角度看，不同来源的FCF及其组合其实又蕴含着不一样的投资价值信号。

1. IFCF

IFCF以企业当年税后净利润为基础，并在此基础之上加上资产减值准备、折旧和摊销，再减去必要的资本性支出和必要的营运资本净增加而获得。由此可见，IFCF表征了企业的获利能力，此类自由现金流量越多，持续时间越长，则企业获利能力越强，越具有投资价值。科普兰（Copeland, 1994）和达姆达兰（Damonadran, 1995）将FCF运用到价值评估中，参照的就是此类FCF，汉克尔（Hackel, 1995）将FCF运用到证券投资组合选择中时参照的同样是此类FCF。因此，投资者应该对拥有此类FCF的上市公司予以关注。

2. EFCF

EFCF由企业当年对外权益筹资额和对外负债筹资额构成。这是针对我国特有国情对自由现金流量的一种改造（王茂超、干胜道，2009）。企业在经营过程中，为满足生产经营临时需要，通过对外发行股票或借债等方式来筹集资金，这无可厚非，但如果需要长期依靠此类FCF来维持生产经营，则表明企业内部"造血"功能不强，自力更生能力很差，不值得投资者予以投资。即使生产经营正常，只是因为企业在实施大型的长期投资而需要长期对外筹集资金，我们认为投资者在投资这类企业时，也应该加强风险防范，因为这类企业的经营风险和财务风险都较大，一旦出现资金链断裂，股票价值将急转直下，届时投资损失将不可避免。

3. 上年结存的 FCF

在持续经营条件下，上市公司年末未使用完毕的 FCF 将结存至下一年度，构成下一年度的上年年末结存的 FCF。此类 FCF 对企业价值的影响不确定。在公司治理结构完善且公司管理层尽职尽责的情况下，上年结存的 FCF 越多，公司在本年度的财务环境越宽松，企业就越有可能盈利，即具有投资价值。但是，如果公司治理结构不完善，公司管理层自利行为较严重，则宽松的财务环境将诱发公司管理层的在职消费、随意性支出等代理成本行为，从而降低企业价值，即不值得投资。

（二）基于多因素组合的自保型投资决策

上市公司持有的 FCF 由单一因素构成的情况极为少见，更多的情况是由多种来源的 FCF 共同构成。

1. 新增 IFCF 大于零，且新增 IFCF 与上年结存 FCF 之和仍大于零

我们以本章9597个研究样本为例，以"新增 IFCF"和"新增 IFCF 与上年结存的 FCF 之和"为维度，绘制出四象限图（见图 7 - 2）。结果显示，新增 IFCF 大于零且新增 IFCF 与上年结存 FCF 之和仍大于零（即第Ⅰ类）的上市公司其总资产净利润率（20.61%）远高于其他类别上市公司的总资产净利润率（3.28%和4.82%）。这说明，新增 IFCF 大于零且新增 IFCF 与上年结存的 FCF 之和仍大于零的上市公司内部"造血"功能较强，有足够能力满足发放红利、偿还债务本息以及再生产和再投资等活动的资金需求。这类上市公司可以作为投资者投资的首选。

2. 本年新增 IFCF 小于零，而且本年新增 IFCF 与上年结存的 FCF 之和仍小于零

图 7 - 2 显示，这类上市公司（即第Ⅲ类）的总资产净利润率为

3.28%，低于其余所有样本公司的总资产净利润率（4.82%和
20.61%）。这也许就是经营管理者将企业资金投入到了净现值小于零
的项目而产生代理成本的结果。本年公司新增 IFCF 如果小于零，则表
明该公司必须通过外部融资获得资金供给，否则公司将可能陷入财务困
境或出现财务危机。如果公司 IFCF 小于零且多年不见好转，则表明该
公司代理成本问题可能比较严重，也可能因为企业资金周转不灵，导致
公司不久被逐出市场，在这种情况下，投资者要拒绝投资或者尽快撤
资，以免受损。另外，王茂超等（2009）对沪深两市终止上市的 60 家
公司（2001—2007 年）年报数据分析后发现，这些被终止上市的公司
前几年经营活动产生的现金净流量往往为负值或为很小的正值。这足以
说明公司持续产生 IFCF 的能力很弱，甚至无能为力，需要通过临时对
外融资或变现部分资产以解燃眉之急，所以我们认为此类公司不值得
投资。

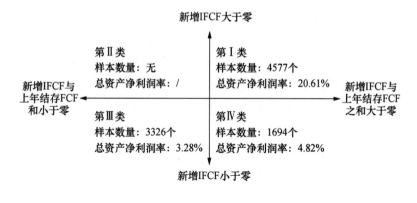

图 7-2　四象限图

五　结论与建议

FCF 假说认为，在两权分离条件下，经营者完全有可能滥用 FCF 以
增加个人私利从而损毁股东利益。本章在已有文献研究基础之上，对
FCF 进行了量化界定，并以我国上市公司 2007—2012 年财务数据为例，
分析了我国上市公司的 FCF 构成及其与净资产收益率之间的关联关系，
研究结果显示，从 FCF 构成来看，我国上市公司通过生产经营活动来
创造价值的能力很低，难以满足投资者对投入资金保值并增值的要求，

上市公司维持自身正常运转所需资金均要通过对外股权资金或债务资金来筹集；从 FCF 与净资产收益率之间的关联关系来看，FCF 有可能对公司业绩产生负面影响，而且 FCF 越多，越有可能导致公司业绩下降，从而不利于投资者（尤其是中小投资者）财务权益的保护。

图 7-1 是中间高两边低的图形，说明过高或过低的 FCF 都会引起净资产收益率的下降。也就是说，企业 FCF 过高或过低对投资者财务权益保护都不利，过高的 FCF，特别是过高的 EFCF，容易产生代理成本，而过低的 FCF，又可能导致企业资金周转不畅，增加公司财务危机或破产的风险。所以投资者在利用 FCF 指标进行投资决策时，应该具体情况具体分析。

由于不同来源的 FCF 及其组合所蕴含的投资价值信号并不完全一致，我们建议投资者尽量选择新增 IFCF 大于零，而且 IFCF 与上年结存的 FCF 之和仍大于零的上市公司作为投资对象；而对于那些本年新增 IFCF 小于零，且本年新增 IFCF 与上年结存的 FCF 之和仍小于零的上市公司则应该尽量避免投资。

第八章 代理问题与投资者财务权益保护

一 引言

投资者保护问题一直是世界性的研究与实践课题，而我们认为投资者保护的关键是财务权益保护，所谓"财务权益"是指投资者从企业财务的角度考虑应该获取的权益，主要是指投资者能够获得正常的股利，其购入的股票价格能够合理增长等，并由此而引申出来的一系列与财务有关的权益，如企业负债合理、信息披露真实、内部控制有效、盈余质量高等（段华友、干胜道，2011）。而负债融资问题、信息披露问题、内部控制问题等都与代理问题和代理成本问题有关。所以只有有效解决代理问题才能有效降低企业代理成本，提升企业价值，也才能真正保护投资者的财务权益。

现代企业制度中，由于财产所有权和控制权分离，委托方（或被代理人）需要将自己的财产（或事项）交与受托方（或代理人）处理，双方形成委托—代理关系。由于双方利益不完全一致、信息不对称以及双方的利益冲突，导致委托方不能或者无法完全有效地对代理人进行监督，此时代理人为了自身利益一般会做出损害被代理人（委托方）利益的行为，这样（委托）代理问题就产生了。

代理成本是指由代理问题而产生的一切支出。"代理成本"概念是由 Jensen 和 Meckling（1976）首先提出的，他们将代理成本划分为担保成本、监督成本以及剩余损失三个部分。显然，前两个成本是企业在制定、实施和治理契约过程中发生的实际成本，而剩余损失是契约执行时的一种机会成本。同时，他们还区分了两种不同的利益冲突，即经营者与所有者（股东）之间的利益冲突、债权人与所有者（股东）之间的利益冲突。

由于代理成本在每个企业客观存在以及降低代理成本对企业的重要性，国内外学者就代理成本问题进行了广泛而深入的研究。

二 代理问题的文献剖析

1. 股权结构与代理成本

Demsetz（1983）认为，股权结构就是一个公司追求最大化利润的内在结果。最优股权结构其实就是公司股份分散与集中过程的权衡产物，也就是公司价值达到最大时不同性质股东（或大股东与小股东）的持股比例。Morck 和 Shleifer 等（1988）通过实证研究表明，管理层持股可能产生两种相反的效应即分离效应和一致效应，而这两种效应共同影响着公司的业绩。分离效应是指当管理层持股达到一定比例时，他们就拥有了更多的控制权，也就有可能更加肆无忌惮地把公司的资源用于对其自身有利而损害股东利益的方面。一致效应则是指管理层持股会对管理层起到激励作用，可能使得管理层与股东利益相一致，这样会降低代理成本而提高企业价值，所以正是这两种效应共同作用导致"内部人"持股对公司绩效产生影响。Pfleiderer 和 Admati 等学者（1994）的研究指出，股权集中将会促进大股东积极参与监督企业，但是同时股权的集中又可能影响风险分担原则，所以最优股权结构实际上就是大股东的监督成本与大股东风险分担之间权衡的结果。

而国内许多学者（如魏刚，2000）研究发现，管理层是否持股或持股多少与公司绩效的相关关系并不显著。杨蕙馨等（2006）认为，我国上市公司高管存在严重的"零持股"现象，即使持股，大多是因为增资配股或投资持股，其比例也往往很低，而真正意义上的激励性持股根本不存在，所以他们认为我国上市公司即使高管持股对公司业绩的提高也是非常有限的。高雷等（2007）研究指出，"一股独大"或集中的股权结构能显著减少企业代理成本，但"多股同大"或股权结构的高度分散会增加企业代理成本。当然，目前我国股权结构的高度分散尚不普遍。

为什么国内外研究差异如此之大呢？我们认为，这可能与我国股权结构的特点有很大关系。我国的股权分布极不平衡，法人股（或国家股）占有绝对优势，"一股独大"的现象比较严重。而且，目前我国绝大多数公司的管理层持股主要是作为一种福利形式，而缺乏完善的运行和保障机制，因此激励效果不佳。中国有着与发达国家不同的证券市场制度和企业股权结构形式，股权结构的内生情形是否在中国也能成立还需要进一步验证。我国的法制环境乃至政治因素对股权制衡也可能产生较大影响。

2. 公司治理与代理成本

Jensen 和 Fama（1983）认为，董事会是公司的最高控制机构，通过董事会的一系列制度安排，可以减轻由于目标分歧而产生企业代理问题，有效提高企业整体的绩效。时隔 10 年，Jensen（1993）指出，随着董事会中董事人数的不断增加，董事之间的礼貌、尊敬和谦恭将逐渐占据上风，而他们的坦诚和公正将逐渐被遗忘，容易出现董事之间的"搭便车"现象。此观点其实就是越小的董事会规模将越有利于公司治理效率的提高。Jensen 同一年在美国财务协会的一次致辞中就建议公司应该采用"二元"的董事会结构，即董事长与总经理的两职应该分离。

西方公司治理理论普遍认为，独立董事制度可以提高董事会的相对独立性，能在一定程度上保障和维护广大股东的权益，独立董事比例增加可以有效地提高董事会在公司中的监督功能。

而在我国，由于引进、执行独立董事制度的时间不长，独立董事制度的作用没有有效发挥出来。我国不少学者通过实证研究也证实了这一点。如曾庆生和陈信元（2006）等研究表明，我国独立董事比例与代理成本关系并不显著。由于内部董事对公司业务比较熟悉，而且对监控经理人员存在信息优势。所以，内部董事比例的增大必然会加大高管之间合谋的难度，同时也会提高合谋败露的风险。

3. 资本结构与代理成本

Jensen 和 Meckling（1976）认为，伴随着股权比例和债权比例的变动，第一类和第二类两种代理成本会出现此消彼长的情况。Jensen（1986）指出，因为偿还债务的本金和利息会导致公司"自由现金"的减少，所以经理人员将会减少不利于股东的投资机会，他再次强调了债务融资对降低企业代理成本的重要作用。而 Myers（1977）则认为，企业处于债务危机状态时，即使某种投资机会有利，也将会无法筹集到新的债务，导致该投资项目无法实施，此时企业处于投资不足状态。Raviv 和 Harris（1990）认为，企业在债权融资时，经理人员将倾向于投资高风险项目，哪怕该项目的 NPV（净现值）小于零。他们还指出，由于债权人往往会在债务合同中加以限制性条款，成长性企业要尽量避免或减少债务融资，以免因债务合同约束而被迫放弃有利可图的投资机会；而成熟性企业因缺乏投资机会和拥有较高的自由现金流，可以适当增加负债融资。

我们认为，资本结构、代理成本之间的关系应该从股权和债权两个方面分别对代理成本的影响进行讨论，因为一个企业一般都是股权和债权同时并存的，不应该一味强调债权对降低代理成本的作用，所以企业应该根据其不同的发展阶段，选择不同的资本结构即股权和债权的比例。

4. 监督、激励与代理成本

代理理论认为，监督和激励是有效解决委托—代理问题的截然不同的两种机制。Hohnstrom 和 Tirole（1993）指出，经理人员（代理人）因拥有着企业的控制权，至少拥有企业一部分剩余索取权，但由于信息不对称和利己原因，经理人员（代理人）可能出现道德风险或逆向选择问题。企业价值的最大化关键在于所有者（委托人）要设计一套行之有效、具有激励功能的契约，来有效控制代理人逆向选择或败德等行为，以降低企业代理成本。Matthew 等学者（2007）认为，董事会的制度安排可以从两个方面来降低企业代理成本：第一，直接通过董事会对经理人的监督来降低企业代理成本；第二，董事会通过改变经理人员的激励机制，使得经理人员与所有者（股东）利益趋于一致，达到降低代理成本的目的。

我国学者谢俊、蒋峦等（2008）通过对我国企业的实证研究发现，股权代理成本与董事会监督之间并不存在股权激励机制的这一"中介"作用。可能的解释是：我国企业中高层管理者持股比例普遍较低，这种激励的"中介"作用并没有通过股权激励来实现，对高管的激励除了股权激励之外，还有薪酬激励、控制权激励等。因此，我国在建立高管人员激励机制时，不应仅仅关注股权激励，还应关注薪酬激励、控制权激励等其他激励手段。

代理成本理论可能存在的重大缺陷：代理成本理论过于强调委托人、代理人之间（在信息不对称的前提下）的利益冲突，并由此产生代理成本。但我们认为，在现代企业制度下，所有者（委托人）和经营者（代理人）之间的利益并不完全冲突，甚至基本趋于一致。经营者努力工作，经营好企业，不仅可以提高企业的经济效益（与所有者利益一致），同时经营者的报酬往往也会随之提高。而且经营者提高企业的经济效益同时也会提高自身的声誉和社会地位，提高自己的社会价值。随着企业家市场、信用（声誉）制度、人才选拔机制等的不断进步和健全，经营者和所有者（股东）之间的利益冲突将会减缓甚至会趋于一致。因此，委托—代理理论强调的利益冲突在目前的现代企业制度下可能不一定恰当。研究者们应该与时俱进，不断将代理成本理论进行扩展和提高。

5. 第三类代理成本

李虹、段华友（2012）指出，第三类代理成本指股东利益被公司员工侵犯而形成的相关成本，并指出该类成本可以通过拉克尔系数进行衡量。企业在进行薪酬优化时，应该注重普通员工工资收入（利润分享）的提高，改善劳资关系。

饶晓秋（2009）指出，从财产所有者到财产的最终使用者之间存在第三类代理关系，其原因是上层管理者行使财产使用权时要委托给下层管理者或员工代为使用，这就必然产生了第三类代理成本。他建议建立内部控制制度来降低此类代理成本，同时，他强调第三类代理成本也是影响企业内部控制的。

王冶琦、赵广（2011）指出第三类代理成本包括下层管理者的超额支出、奖励支出、上层管理者对下属的监视费用、下属的懒散导致企业效率低下等。同时，他们认为此类代理成本对企业财务控制产生影响，如对企业财务控制的绩效、特点、目标等产生影响。

三　代理问题的类型

公司的正常营运、投资和财务政策直接受到代理问题的影响，代理行为的效率低下有可能造成股东价值的明显减少。不同类型的代理问题对不同性质企业的影响程度不同。根据我国目前资本市场的现状，我们在代理问题的文献剖析基础上对代理问题进行了重新归类和扩展，提出了以下 10 个代理问题：

1. 素质和能力问题

管理者和企业普通员工都应该具备高尚的道德素质、良好的身体和心理素质、基本的知识和专业素质，还应该有创新能力、判断能力和解决实际问题的能力等。如果管理者和员工缺乏基本的素质和能力，势必造成管理效率和生产效率的低下，增加企业代理成本，导致企业总价值的下降。如在 1994—1996 年，北京供电公司赵某（总经理）在没有公司法人资格的情况下，擅自为威克瑞公司提供担保，本息合计达 11. 2

亿元，由于该公司破产，经法院判决，北京供电公司需要承担赔偿责任，虽然是部分赔偿也造成了4.57亿元的经济损失。

2. 努力程度问题

劳动经济学理论认为：在一定的能力和素质的情况下，工人（或雇员）受雇于企业工作时，通常会偏好闲暇（努力程度不够），直至（由闲暇所带来的）边际效用等于边际成本（因丧失收入所带来的）时为止。雇用与受雇也是一种委托—代理关系，所以上述理论其实就是委托—代理关系中的努力程度问题。这种理论对于企业经营管理者也同样适用，因为企业经营管理者其实就是受薪的高级雇员。员工偷懒，不努力为企业工作，必然导致企业生产效率低下，还可能因为员工不努力而耽误工期，给企业带来严重的后果。如根据网易财经《2011中国员工敬业度调查报告》对中国员工敬业度与满意度的统计显示，我国企业员工的综合敬业度只有62.28分，处于较低水平。

3. 任期长短问题

经理人员通常都会有固定的任期，而经理人员的任期长短会对企业的经营和投资决策产生较大影响。一般认为接近离任的经理人员不愿意支付高额的研发、广告和员工培训费用，也不愿意接受高风险的投资项目。而适度的研发、广告和员工培训费用可以提高产品质量、增加产品销售、提高员工素质，但这可能会导致经理人员当期报酬的减少。高风险的项目往往会给企业带来高额回报，但对于即将离任的经理人员来说，一旦投资失败，可能会背上无能或投资失败的骂名，所以顾及自身的社会地位和声誉不愿意冒太大风险。Dechow和Sloan（1991）研究表明，经营管理人员的任期越短或越接近离任，企业在研发方面的支出越会快速地降低。Rice和DeAngelo（1983）研究表明，经理人员因为害怕由敌意收购导致自己的职位不保，可能会拒绝比较有吸引力的项目。据全球知名猎头在上海发布的一份调查显示，中国内地企业约60%的管理层员工的平均任期不超过3年，该比例远远高于亚洲其他地区。

4. 在职消费问题

经理层人员在职消费是指管理人员利用职务之便，除了薪酬之外的其他消费支出，如业务招待费、办公费、会议费、差旅费、通信费。虽然在职消费可以为企业引进丰富经验的经理人员，但是，如果在职消费或津贴过度，可能会滋生贪污腐败，挥霍和浪费，懒散、效率低下，还可能在职务消费过程中出现如公车私用、公款吃喝、公款旅游等现象，这些都必然提高企业代理成本，造成股东财富大大减损。职务消费导致腐败、挥霍等的案例屡见不鲜，如 2009 年，陈同海（中石化原总经理）因受贿 1.9 亿余元，经一审被判死缓。单笔受贿金额居然高达 1.6 亿元，创下了单笔受贿金额历史之最。他每月交际费用上百万元，日均挥霍 4 万元，这种"额外津贴"或职务消费大大提高了企业的代理成本。

5. 薪酬侵蚀利润问题

与企业绩效挂钩的正常薪酬是企业管理者、普通员工生存和发展的需要，也是企业持续经营的需要。合理的薪酬分配有利于企业内部管理层的稳定性与保证其工作的积极性，从长远来看有利于企业的发展。但如果员工薪酬的增长幅度大大高于企业净利润的增长幅度，或者是企业高管人员年薪的大幅度上升，特别是国有企业的高管（或普通职工）的薪酬高得离谱，对企业的长远发展是不利的。我国许多学者研究发现，我国管理人员薪酬与公司绩效相关性很低或根本不相关（吕长江等，1999；曾庆生等，2006）。由于高管人员的薪酬计入管理费用，薪酬开支必然会导致公司费用的增加和利润的减少，导致股东利润分配的减少，损害了股东尤其是中小股东的财务权益。近些年来，国企高管的薪酬"水涨船高"，2008 年 20 位能源高管薪酬已过百万元，而中国神华的 16 位高管薪酬支出共计 2400 余万元，平均每人 150 余万元，国企高管年薪的大幅度上升正引发关于"薪酬侵蚀利润"担忧。

6. 恶意再融资问题

再融资原本是一个公司"内政"，似乎没有恶意和善意之分。但由于我国公司治理机制不完善，股东往往对公司管理层的再融资计划缺乏足够的监督能力，所以管理层往往可以通过恶意再融资，达到自己的目的，特别是当年 IPO 时没有圈足钱的上市公司，就通过恶意再融资来不断弥补。Jensen（1986）认为：因为存在代理问题，企业高管为达到个人牟利的目的，总是希望支配更多的现金流。这个结论正好解释了管理层为什么对过度融资如此偏好。恶意再融资的典型案例是中国平安保险公司，2008 年上市之初的中国平安董事会高票通过了一项高达 1200 亿元人民币的再融资议案，此项再融资方案对市场造成强烈影响，其股价跌幅 39% 以上，股指重挫使投资者损失惨重。

7. 过度投资或投资不足问题

经理人员应该代理股东进行合理、有效的投资，但经理人员在实际执行过程中往往会出现过度投资或投资不足的问题。投资不足或过度投资，都有可能产生比较恶劣的影响。投资不足是指没有将公司资金用于良好投资的项目或项目建设过程中缺乏资金。投资不足主要是因为：经理人员不愿投资于高风险项目，前期预算有误或材料成本估计不足；资金成本高等。危害有：丧失大好的投资机会和市场机会，或已经投资的项目不能正常运转或投资失败；由于临时筹集资金使得资金成本迅速上升（段华友等，2011）。相反，过度投资是经营者对未来投资前景过于自信的一种低效率投资决策行为，往往会造成企业的盲目投资。其形成原因主要有：所有者的财务监督不力，代理中经营者对所有者财务目标的偏离；所有者的考核、激励不当引起投资规模偏好。过度投资会有很多危害，主要有：公司资金成本上升，总利润率下降；造成公司外部债务过多，公司信誉下降。曾经顶着光伏产业无限荣耀的尚德电力就因其投资过度而在 2013 年走向衰败，一个典型的例子是其老总施正荣曾力排众议投资 3 亿美元在上海建立传统薄膜电池工厂，但后来的多晶硅价格暴跌使得前期投入几乎灰飞烟灭。

8. 风险偏好不同问题

企业管理者的风险偏好往往受其年龄、学历、工作经历、任期长短等的影响。但影响最大的应该是其薪酬的性质。如果企业高管人员的薪酬中大部分是固定工资，那么他往往不愿意冒太大的风险，因为冒较高风险获得的回报，与其工资关系不大或不成正比，但要承受因为财务危机或破产带来的名誉损失，从而也增加了他另谋职位的难度。当公司或项目陷入财务危机或破产时，他们将会失去更多，可当公司或项目收益上升时，他们获取的收益却很少。因此，管理层情愿选择更小的风险偏好，他们会尽量利用公司的投资与财务政策来降低公司或项目的风险。但当高管们如果持有公司一定的股份（或股票），情况可能会有所改观，因为此时公司或项目收益提高不仅使他们的工资有一定程度的提高，同时他们所拥有公司股份（或股票）价值也在提高，这样他们相当于获得了双倍或多倍收益。

9. "内部人"控制问题

"内部人"控制，是指作为股东（外部人）代理人的经营管理者

（内部人）实际控制着企业的经营管理权。内部人控制问题形成的原因是管理层权力膨胀问题，实际上是我国上市公司的"所有者缺位"而导致的剩余索取权与经营控制权严重不匹配。存在内部人控制问题的根本原因是我国的公司治理法制不健全，缺乏有力的外部监督、内部监督，内部审计机构形同虚设。"内部人"控制现象在国有企业中相当普遍，主要表现：会计信息严重失真、国有资产严重或大量流失。"内部人"控制受益的一定是管理层或关联方，而受损的永远是国家和广大的中小股东。内部人收益多通过私设"小金库"进行，如在2009—2010年期间，中国南车集团铜陵车辆厂某销售部原部长周某伙同会计，通过虚列员工工资套取公司现金同时还截留其他公司已经归还的借款等诸多方式私设"小金库"，侵吞公款多达60余万元，其行为不仅造成国有资产的流失，也牺牲了中小股东的利益。

10. 社会责任问题

要求企业在追求经济效益的同时，在力所能及的范围内更加关注其对员工、客户、消费者、社会的贡献和责任，不仅仅是"唯利是图"。适度的社会责任不但不会对企业造成损失，反而可以提高企业的知名度，提升企业的信誉，提高企业整体价值，也有利于增加投资者财务权益。但企业经理人员如果为了个人的社会地位和名誉而牺牲企业的利益，损害投资者权益的过度社会责任是对企业发展的不负责任，也是不道德的。毕竟企业是一个市场条件下独立的经济体，首要目标仍然是效益最大化，这也是企业社会责任的前提和基础。

四　分权代理成本及其构成

代理成本是指由代理问题而所产生的一切支出。"代理成本"概念首先是由 Jensen 和 Meckling 两位学者在 1976 年提出的。之后，"代理成本"理论，经过国内外学者不断扩展。这一派理论的主旨：企业就是一系列契约的联结。Jensen 和 Meckling（1976）将代理成本划分为以下三部分：监督成本、担保成本、剩余损失。显然，前两个成本是企业在制定、实施和治理契约过程中发生的实际成本，而剩余损失是契约执行时的一种机会成本。同时，他们还区分了两种不同的利益冲突：①经营者与所有者（股东）之间的利益冲突；②债权人与所有者（股东）之间的利益冲突。

由于代理成本在每个企业的客观存在性及降低代理成本对企业的重

要性，国内外学者就代理成本问题进行了广泛而深入的研究。根据不同的分类标准，国内外学者又将代理成本进行了不同的分类。一般学者从代理关系的角度，将代理成本分为以下三大类：第一类是产生于企业经营管理者与所有者（或股东）之间的、与公司股权相关联的代理成本，也叫股权代理成本。第二类是由于债权人与投资者（股东）之间（第二类委托—代理关系）的利益冲突而形成的代理成本，也叫债权代理成本。第三类是由于企业内部不同层级管理者之间的委托—代理关系（第三类代理关系）而产生的代理成本（如饶晓秋，2008）。第一类、第二类代理成本是根据 Jensen 的两种利益冲突进行划分的，国内外的研究已经比较成熟，在此不再过多赘述。第三类代理成本是近几年国内外学者提出的概念，研究时间不长而且尚存在一定的分歧，所以本章主要探讨第三类代理成本，我们下文称为分权代理成本。

1. 分权代理成本的由来

我们认为，从委托—代理关系的角度看，在现代企业制度下，企业内部不仅存在各种层级管理者之间的代理关系，而且不同层级的部门之间，管理者和普通员工之间也存在不同程度的代理关系。所以，我们认为第三类代理成本的内容应该拓展，将第三类代理成本重新定义为：企业（或集团）内部各种层级管理者（包括管理者与普通员工）之间以及不同层级部门之间的委托—代理关系产生的成本。这种代理成本的特征是由于企业上下级代理关系形成的，其实是企业内部的分权（或放权）形成的，所以我们将其称为"分权"代理成本。同时我们认为，使用分权代理成本这一概念有以下好处，首先，从股权代理成本、债权代理成本再到分权代理成本，这样可以使代理成本的概念一脉相承，自成体系。其次，可以改变过去代理成本分类不统一、叫法不一的局面。最后，将分权与代理成本放到一起，便于理解该类代理成本。将分权理论和代理成本理论进行结合研究，还便于发现其内在联系和规律，比如从分权的角度很容易知晓分权代理成本的构成及降低该类代理成本的方法，为降低该类代理成本开创了一条新的路径。

企业人员层级可以从上到下进行排列：从企业最高层，公司董事会到总经理、副总经理、部门主管、部门副主管直至最底层普通员工；部门层级包括总公司（或母公司）与分公司（或子公司），上级部门与下级部门。本章中的管理者是指广义上的员工。

2. 分权代理成本的具体构成

由上述概念的分析可知，分权代理成本实际上是企业在分权管理过程中产生的，我们重新总结了该类代理成本的具体构成：

（1）超额在职消费或职务消费支出。在职消费或职务消费支出包括：业务招待费用、办公费用、会议费用、差旅费用、通信费用、车油补贴费用、培训费用等。据港澳资讯统计的数据显示，带"国有"背景的252家上市企业，2012年年报中公开披露的仅业务招待费一项就高达65.25亿元，中国人寿、宏源证券等皆榜上有名，中国人寿更是以14.18亿元的业务招待费高居榜首；再如2013年中国交建花去7.8亿元招待费，与2012年相比增加两成，而其主营收入2962亿元，微增0.29%，净利润增速也不到3%。虽然在职消费可以为企业引进经验丰富的管理人员，但是，如果职务消费或津贴过度，可能会滋生懒散、贪污腐败，挥霍和浪费，效率低下，还可能在职务消费过程中出现如公车私用、公款吃喝、公款旅游等现象，这些都必然提高企业的分权代理成本，造成股东财富大大减损。

（2）超额薪酬支出。薪酬是员工为单位提供劳务而获得的薪金、津贴、提成、各种福利等。薪酬是企业管理者、普通员工生存和发展的需要，也是企业持续经营的需要。而这里的超额薪酬，指的是超出正常薪酬的部分，如员工薪酬的增长幅度大大高于企业净利润的增长幅度，特别是企业高管人员年薪的大幅度上升。同花顺数据表明2013年万科，公司员工平均月薪约为7195元，而公司前三名高管的平均月薪高达89.5万元，两者相差达124倍。再如中信国际董事长殷可，2013年薪酬高达1270万港元，连续三年蝉联高管薪酬榜首。由于管理人员的薪酬计入管理费用，员工薪酬也计入相关成本或费用，薪酬开支必然会导致公司成本或费用的增加和利润的减少，导致股东利润分配的减少，损害了股东特别是中小股东的权益。

（3）超额奖励支出。奖励是指为了调动下属或员工的积极性，根据其经营业绩大小或完成任务的情况给予薪酬以外的奖金、各种福利，如带薪休假、高额退休待遇等；超额奖励支出指的是超出正常范围或额度的奖励支出，如上级管理者为了讨好下属（下属可能是他上级领导的亲属或自己的亲属等）而给予的奖励支出；上层管理者为了晋升，获得下属的投票，巧立奖励的名目给予下属超正常范围或额度的奖励支出等。2013 年 5 月，新华网披露：某国有企业未经上级批准，7 年间给职工超额发放 1664 万余元奖金，该事件曝出后引起舆论一片哗然，该公司正副总经理更是以私分国有资产罪而下狱。近些年来，以效益好或"集体决策"的名义向企业职工超额发放奖励的案例层出不穷，成为诸多"国企病"的典型代表。正常的奖励可以激励下属，但超额奖励支出，不仅会增加企业的分权代理成本，而且会损害投资者的利益。超额奖励支出如同在职消费同样会滋生贪污、腐败等一些不良现象。

我们认为正常或按规定的在职消费、薪酬支出、奖励支出均属于第一类代理成本，是企业必要的成本支出，而超额的在职消费、薪酬支出、奖励支出才是分权代理成本，是企业应该关注的重点。

（4）委派过失损失。由于上级委派失误，导致的下级（包括普通员工）不能按时按质按量完成任务给企业带来的各种损失，包括由此带来的企业名誉损失、停工损失、返工损失、失去大好市场机会带来的损失等，还包括因委派或用人错误而产生的机会成本，如用人正确会给企业带来荣誉和更高的管理或生产效率等。根据有关资料显示，我国企业甄选一名雇员平均费用一般在 1000 元到 5 万元，空缺职位的等级越高，花费自然也就越高，如果被甄选的员工不合格，甄选成本不仅无法收回，随年限的推移还会产生持续的负面效应。中国企业家调查系统对 3539 位企业经营者进行问卷调查，结果显示，"经营者最容易出现的问题"问卷中，排在第一位的是"决策失误"，而"用人不当"位居第二。

（5）下属怠工、逆向选择等给企业带来的损失。包括由于下属偷懒、消极怠工，没有按时按质按量完成任务给企业带来的一系列损失，如无法按时交货导致企业违约金增加和信用下降，下属为达到自己的利益最大化而偏离上级领导的旨意进行决策对企业造成的损失，以及下属为了自身利益而泄露企业的商业机密或抄袭上级部门的方案带给企业的损失。例如，烟台某科技有限公司软件编程员王某在职期间，因对公司经理不满，遂违反保密协议，私自拷贝并在网上售卖公司研发的管理软件系统部分源代码，其直接造成该软件科技公司经济损失高达 50 万元。

（6）不同层级之间沟通障碍产生的损失。所谓沟通障碍，是指人们在沟通过程中由于信息受到外界的干扰甚至误解或曲解而产生的沟通失真现象。上下级之间由于立场、地位等存在较大差异，难免会存在沟通障碍。这种沟通障碍会使他们之间产生矛盾和分歧，导致上下级关系的不和谐。最后会导致下级产生抵触情绪，工作消极、逆向选择等。沟通障碍还可能给企业带来不可估量的损失，如下级曲解上级的意图，导致生产错误、销售失败。这些都会加大分权代理成本。企业信息化咨询（AMT）发布的《中小企业通信需求报告》（中国）中显示，我国的中小企业由于垃圾邮件、观念落后和管理不当等导致的沟通不畅，造成每天的损失居然高达13亿元。

五　降低分权代理成本的对策建议

1. 企业应该集权和分权有效结合

虽然适度分权可以提高企业管理和运行效率，但分权同时也意味着代理成本的增加。而且过度分权，可能会导致下层管理者权力过度膨胀，会加大道德风险和逆向选择的机会，从而再次提高企业分权代理成本。集权还是分权要根据企业的实际情况而定，一般来说，下级能力强、职工素质高，可以适当多放权；如果企业标准化程度高，也可以适当多放权，否则企业集权程度尽量高一些。

2. 精神奖励、物质奖励相结合

奖励的目的是调动下属的积极性，使下属更加努力工作，为企业创造更多的财富，否则奖励就很难起到应有的作用。奖励有精神和物质奖励之分。我们认为，不同层次的管理者对这两种奖励的感受是不一样的，越是底层的管理者，直至普通员工，物质奖励对他们的效用越大，精神奖励起的作用越小。相反，越是高层精神奖励比物质奖励起的作用越大。对于年薪较高的高层管理者来说，被评为"优秀工作者"等荣誉称号，他会认为这是领导对自己的赏识、下属对自己的认可，因而类似的精神奖励对他更有价值。所以，企业管理者在奖励下属时，应该因人而异，物质奖励和精神奖励结合使用，才能起到更好的效果。

3. 加强内部审计和财务监督，严格控制在职消费和薪酬支出

上述超额在职消费、超额奖励支出产生的根本原因是企业内部审计缺陷和财务监督不力。所以避免或减少超额在职消费、超额奖励支出的关键是要制定有效的内部审计准则、财务监督规范和细则并加以严格执行。如款项支出尤其是大额款项支出，必须严格审批程序，推行由经办会计、会计主管和分管领导等逐级审核签字的联签会审制度；各项财务开支特别是重大开支必须公开；会议费、招待费、国内外考察学习费

用、培训费用等要有明细清单，成为"阳光票据"，接受全体员工监督。

4. 创新激励机制：股权激励、员工持股和机会激励

Jensen 等（1976）通过实证研究发现，管理层拥有越少的公司股份，他们越可能表现偷懒。激励的目的是让管理者和员工心甘情愿尽职尽责地为公司的长期发展工作和服务。有效的激励可以大大降低员工的道德风险、逆向选择的机会。世界各国一些大公司都在不断创新激励方式旨在合理激励公司员工，如员工持股、股权激励，这两种激励方法可以使公司全员参与，员工不仅获得原有薪酬还会因为企业发展获得分红收益及股价增长的资本利得收益，但股权激励和员工持股一定要区别对待，如果所有员工持有的股份相同或相近，没有什么差异，必然会降低激励的效果。所以，员工持股和股权激励应该设定条件，如对公司发展贡献大的关键员工可持有公司更多的股份，或更多的股权激励。而不满足规定条件的员工不能享有股权激励。对于非股份公司或小公司其实也可以采用员工持股、股权激励，如将公司资产转化为虚拟股票或股份。机会激励是指如果员工工作态度认真、业绩突出可以得到晋升、公费培训、外地考察等的机会。

5. 明确责任、目标，强化业绩考核，切实推行绩效工资制度

明确责任、目标，强化业绩考核的目的是奖勤罚懒，将员工待遇和个人业绩挂钩。责任、目标的制定既要让员工通过一定努力能完成，又要人性化，不至于太苛刻。明确的责任、目标可以一定程度上防止或减少员工偷懒。责任、目标最好能进行量化，这样才能保证客观、公正。业绩考核要求各项考核内容具体、量化、易于操作，使员工能自觉、主动地做好本职工作，而且有利于员工创造性地工作，不仅要按质按量完成工作，还要尽力做到最好。根据考核结果，每年年终评选"优秀员工""突出贡献管理者""先进工作者"等，同时颁发荣誉证书，并发放一定的奖金。当然，对于那些没有完成任务、目标的员工给予批评教育；对于那些消极怠工，给单位造成损失的员工应该进行适当的惩罚，如少发年终奖、留企察看，甚至开除。目前不少单位虽然推行绩效工资制度，但效果不明显，或形同虚设，所以员工积极性没有得到真正提高，建议企业能严格执行绩效工资制度，提高企业业绩。

6. 适度的专业培训，对全员定期进行道德教育

员工不能完成目标或任务的原因除了努力程度不够外，还可能是因为员工欠缺专业能力。对于那些辛勤工作的员工或优秀员工，公司可以对其进行公费培训或给予一定资助，其他员工可以自费培训，但公司在可能的情况下应该为他们提供一定的便利，如培训期间的工作可以之后完成。培训费用虽然暂时增加企业的成本，但从企业长远发展来看，可以提高企业产品或服务质量，提高员工工作效率，最终会提高企业价值。

全员道德教育的重要性在于员工良好的道德素养会使企业无形中赢得更多的顾客和广大公众的赞誉，树立良好的公司形象，提升公司价值，同时还可以降低员工的道德风险和避免或减少员工的逆向选择。我们认为，市场经济虽然强调法律和制度的约束，但如果员工缺乏道德的约束（有时可能会出现无法用法律和制度约束的情况），可能给企业造成更大的危害或损失。

7. 消除沟通障碍

上级管理者应该善于聆听下属的想法，对于下属提出的合理意见或建议，能做到尽力去做，难以做到的或不合理的意见和建议，要进行解释和说明。作为上级，应该时刻关注下属的感受和动向，经常换位思考，让双方产生共鸣。由于言语沟通更容易失真，所以重大问题最好要形成书面文件并签字确认。

8. 加强个人信誉管理

根据员工每年的考核结果和工作表现情况，给每个员工建立个人信誉档案。对于那些不听劝告、消极怠工、道德败坏的员工名单适时在企业内部公开，在国家法律允许的情况下，可以对外公布，让这些员工"无地自容"，加大他们再就业的风险。

第九章　　负债经营与投资者财务权益保护

一　引言

当前随着我国经济改革的深化，市场经济的不断拓展，其社会竞争也愈加激烈，企业间在技术研发、产品市场等领域的竞争更是趋于白热化，这对企业的资金运营提出了很大的挑战。为了避免受制于股权融资不足的掣肘，众多企业转向资本市场寻找资金以补充血液，满足营运现金短缺的问题。然而，负债经营作为一种筹集战略，和股权融资一起构成一对风险杠杆组合，而债务融资处在放大风险的那一端，是企业的风险裸露因子。我们知道，通过财务杠杆效应，有助于放大企业的收益，与此相对的负债经营的风险也将成倍增加，这是负债经营在企业发展中值得警惕的地方。负债经营犹如一把"双刃剑"，为此企业管理层在做出任何一项债务融资决策时必须要考虑到本企业所能承担的风险压力，而竭力避免盲目举债可能对企业发展造成的伤害。

多年来，中外学者多从负债经营的利弊去分析其对企业的影响，近年来部分学者更热衷于建立风险预警模型的研究，以评估负债经营的风险裸露情况。早在 20 世纪六七十年代，Modillion、Miller 等外国学者对财务风险理论进行了深入研究，他们尝试建立一种组合模型实现风险的分散，也即后来著名的 CAPM 模型，尽管该模型并不是专门针对负债经营风险的，但由于举债是企业财务风险的直接诱因之一，因此该模型仍具有一定的借鉴意义；李晓峰、徐玖平（2004）通过盈利能力、资产流动、筹资能力、现金流量等几个要素并借鉴"粗糙集"和"人工神经网络"理论构造了企业财务危机预警的 Rough – RNN 模型，为企业财务危机预警、财务风险防范做出有益的探索。

关于以负债经营等为核心构成的企业财务风险及其相应的预警、风险应对措施，已经有很多学者做了大量论证研究并得出了许多可行且富有创意的结论，因此我们不再赘述。既然负债经营与企业财务风险水平有关，而财务风险是指企业在财务方面所表现的不确定性，进而对企业的营运能力、收益水平及股利分配等一系列相关问题产生影响。对于投资者而言，其核心权益集中体现为财务权益，因此，我们在此大胆推测，负债经营是否会通过财务的传导机制进而对投资者权益产生某种影响？对于一个企业来讲，其经营成果归属于投资者所有形成所有者权益，但投资者所分享的只能是剩余收益，也即利润总额扣除所得税和税后利息后的剩余索偿权。由于企业承担的债务利息费用是优先于股东权利清偿的且是法定的，其偿债利息事前已经相对固定而成为年末企业现金流量的必然流出，因而负债经营所带来的杠杆效应如同在二者的权益分配中间打下一个楔子，是任何企业都无法回避的一对结构性矛盾，从整个市场体系来看，举债经营是贯穿于企业经营活动的始终，也正是财务杠杆的运用使这些经营活动富有生机活力而显得饶有趣味。

财务杠杆直接考验着管理层的决策能力和企业的营运能力。一方面，企业需要外部资本的注入缓解内源融资不足的窘迫，以购买资产、扩大生产规模或是满足资金流动性需求以便维持日常运营等，虽然途径不同，但是都有利于提高企业的生产水平。合理的负债结构有利于充分释放财务杠杆的正效应，为企业创造更大发展空间、获得更高收益，这将有力保障了企业分红的能力，给投资者即所有者权益注入更多能量；另一方面，负债利息的优先清偿又会挤掉企业经营的一部分收益，投资者只能就剩余权益进行分配，而依据现实情况看，企业并不是对所有经营收益进行分配，出于扩大再生产的需要，企业通常会保留一部分权益以投入到下年度的生产运营中去，投资者最终能获得的收益还要视企业的股利分配政策而定。特别是当企业经营效益不好却又存在大额债务的情形下，这时财务杠杆将被成倍地放大，财务风险直接体现在对投资者利润分配的侵蚀，对投资者权益保护产生不利甚至恶劣的影响。财务风险的暴露将使财务杠杆的负效应一览无余，凭借优先偿还巨额利息费用从企业相对偏小的蛋糕中划去很大一部分，此时投资企业的扭亏无望，投资者的财务权益无法得到有力保障，因企业风险裸露而遭受直接经济损失；如果企业管理层出于某种特定目的通过虚假错报、隐瞒重大事项披露等手段粉饰业绩，营造效益良好的假象诱导投资者进入，将势必进一步侵犯更多投资者权益，这些都会造成投资者权益保护的严峻局面。

由此可以看出，以投资者权益保护为核心的企业举债经营研究已成为当代学者研究的重大课题，其意义在于确定一个合适的负债经营水平（即财务杠杆）进而实现杠杆效益的最大化，在保证资本充足、风险可控的前提下实现企业利润最大化和投资者权益最大化。既然是"双刃剑"，那么如何确定"量"和"度"去保护投资者权益是一个当前企业间和学术界面临的共同难题，本章试着从负债经营与投资者权益保护的角度出发，通过引证，对负债经营与投资者权益保护的内在联动关系展开研究。

二　文献回顾与分析

立足于企业管理层的负债经营策略权衡与基于投资者角度的权益保护研究在学术界一直被视作两个不同的命题继而展开研究，然而，对于负债经营与投资者权益保护的内在联动关系却鲜有研究，因此我们尝试总结诸多学者对负债经营和投资者权益保护的相关学术成果并对此二种市场经济行为作一初步概述，继而进一步思考二者之间的联系。

早期著名的 MM 理论可以视为负债经营研究的发端。负债经营体现在企业财务结构上，举债融资与投资者投资组成企业的财务结构，行业性质差别和企业筹资偏好等造成企业间财务结构的差异很大，由此承担的财务风险也不能一概而论。Aghion、Boloton（2008）认为，企业利用负债融资提高企业的财务杠杆比率，可以降低企业加权平均资本成本率，从而提高企业的价值但同时会加大企业的财务风险；Agrawal A.（2009）认为，不论财务杠杆如何变化，企业综合资本成本都是固定的，因而企业的总价值也是固定不变的，他通过研究否认最佳资本结构的存在，即资本结构和公司价值无关。我国负债经营的研究虽然起步晚，但是近年来有加速发展的趋势，这主要得益于我国市场经济改革的深化和资本市场的蓬勃发展，为企业筹资提供了稳定持续的金融市场。延续负债经营研究的方向主要有两条：一是将负债经营与其他经济行为结合起来，如负债经营与每股收益的相关性、负债经营的节税效益、杠杆效益等；二是从预警模型的角度，利用各种公开的上市公司数据进行计量分析，建立了各式各样的财务风险评估模型，以期帮助管理层做出科学决策。无论是理论分析还是建立在模型基础上的实证分析，目前的研究成果尚令人满意。

匡海波、陈树文（2006）对负债经营与每股收益相关性展开研究，运用实例分析通过选取沪深股市两地数据作为样本，借鉴沃尔评分法得出当上市公司原有负债水平已经较高，财务状况较差、息税前利润低于负债利息率的情况下，负债经营与每股收益表现为负相关，这里他强调的是财务杠杆的负效应；肖上己（2008）从税务的角度阐述了负债可使企业产生节税效应，企业可直接从节税效益中获益，实质上降低企业的税务负担；任爱玲（2007）则根据企业发展的初创期、发展期、成熟期和调整期四个不同的阶段为企业制定不同的负债经营策略；沈根详（2005）主要以权衡理论为基础，探讨了资本结构与破产成本以及税盾效应之间的关系，通过实证得出结论认为中国上市公司的最优资本结构应该是资产负债率为60%—70%；张黎（2009）通过研究发现负债过度会降低企业的再筹资能力，使企业面临无力偿付债务的风险；丁丁（2010）指出通货膨胀会造成货币贬值，而债务资本一定时期内具有名义价值的不变性，进而得出当企业实际偿还资产的真实价值低于通货膨胀前期所借入资金的真实价值时，负债经营可以使企业从通货膨胀中获益；刘星（2011）放宽了 MM 定理关于所得税率恒定的条件，考察了在中国特殊国情下所得税率和资本结构之间的关系，得出了资本结构与所得税率呈正相关的关系；杨依华（2008）指出，负债经营有利于企业保持控制权，相对于权益融资对控制权的分散性及股权收益的潜在稀释性等不利因素，举债经营更有利于股东对企业的有效控制。

在基于资本结构预警模型的研究方面，随着一次次的经济变革，预警模型的演变呈现出复杂性、更加精确等特征，从最初的 CAPM 模型到单因素模型，财务预警模型对企业捕捉纷繁复杂的财务信息提供了积极参考，1968 年纽约大学教授 Altman 提出了 Z – Score 五变量模型更是成为多变量预警模型的代表；我国学者吉力如（2009）整合各主要财务指标如资产负债率、流动比率等建立预警模型风险防范机制，获取预警信息并将其视为规避风险的主要举措。其他学者主要集中于负债经营本身的研究，从理论上论证其杠杆效应并提出相应的解决措施。如张林芝（2010）侧重分析负债经营的利与弊，认为只有适度的负债规模才能为企业带来最好的效益，并控制好负债经营风险；尉喜明等提出负债经营的五项原则，在考虑未来收入的前提下，寻找适合自己的负债结构；杨丽云认为，通过负债经营企业可获得广泛的资金支持，进而提高市场竞争力，但同时需要警惕财务杠杆的负效应；李兰屏指出，随着企业负债率的增加，其偿债压力不容小觑，华玲也认为负债经营可能增加企业的偿债风险。

三 负债经营的优势与风险

（一）负债经营的优势

这里讲的负债经营的优势主要是相对于股权融资而言的。企业之所以热衷于负债经营，其为了获得企业发展、项目扩展所必需的流动资本是要素之一，同时还可以获得负债经营的其他好处。匡海波（2006）就从负债比率、股权比率和利息保障倍数三大偿债能力指标的角度凭借数据计算论述负债经营的好处。一般意义上讲，负债经营通常具有融资速度快的特点，特别是国有企业通过借债方式能够较容易地获得资金，相关的限制性条款较少，有些往往以其政府或商业背景做后盾，以其庞大的资产规模提供可靠担保，其商业信誉度较高，因而融资成本比较低，相关手续、公关费用支出少，这种得天独厚的优越性有助于举债发展增强市场竞争力。而且融资富有弹性，举借银行债务只需要承担到期还款付息的义务，其贷款方对其贷出资金的运用限制性较少，企业可以灵活决策，自主选择借款资金在企业、部门或者具体投资项目上的分配，这些划归企业的现金流由于不受监督而富有较大的弹性。同时，作为一种融资手段，负债经营凭借其杠杆效应有可能使企业面临一定的风险，定期还款付息的特点是事先通过借款合约确定的，这种固定日还款义务是区别于权益分红的最大不同之处，若资金安排不当，项目投资回报率低于利息支付率，就会使企业陷入财务困境，另外，利率的波动、通货膨胀等因素也会对企业的财务支出变动产生影响，产生财务压力。具体而言负债经营的优势可以总结为以下七点：

（1）负债经营可产生财务杠杆效应。根据现代企业会计的处理，对债权人支付的利息费用允许税前扣除，即利息费用作为企业的一笔固定支出与企业盈利水平相关。在企业生产、销售的正常年份，财务杠杆效应会对提高企业经营的资产收益率带来积极影响。张蕊指出负债经营具有"财务杠杆效应"。当财务杠杆效应带来的资本收益率高于负债筹资利率时，权益资本收益率能随资本收益率的增加获得更大程度的增加，此时负债经营能够大幅增加净资产使得可以流向权益投资人的现金流更多。显然，适度的负债经营对于较快提高权益资本收益率、增加投资者权益起着重要的作用，这对于投资者权益保护也是一个积极信号。至于财务杠杆效益究竟是如何发挥作用的，后面将结合具体模型做进一步论述。

（2）负债经营可以降低企业的资金成本。根据资本资产定价模型（CAPM），企业的资本成本由债务资本和权益资本加权得出。对权益资本要求相对较高的必要报酬率而言，负债经营下的企业承担的是定期支付利息并到期还本，除非企业资不抵债破产清算，一般都能到期收回本金和趋向稳定的现金流，对投资者来说投资风险较小，因此要求的投资报酬会低于权益资本的期望报酬率。同时，由于债务利息在税前支付，扣除所得税费用并将相对较低的筹资费用统筹考虑，企业的债务资本成本将会更低。在一定程度内增加负债，提高债务资本的比重，有利于平衡权益资本成本，可以适度降低企业的综合资本成本率，进而优化企业的资本结构。

（3）负债利息具有抵税作用。由于负债利息允许在所得税前扣除，因此利息费用越高，节税额越大，节税效应将越显著。在利润表中负债的利息费用列入财务费用，作为费用支出抵扣营业收入，相比于全部采用自有资金进行经营的企业，负债经营增加了成本费用，利润总额减少，相应的应纳税所得额随之减少，从而减少上缴的所得税，虽然企业并没有收到少缴的这部分税金，但从现金流量的角度看这笔现金流作为企业的现金负流出存在而降低企业税负现金流。节税额的计算公式为：节税额＝利息费用×所得税税率。从整个企业的资金运动来看，节税效益使企业获得的是潜在的利益。

（4）负债经营可以实现较短时间内资金的快速筹集，弥补企业内部资金的不足，有助于增强其经营能力。目前，资金短缺问题严重困扰着我国企业的发展，中小企业融资难、资金短缺的类似案例常诉诸报端，弥补资金短缺是企业采用负债经营的初衷所在。在激烈的市场竞争中，无论是新技术、新产品的研发，还是投资项目的实施，基于这些市场契机的捕捉企业才能更好地生存和发展，而缺乏资金将有可能让企业处于被动而与这些投资机会失之交臂。采取负债经营便于增强企业的研发和投资能力，优先占领市场，以获得较大收益，同时负债经营会使企业承担一定的财务压力，迫使企业注重投资的经济效益，树立资金的时间价值观念。

（5）负债经营有利于企业保持控制权。在企业筹集资金时，以发行股票等方式筹集权益资本，势必会造成权益的稀释性，股权分散会影响到现有股东对企业的控制权，而负债筹资则完全没有这方面的顾虑，在增加企业资金来源的同时不会影响企业的控制权，有利于保持现有股东对企业的控制权。适当地增加负债在资产成本中的比例，使负债的多少与自有资本和偿债能力的要求相适应，不仅有利于保持企业的控制权，也有益于使资本结构更加合理。

（6）负债经营可以减少通货膨胀的损失。在通货膨胀环境下，货币贬值，物价上涨，而企业负债的偿还因事前已通过合约固定，即利率是确定的，仍然以账面价为标准而不考虑通货膨胀的因素，因此企业实际还款的真实价值将低于其所借入款项的真实价值，使企业从货币贬值中获益。而且，随着时间推移，长期债务比例越大将会使企业从通货膨胀中获益更多。

（7）负债经营可以使投资受到有力监督。无论是长短期负债，还是债券发行，债权人经常会限制债务人的资金用途、还款期限等，从偿债压力的角度形成对债务人经营上的约束。这样不仅防止了企业擅自改变资金用途造成的债务风险的加大，而且还杜绝了企业盲目筹资后无项目可做或者因勉强投资带来的过度投资热。

（二）负债经营面临的风险

负债经营正如"带刺的玫瑰"那般，有时也并非只有芳香。负债经营的初衷在于弥补营运现金流，合适的负债经营可以提高企业的价值，但是对负债经营准确度的把握不准也会带来一些负面的影响，极端情况下会加快企业走向倒闭的步伐。车仲春（2013）从公司净资产收益率的角度实证论述了负债经营与财务风险的关系，并得出必须引入优质资产以提高产品自身竞争力和加强公司营运能力，防范财务风险的结论。因此，企业应警惕负债经营对本企业财务风险的影响，进而趋利避害，达到"风正好扬帆"的积极效果，实现企业价值最大化。总的来看，企业的经营风险有下面两点，包括表层影响和深层影响两个方面。首先是表层影响的几点：

（1）无力偿还到期债务的风险。外部资本相对于内部资金具有更大的约束性。对于外部资金的投放，确保投资的按期收回并能够取得预期收益是这种约束性的体现，如果负债经营承担的债务较多，而投资收益远低于预期，那么这笔外部融资无异于"烫手的山芋"，几乎任何企业都会为无力偿付到期债务这一棘手的问题而费力伤神，因为这种财务风险的传导机制首先始于资金压力，即导致企业的资金紧张，进而财务风险外溢，引起外部利益相关者的担忧，进而影响到企业的信誉，债务问题严重有可能给企业造成资不抵债，直至破产清算。负债经营对企业的财务风险的实质在于盈利水平的保证。当企业盈利水平下降，低于预期也即负债资金要求的最低保证时，此时借入资金获得的利润无法涵盖全部利息费用，为履行按期付息义务企业必须启用自有资金，从而拉低自有资金利润率，如果企业息税前利润还不够支付利息，此时企业的财务风险将会更大。

（2）财务杠杆的负效应。在探讨负债经营的优势时，曾指出合理的负债经营可以发挥财务杠杆的正效应，有利于快速增加投资者权益，但财务杠杆这把"双刃剑"的作用具有两面性。尤其是当企业全部资产收益低于负债经营借入资本的平均成本时，财务杠杆将会向着不利的那方倾斜。当借入资本所获利润不足以支付借款利息，借款利息还需要用权益资本所获得利润抵补时，使企业净收益和股东收益双双受损。财务杠杆运用不慎便会导致其财务杠杆产生负效应，它是相对于其正效应而言的，最直接的反映便是企业普通股每股收益大幅度降低。而减少的那部分权益资本正是企业用来弥补偿债资金的不足。值得注意的是，普通股收益的拉低是对投资者权益的侵蚀，是对投资者权益直接利益侵害的表现之一。

（3）增加了经营成本，影响资金周转。企业负债经营必须按期支付本息，尤其是较为固定的利息费用一方面直接增加了企业的经营成本，另一方面如果还款期限比较集中，短期内要求企业筹集巨额资金还债，会使企业面临空前财务压力，从资本流动的角度看，对企业资金的周转的影响也不可忽视。

（4）负债经营对收益率和权益资本利润率的"双低"效应。提高企业的收益率是企业负债经营的目标，最终达到权益利润的最大化，提高权益资本利润率。当企业息税前资本利润率大于负债利率时，负债比例越高，权益资本利润率就越高，经济效益就越好，这是一种理想的负债经营模式，而当企业处于经济发展的低潮或其他原因带来的经营困境时，则往往会出现事与愿违的情况，由于固定数额的利息负担不受企业经营效益好坏的影响，所以在企业资本收益率下降时，财务杠杆的负效应也会驱使权益资本收益率以更快的速度下降，形成收益率和权益资本利润率"双低"的不利后果。

（5）利率变动的风险。负债经营与市场利率的变动关系密切。处于市场中的利率波动性与企业负债利率的"合约性"是不相匹配的。在负债经营期间，如果市场利率下降，而依据借款合同企业按照事先约定的利率支付利息，合同利率高于市场利率，利息的增加将会增加企业的资金成本，降低企业的价值。因此，在筹集资金时，企业会面临着市场利率的变动对企业带来的风险。市场利率变动的因素有很多，包括国家政策、财政政策和货币政策的组合效应、通货膨胀及市场汇率的波动等，显然利率的变动不受某个单一企业控制，但利率的变动却会令企业的生产环境发生变化。简言之，企业借助负债经营必然需要承受利率变动的风险，这也是财务风险和财务压力的组成之一。

（6）再筹资风险。企业资产负债率增加必然会降低企业对债权人利益的保障程度，此时债权人要求的风险报酬率会提高，因为根据风险与收益对等的原理，债权人会要求企业提供更高的投资回报率来覆盖可能因承担更高风险而造成的损失。对于企业的再筹资而言，就意味着需要支付更高的债务利息。这将在很大程度上限制企业从其他渠道增加负债筹资的能力，未来筹资成本的增加无疑加大了企业再筹资的难度，因此负债经营降低了企业再筹资能力，产生再筹资风险。

（7）企业资金链断裂的风险。企业持续的经营需要资金的不断补充，在内部自由资金不足的情形下，便会产生外部融资甚至再融资需求。而在目前国内融资渠道单一的金融结构体制下，企业负债经营所依赖的融资缺乏有效整合，尤其是对于企业集团来说，任何银行追收到期贷款都可能因为支付问题而导致企业整个集团对银行的交叉违约，进而对所有债权银行的违约，最终导致了资金链的全面断裂。若整个链条断裂，可能造成连锁反应并形成重大财务金融危机。

（8）负债比率过高，可导致股票市场价格下跌。就上市公司来看，当资产负债率超过允许范围，负债比率越高，股票风险越大，其市场价格也必然随着下降，通过股市的风险传导进而对公司运营环境的财务压力产生不利影响。股票价格的下跌会使公司的股票投资者利益受损，尤其是对那些新进入者权益损害极大。

　　除了以上几点表层原因之外，其负债经营也会对企业产生如下两点深层次影响。

　　（1）增大了企业的财务压力。持续增长的负债最终会酿成财务危机。负债增加企业的财务压力，因为本金和利息的支付是企业必须承担的合同义务，如果企业无法偿还，则会面临财务危机，而财务危机会增加企业的费用，减少企业所创造的现金流量，对于财务危机的爆发企业所承担的损失则远超其先前还本付息的压力。尤其是在企业破产清算时，其资产所有权将让渡给债权人，在此过程中还会发生相关的诉讼费、管理费、律师费和顾问费等，而这些只是直接成本。在企业高负债经营期间，其管理层面临的财务压力也会增加更多的额外费用。例如，由于客户对企业负债的生产能力提出质疑，最终放弃使用该企业的产品，使得企业产品或服务销售不畅；供应商可能会拒绝向企业提供商业信用，企业因财务困境而造成优秀人才的流失等所有这些成本虽然没有表现为企业直接的现金支出，但给企业带来的负面影响是巨大的，并且随着企业负债额的增加，这种影响会越来越显著，各种不利因素的共同作用都有可能导致企业最终走向分崩离析。

　　（2）过度负债会引起管理层、股东和债权人之间的代理冲突。股东利益不受损害的一个前提条件是企业的风险可控，即投资报酬率能够达到投资者预期。而在现实的经济营运下，大股东及其管理层往往喜欢投资于高风险的项目。因为一旦项目成功，债权人获得的只是固定的利息和本金，剩余的高额收益均归股东所有，于是就实现了财富由债权人向股东的转移；但是，如果高风险项目失败，其损失将由股东和债权人共同承担，且有时债权人的损失要远远大于股东的损失，从这个层面上讲，负债经营更可能是债权人和股东、管理层之间的"风险博弈"。武雪（2013）研究认为债权人和债务人之间的委托—代理关系会产生"剩余损益"，使得融资企业价值下降，而企业为了追求更大利润，有可能会违背债务合约，将资金用于高风险和高收益的投资项目。另外，当企业发行新的债券，会造成原债券真实价值的下降，也会损害原债权人的利益，而债权人为保护自己的利益，通常会要求在借款协议中写入保证条款来限制企业增加高风险的投资机会，同时为了防止发行新债，债权人也会在契约中加入回售条款等约束性条件，这样就又反过来限制了企业的正常投资和融资，影响企业投资决策，有可能会给企业带来潜在损失。尽管负债经营是增加利润、增加投资者权益的有力工具之一，但它同时也加深了股东、管理层和债权人之间的代理冲突。管理层或大股东违背债权人意愿投资高风险项目，会对中小投资者、债权人乃至股东本身造成不利后果，管理层或大股东与中小投资者代理冲突、管理层与债权人之间的冲突，这是两种类型的代理冲突，企业这两种代理冲突而产生的代理成本的净值总是存在的，由此使企业价值减少。

（三）负债经营的风险防范

负债经营作为企业外部资金的注入可以说是给企业的迅速发展打了一针强心剂，财务杠杆的一端是收益的成倍增大，而另一端则是风险的成倍放大，俗话说，"好借好还"，负债资金只是企业做大做强的一个渠道，而负债资金在其使命完成之后最终将流出企业，那么如何确保企业可以按时还本付息，这涉及企业的财务管理问题。负债经营让企业背负了到期还本付息的偿债压力，这是企业的财务风险所在，如何防范财务风险以竭力避免财务危机的发生，长期以来学术界的研究主要集中在定量分析和定性分析方面，所谓定性分析是从各个不同的角度出发给出防范财务风险的措施，而定量分析则是探讨建立一整套财务风险预警模型，给出风险区域划分进而依据财务状态触发相应预警。前面论述了我国企业资产负债率偏高以及国有企业的高负债经营成因，从定性的角度看，防范财务风险应该"对症下药"。于波（2005）认为，要从根本上解决我国高负债的问题，就必须完善企业运行机制和影响企业负债形式的其他经济运行机制，他同时建议首先从改革国有企业组织结构形式逐步达到完善企业治理机制的目的；尉喜明、王秀芬等则提出负债经营应遵守坚持效益性、平等信用等五项原则。我们认为应该从以下几个方面加以防范：

（1）树立风险意识，建立风险防范机制。企业治理层应树立风险防范意识，尤其是对企业面临的财务风险和经营风险做出预测和防范，以便及时调整企业财务策略和经营策略，规避风险。财务决策尤其是对外融资应该依照企业的生产经营能力和偿债能力统筹决策，避免盲目负债等财务决策失误而导致的财务危机。立足于市场经济体制下的我国企业是自主经营、自负盈亏的生产者和经营者，必须独立承担风险。因此，企业必须树立风险意识，建立风险防范机制，正确认识风险，当因内外部环境的变化而造成实际经营结果与预期效益偏离较大时，能够准确评估财务风险，努力做到风险可控。

（2）加强营运资金管理，保证现金流充足。营运能力最能体现一个企业的经营管理水平，企业需要通过营运资金管理盘活企业资金，保持现金流的稳定持续，这也是对负债企业的本息偿还的保障。企业对于所借入的资金投资方向不同，也会导致其收益水平和回收时间的差异，例如企业对于借入资金可以用于企业固定资产投资，也可以用于企业日常经营周转。在进行长期投资决策时，可以运用净现值法估算出投资项目的内含报酬率以便于利息率和预期收益率等比照分析，决定投资项目的取舍，在评价项目投资的可行性时，财务上也提供了净现值法与现值指数结合等便于权衡比较。另外，对企业所处经营环境的准确把握也是对企业营运能力的一大考验。经济社会的发展存在一定波动性的规律，企业应科学研判市场行情结合企业、行业发展阶段做出最有利于企业的经营决策，例如在整个行业处于上升阶段，企业应抓住机会加大投入，而预测结果表明未来通货膨胀较为严重，生产成本有可能增加时，企业便需要及时制定相应措施，修正投资及经营方案，使之平稳发展。最后，企业应提高资产变现能力，加强对应收账款的管理和催收力度，加速资金回笼和周转，尽量减少呆坏账。这是为了保证现金流以满足正常运营和应付突发事件的需要，并提高资金管理水准，确保资金的流动性和安全性，进而控制负债经营的风险。

（3）优化资本结构，确保负债比例合理。企业自身资本结构的确立需要考虑其风险承受能力。负债过度会使企业面临巨大偿债风险，而负债过低又容易造成企业的资金总额不足难以达到预期经营效果。因此，企业对自有资金与债务资金的权衡将是提高综合资金使用效率最佳的关键，理想的财务结构应当是综合资金成本最低，财务杠杆效益高，财务风险适度。王建华（2004）认为，当边际负债节税利益等于边际破产成本时所确定的负债比例最佳。优化资本结构，首先应当确定合理的负债比例，使负债水平始终保持在一个合理的水平上，不能超过自身的承受能力，否则应发出财务预警；其次在实际经营过程中不断加强对负债结构的优化，在现金流波动的前提下，确定负债到期结构应保持在安全边际。

（4）外部融资的多元化。随着我国金融市场的逐步发展，外部融资的多元化有助于分散筹资、避免企业过度依赖银行借款带来的偿债风险。目前银行贷款仍然是企业主要的筹资方式，但随着近年来国家宏观调控力度不断加大、贷款利率的一路攀升等限制性因素使得企业贷款难度有所增加，特别是中小企业融资难的问题比较突出。因此，企业还可以通过发行企业债券、商业信用以及借入外资等方式筹集短期资金，优化财务结构。

（5）根据利率走势，做出筹资安排。负债经营会使企业承担定期还款付息的义务，其中利息费用的多少是以当期利率计量的。而市场利率总是处在不断的变换之中，利率水平的变动对企业筹资决策影响深远。在利率水平较高时期，企业尽量少筹资或只筹集急需的短期资金，或者采用浮动利率的计息方式用以规避利率下跌产生的不利影响；而在利率处于低水平时，筹资则较为有利，企业采用固定利率计息且时间越长对企业越有利。在预测利率变动的同时采用不同的筹资策略，有利于更好地防范筹资风险。

（6）建立财务监控和预警体系。财务预警是一个风险控制系统，它是以企业的财务报表、经营计划及其他相关会计资料为依据的，对企业的资产、负债情况等进行分析预测，以发现企业在经营管理活动中潜在的经营风险和财务风险，并在危机发生之前向企业经营者发出警告，督促企业管理当局采取有效的措施，寻找导致财务状况恶化的原因，防患于未然，起到未雨绸缪的作用。陈炜（2005）从财务角度对负债模型进行分析，认为应该用以流动性为中心的风险观来设计一套多角度、多层次地反映负债经营风险的指标体系，建立完善的债务预警系统，有助于企业谨慎使用债务融资，努力降低企业债务负担，保证企业盈利能力不断增长，最大限度地实现企业的经济效益。企业应建立有效的财务监控体系，加强对公司债务、资产、投资回收、现金回流和资产增值等方面的财务管理与监督，企业尤其要重视预算管理，通过预算管理对投资总量、负债水平、资产状况进行控制，并对未来重大项目的融资投资及大笔债务的还本付息等做出统筹安排。

企业应当正确认识负债筹资风险，掌握负债经营风险的防范措施，使企业既可以获得负债经营带来的财务杠杆收益，又可以将风险降到最低程度，使负债经营更有利于提高企业的经营效益，增强企业市场竞争力。

负债经营理论主要涉及企业的外部筹资问题，债务资本和内部权益资本共同构成企业的资本结构，是企业财务决策的核心内容。一方面企业期望引入成本较低的借款实现更好发展，获取更大收益，投资者也得以从企业税后收益中分取更高投资收益；而另一方面如果企业负债过多而经营未达到预期效果，则固定利息的偿付必定会对投资者权益产生稀释作用，影响投资者权益，到期还本付息的硬性约束也会增加企业的财务压力，进而对投资者权益产生不利影响，而这种财务杠杆带来的"规模效应"正是企业和众多投资者所面临的财务风险，由于投资者权益的核心正是财务权益，因此本章从负债经营的角度研究其对投资者权益的影响意义正在于此。

四 负债经营与投资者财务权益保护的内在联系

从前面的财务权益保护模型我们发现，对于负债经营和投资者权益保护的相关性并没有专门论述，对于投资者保护因素的分析，负债经营涵盖在企业的整体财务指标中，而没有单独反映，我们认为负债经营作为企业最重要的融资渠道之一在于其对公司的财务影响占据主导地位，其基于投资者权益保护的影响是通过财务压力这一传导机制形成的。因此本节将围绕财务压力对负债经营与投资者权益保护的关系展开初步研究，揭示其中的内在变动关系。

1. 负债经营对企业筹资的影响

负债经营对投资者权益保护的影响是通过财务压力来传导的，而财务压力正如一座桥梁，负债经营正是通过这座桥梁对投资者权益保护产生联动作用的，我们还认为，财务压力的这种传导机制分为直接传导机制和间接传导机制。所谓直接传导机制是指企业的负债经营直接对投资者权益发生作用并且这种影响程度是重大的，它有很大可能会造成投资者权益受损，诸如企业运营的资金链面临断裂的风险，此时企业在顶着负债经营过度而造成财务状况急剧恶化的压力下可能选择以较低价格变卖资产等手段用以偿债，资不抵债时企业将会面临破产清算。这些都将严重削弱投资者利益，使其权益受损。而间接传导机制对投资者保护的影响则没有那么显著，更多地表现为间接性和隐蔽性，例如企业通过借入一笔资金承担一定的财务风险，而经营效益并不理想，为了隐藏各种财务风险，缓解企业自身的财务压力，企业可能选择虚假披露、操纵利润等手段粉饰业绩，以便获得稳定融资和吸引投资者，而这些因素对于投资者权益保护的影响是有限的或非重大的，企业大体能保持稳定增长，一般短期内不会使投资者权益受损，但是长此以往必将对投资者权益产生不利影响。这里我们将这种非直接性的、短期内对投资者收益影响不显著的传导机制称为间接传导机制，必须指出的是，我们在这里对于直接传导机制和间接传导机制的划分只是做定性描述，这两种传导机制的划分并不存在严格的界限，在一定条件下，两种传导机制也会相互转化，诸如当企业虚假披露等违法行为遭到证监会查处，其严重的财务状况随之曝光而引起市场恐慌，股价下跌，企业濒临破产，此时投资者权益遭到严重损害，由此其传导机制对投资者权益的影响将是直接的、显著的。

前文指出，收益权应当是投资者最根本和核心的权益，而收益权的保证来自于企业持续的现金流入也就是通常意义上讲的净利润，虽然投资者获得收益还取决于企业的股利政策、盈余管理等因素，但持续的净现金流才是投资者权益的根本保障；而负债经营直接影响到企业的经营成果，负债会对企业的财务状况施加压力，进而对投资者权益产生影响。诚然影响投资者权益的因素很多，但以往学者对于投资者权益的研究多集中于管理层的违规行为以及与证券市场相关的制度、人员等表层因素，而忽视内部财务对于投资者权益保护的深刻影响，一些用以描述投资者权益保护指数的模型虽然考虑了公司财务因素，但并没有进一步突出体现公司财务因素尤其是负债对投资者权益保护的影响。本章的创新之处在于利用负债经营的财务杠杆因素，通过负债传导的财务压力系统分析其与投资者权益保护之间的联动关系，以便于从企业财务的角度深入思考探索保护投资者权益的思维和方法。

2. 负债经营与投资者权益保护联动相关性设想

前文谈到负债经营与投资者权益保护之间的影响是通过财务压力实现的，负债经营增加了企业的偿债压力，资产负债率和利息保障倍数反映了这种负债水平，另外，负债经营还会产生节税效应，三者共同构成企业层面的负债经营水平，负债经营的资金使用效率直接作用于企业的净利润增长，净利润增长率将会影响企业财务压力并通过财务压力的传导作用对投资者权益保护产生影响，而从企业内部收益主体的角度看，投资者权益保护可细分为企业价值、股东权益和中小投资者权益，因而负债经营与投资者权益保护之间的关系可以用图9-1表示。

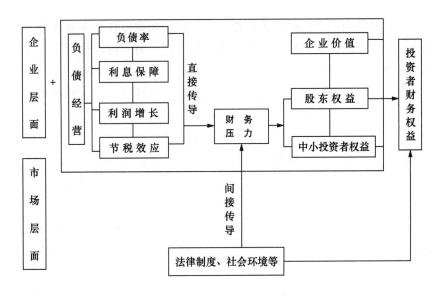

图 9 – 1　负债经营与投资者财务权益保护关系

　　负债经营是影响企业财务水平的重要因素之一，与负债经营相关的衡量指标有资产负债率、息税前利息保障倍数和节税效应等，事实上当前国内学者对负债经营动态预警模型的建立正是基于这些基本的财务指标，但这里有一个缺陷就是这些财务指标各自从不同的角度评估负债经营水平，即度量不统一，能不能将这些有密切关系的指标通过一定的处理方法统合反映负债经营水平，设计一套负债经营指数用来统计企业的负债经营水平。为使其具有代表性，这套指数应涵盖大部分与负债有关的财务信息，权且称为负债经营指数。对于投资者权益保护，由于涉及的内容广泛、行业内部差异大以及市场主体复杂等特征，目前缺乏有效的衡量方法，当前较为理想的成果是从局域量化分析投资者权益保护，如孙诚（2009）通过模型研究了股利政策和投资者权益保护的关系，利用 BT 人工神经网络构建了基于投资者保护的股利政策识别模型；段华友（2012）盈余质量指数解释与投资者权益保护的关系等。目前较有代表性的是北京工商大学 2011 年推出的会计投资者保护指数，这样两套评价体系有了各自的指数代表以后就可以通过建立模型量化分析的方式研究二者指数之间的关系了。

　　3. 负债经营对投资者权益保护的影响

　　负债经营主要是通过财务压力的传导机制对投资者权益发生作用

的，而依据其对投资者权益重要性和影响程度将其分为直接传导机制和间接传导机制，因此负债经营也是通过这两条路径对投资者权益产生影响的。具体我们在此总结了以下六种影响。

（1）债务负荷过重使得企业偏向于虚假披露。任何企业所能承受的负债数额是有限度的，与之相对的财务压力应该在企业可承受范围内，当企业背负脱离自身实际债务时，有可能导致公司财务状况恶化，企业往往为掩盖这种财务状况更倾向于作出虚假披露，部分学者研究发现，企业的虚假披露包括故意隐瞒、不报或虚假错报等重要因素，而使外部投资者再以虚假信息做出错误的投资决策，致使投资者权益遭受侵害。

（2）代理冲突会增加企业费用。在两权分离下的现代企业，管理层代行经营职责，众多中小股东并不直接参与公司治理，在道德风险和逆向选择上容易产生股东和管理层的代理冲突，管理层对风险的偏好将对其筹资决策产生影响，从而做出激进型或保守型筹资决策，其财务方案有可能与股东价值取向背道而驰，进而损害股东权益。张芳芳（2006）指出，这种代理冲突会增加企业费用，对投资者权益产生不利影响。

（3）负债费用偏高会影响投资者收益。企业举债会发生与之相关的手续费、佣金等，这会减少企业利润，一直以来，债务融资的费用比较高，我国债务融资费用平均为融资额的2.5%，融资费用直接影响到企业的财务支出，在举债数额大的情形下手续费也会形成一定的财务压力。长期以来，一直存在企业大股东、管理层对中小投资者权益的漠视，在利益驱动的高额负债行为下，负债费用势必削弱投资者权益。

（4）资金链风险会使投资者权益受损。负债经营是一种现代经营模式，企业通过银行借款、发行债券等方式举债获得资金投入企业的生产运营，为了保证这种生产的连续性，企业必须获得源源不断的资金流投入生产运营中，这些资金流构成企业的资金链。而一旦企业财务管理失调并导致财务状况恶化时，将会对企业的运营产生连锁反应，财务风险将最终蔓延到企业实体环节，对生产与流通环节产生不利影响。首先，增加了企业再融资的难度，作为外部融资的负债债权人会对经营效益差的企业设置更多的门槛和苛刻的条件，使企业外部筹资渠道困难重重；其次，作为内部的投资者股东而言对于企业风险的溢出必然伴随着股价的下跌，甚至会引发市场恐慌造成抛售。由于企业因财务状况恶化而很难获得维系企业生存的资金支持，在财务压力的驱动导向下，企业往往被迫以较低的价格变卖企业的资产，这显然对投资者权益构成威胁，而当这种恶性循环得不到改善时，处于风雨飘摇中的企业濒临破产清算，此时众多投资者手中持有的公司股票将一文不值，这是负债经营可能给企业带来的恶性循环结果，源于企业资金管理不善或承担的负债压力过大，从而使投资者权益遭到破坏。

（5）负债经营可能会造成股利政策的不稳定性。股利作为投资者获得的一种投资回报，直接对投资者权益产生影响。但同时股利政策作为企业管理层的利润分配方案，本身具有很大的随意性，而在企业负债经营的背景下，偿债压力因素会被统筹到企业财务管理中加以考虑，影响最终的股利分红政策。负债经营对企业股利政策的影响体现在其不具有连续性，因为负债经营承担的定期还款付息义务本身会造成企业利润流的不稳定。

我国企业股利政策对投资者权益的损害主要表现为两个方面，即不分红或微利式分红以及"掏空"式分红对投资者权益的影响。出于维护公司控制权和保持公司每股收益稳定增长的考虑，西方发达国家的上市公司主要采用现金股利而很少采用股票股利形式。而在我国，上市公司"一股独大"的股权结构，使公司没有必要担心企业控制权问题，其高度关注的是实现股本扩张，以便为将来的再筹资创造有利条件。因此，许多上市公司选择了不分配的股利政策，这也构成中国上市公司股利政策的一大特色。由于目前证监会并没有对上市公司分红的比例及回报率方面做出明确的规定，这就使得有些上市公司纯粹是为了不违反证监会的规定而分配极少的现金股利，给投资者微薄的回报，有些上市公司的股利投资回报率甚至低于同期银行存款利率，远远补偿不了股东投资的货币时间价值。

获取股利是股东投资的主要目的。股利分配的标准，应当遵循股份平等的原则，根据各股东的持股类别和持股比例而为之。在存在控股股东的公司中，大股东占据着极大份额，控股股东往往采取有利于自己的分配方式和分配时机。由于股东持股份额悬殊以及我国证券市场 IPO 阶段同股不同价的特殊背景，坚持同股同权、同股同利的原则，分配结果却未必公平。在 2002 年中国的上市公司中，超能力派现或恶性分红时有发生，曾引起人们的广泛关注，以我国2008—2010年上市公司为例，超能力派现公司分别有 120 家、78 家、118 家，占平均公司总数的 25%。这其中部分上市公司经营利润甚至为负，部分公司超额分红派现甚至将再融资所得现金作为红利分配，这样的借钱分红，无疑是以牺牲公司整体利益和长远利益为代价来满足控股股东对私利的追求，这同时也直接损害了中小投资者的利益。

（6）负债经营会对企业盈余管理产生影响。西方学者认为盈余管理的主要目的是获取某些私人利益，同时部分学者研究指出盈余管理实质上背离了中立性原则，容易造成对外财务报告有所偏重、有所倚靠。盈余管理的出发点在局部利益、部分利益或某些人的利益，它无疑会损害公众利益，会对投资者权益造成不利影响，J. Demski 的研究表明代理人可以通过盈余管理来传达其拥有的高超管理技能，而实际上这些代理人可能并不具备会计报告盈利中所代表的管理技能。盈余管理的主体是企业管理当局，站在管理者的角度，盈余管理的目的是让管理层获得更多的私人利益，如经理的分红、认股权以及晋升机会等。在许多新闻报道和研究文献中，我们常常看到的盈余管理的受害者一般都是股东、低层的雇员，甚至包括政府。阿亚等（Arya A.，Glover J.，S. Sunder）则发现盈余管理限制了委托人解雇代理人的倾向，还可以减少委托人对于代理人正常工作的干预。股东缺少对管理层负债经营和盈余管理的约束和监督，将会使管理层在财务决策中容易做出偏向于自己的利益方案，剥蚀投资者权益，并且盈余管理对每一个盈余管理的参与者来说也不是利益均沾的。当然，盈余管理有时也照顾某些股东的利益。

五　结论与建议

负债经营作为现代企业重要的经营手段和经营模式，通过财务压力的传导作用对企业管理层的决策施加影响，这些决策有可能对投资者权益保护产生不利影响，而这些影响既有财务权益的直接损害，亦有通过对股东权益产生的不利影响进而对投资者权益保护构成威胁。这些直接或非直接因素互相交织在一起构成对投资者权益保护的重要方面。投资者权益本身是一个包罗万象的概念，从负债经营的角度出发，将其对企业内部经营管理等各方面影响与外部股东权益有机结合，有效反映了财务权益这一投资者的核心权益，同时也可以作为一个对投资者权益新的研究视角，进而更好地完善投资者权益保护理论，为投资者权益保护在实践中遇到的问题提供可行性建议。负债经营对投资者权益保护的重要意义体现在综合考虑了负债经营和投资者权益保护的诸多关键要素，无论是在定性评估还是在定量分析方面都具有很好的代表性，另一方面集中围绕负债经营这一核心要素分析对投资者权益保护的影响，避免因专业知识不全和内容涵盖庞杂造成研究混乱而无法准确解释二者之间的联动关系。

负债经营成为我国企业一种经营模式以后，受到企业极大欢迎，同时负债经营对企业整个生产流程、产品销售、财务管理等都会产生很深的关联性，可以说负债经营不仅对企业财务活动有影响，而且贯穿于企业整个流程活动乃至整个市场运作，而投资者权益近年来不断遭受侵蚀的事实也引起人们对企业管理的广泛关注，通过财务权益自然很容易将负债经营与投资者权益结合研究其内在变动关系会对投资者权益保护产生何种影响。期待着学术界能研究出更好的风险预测模型以实现对负债经营的动态监测评估，进而将其反馈到投资者权益保护中，以此来判断我国企业投资者权益保护程度，为投资者权益保护提供有益借鉴。

负债经营通过其企业的财务压力可能对投资者权益造成种种破坏，但这种关系及其发生形式是复杂的，负债经营对投资者的影响具有双面性，适度的负债经营可为投资者赚取更大利润，例如负债经营的节税效应可以抵减企业现金流出，企业利用负债经营实现生产扩大，实现利润最大化，在资金取得时间、股东投入资本一定的情况下，利润最大化也即股东权益最大化。那么，如何在负债经营的基础上实现对投资者权益的保护呢？综合相关研究，我们总结并整理了下述应对措施：

（1）优化负债结构，发挥财务杠杆正效应。负债经营是企业财务结构的重要组成部分，负债经营的初衷是为了筹集发展资金，作为一种杠杆效应负债经营运用得当会带给企业更多的收益，继而通过净利润和分红的增加使投资者权益得到保障；优化负债结构即倡导保持债务融资和权益融资结构的稳健性和协调性，依据企业经营需求、财务能力选择最有利于企业自身的负债数额，而不是冒险或激进的举债。严格控制举债规模，保持财务的稳健才有助于保护投资者权益。

（2）建立风险预警机制，防止财务风险。财务风险往往具有隐蔽性且不易被察觉，同时又具有破坏性强的特点，类似于融资等举债行为对企业财务风险的影响更应谨慎对待。对于一个企业而言，财务压力过大并不利于投资者权益保护，一些基于普通财务指标建立起来的风险预警在某种程度上有利于企业及时对财务风险做出评估，一方面有利于保证财务效益的良好，另一方面盈利的稳定也从根本上保证了投资者的财务权益。

（3）制定稳定的股利分红政策。前面论述了我国上市公司当前存在的两种极端分红现象，无论是扮演"铁公鸡"形象的微式分红还是貌似慷慨的"掏空式"分红对投资者权益都是有害的。在负债经营的年份尤其应注意分红政策的稳定性，负债经营对企业利润的影响很大，特别是高负债下的偿本付息容易造成年终经营利润不稳定，对分红政策也会产生很大影响。不分红或者微式分红会使投资者收益权大幅缩水，而"掏空"式分红又会造成大股东变相占有中小投资者权益的情况。企业应尽量规避负债经营所造成营业利润的波动，同时制定稳定可行的分红政策回报投资者，实现企业利益和投资者权益保护的双赢。

（4）加强对企业盈余管理的监督。上面讨论了负债经营可能给企业盈余管理带来的影响，盈余管理的立足点在私人利益，其目的往往是维护管理层利益，加强对企业盈余管理的监督，使盈余管理能够兼顾管理层和投资者权益显得尤为重要，局部利益的过度倾斜对投资者的伤害很深，最终也将会危及企业自身和管理层利益。我们认为企业应该建立全新的盈余管理模式，协调负债经营和投资者利益之间的关系，提高盈余管理的水平，降低代理成本，实现投资者权益保护。

第十章 股份出售、股利分配与投资者财务权益保护

一 引言

投资者购买一家上市公司的股票,其目的是为了获利,而获利的最终手段只能是变现,变现的各种方式对应着投资者的退出方式,或者称之为退出途径。股票市场的一个重要功能就是为发起人、投资者等提供了退出途径。变现的方式一般有以下几类:

(1)出售所持股份。这是最常见的变现方式,股票市场就是股票交易的场所,买卖双方可以低成本达成交易。随着市场的不断发展,券商之间的竞争越来越激烈,低技术含量的交易过户等项目收费越来越低,变现成本越来越低。

(2)股权现金流。包括股利分配、股份回购及现金选择权。近年来,管理层对股利政策越来越重视,有相当一部分上市公司股利政策很稳定,为投资者提供稳定并且可观的分红。当上市公司的股价过低时,有时会采取回购股份并注销的方式来提高股价,投资者将股份回售给上市公司,取得现金。对上市公司进行要约收购时,一般会对中小股东提供现金选择权。异议股东可以将股份以高于市场价的约定价格出售给收购方。本章以 A 股市场为背景,拟对以上几种退出途径进行比较与分析,从投资者保护的角度展开研究。

二 文献综述

关于股利分配对投资者的保护,我国学者有截然不同的观点:

1. 现金股利有利于投资者保护

吕长江、周县华(2005)用事件研究法和主成分分析法等方法对公司治理机制和股利支付的关系进行了研究,发现公司高管薪酬、董事长和监事长持股比例与公司发放的现金股利数额显著正相关。

李增泉、任强(2003)发现所有权结构有利于保护中小投资者权

益的程度与上市公司派发现金股利数额显著正相关。

征丽晶（2012）以全流通为背景将 A 股上市公司的现金股利支付率与股东权益保护指数进行回归，揭示了全流通后现金股利政策同投资者权益保护之间的关系，证明了代理理论客观上起到了保护股东权益的作用。

2. 现金股利不利于投资者保护

在我国由于存在着非流通股（法人股、国家股、内部职工股）和流通股，同股同权、同股同价并没有完全实现，非流通股不能上市交易，而在股改之前非流通股占总股份数比例大，使得大股东监督经理人的回报只能通过现金股利实现，不能通过获得股价上涨的资本利得实现。在理性经济人假设下大股东会利用自己的控制权来谋取控制权私人收益，其中就包括发放大额现金股利，以此作为监督经理人的回报，同时这也是"搭便车"的中小股东的成本。我国学者一系列的实证研究证明了"掏空理论"。

陈信元、陈东华、时旭（2003）运用事件分析法研究了资本市场对于佛山照明高派现的反应，发现累计超额收益率 T 检验并不显著。也就是说，资本市场不认为该行为提高了股东价值，保护了股东的利益，而更像是掏空公司的行为。

张阳（2003）从股东结构角度入手研究了 2001 年北京用友公司高派现政策，发现占总股本数 75%、出资额为 7500 万元的法人股股东在此次股利支付中收益率为 53.57%；占股本数 25%、出资额 91700 万元的流通股股东收益率仅为 1.64%，证明了掏空理论。

周县华、吕长江（2003）研究了驰宏锌锗 2007 年每 10 股送 10 股派发现金股利 30 元的超高股利政策，从公司投资状况、现金流情况、市场反应、股东大会决议形成的文件四个方面，同时发现该次分配严重侵害了中小股东的利益，成为实现大股东控制权收益的工具。

刘峰、贺建刚、魏明海（2004）研究 1998—2003 年五粮液股利政策，发现股利发放和其他五粮液股份有限公司与母公司之间的现金往来方式（包括商标标识使用费、资产往来、产品往来）一样，是向母公司输送利益的方式。

3. 其他研究

孙莉、王新蕾（2012）指出，投资者拥有对金融资产的产权，经

济收益权必然是该产权的重要内容，而股息是实现其经济收益权的重要
手段。股息的实施从动力来源可以分为三个层面：一是自我实施，即公
司主动派发股息；二是第三方非强制实施，主要表现为交易所、证监会
等部门出台各种措施鼓励分红；三是国家强制实施，即硬性规定公司的
最低分红水平。在转轨经济体中，由于各种激励措施不完善、公司缺乏
自我实施的激励，强制性股息有利于降低证券市场的同向性、促进股票
合理定价、增强公司信息披露的真实性、促进证券市场的资源配置
功能。

王信（2002）根据代理理论分析了 A 股、H 股的派现行为，发现
A 股派现水平显著低于 H 股。作者将原因归结为两个方面：一是派现
水平与股权结构相关，当国有股占比较高时，中小股东无法对内部人形
成有效制约，导致派现水平偏低；二是法制环境不完善，内幕交易泛
滥，中小股东无心等待股息收益，陷入博短差的负和游戏当中。笔者认
为，应出台有关股利政策的指导性文件，但长远之计应是完善上市公司
治理结构、强化股东保护的法制建设。

申嫦娥（2009）指出，现行税法对法人投资者与自然人投资者的
征税方向是相反的，法人投资者的股息红利所得免税，资本利得全额应
税；自然人投资者资本利得免税，而股息红利全额应税。上市公司的控
股股东多为机构法人，中小投资者多为自然人，导致在税法层面人为设
置了一道利益冲突。为了避免利益冲突，笔者建议对法人的资本利得税
按持股时间长短分区间征收；对自然人的股息红利税免征，重复课税问
题可以有效避免。

孔德兰、许辉（2011）按现金股利和自由现金流量的大小关系，
将现金股利政策分为高、中、低三类，分析结论表明，适中的股利政策
将有利于股东财富最大化。文中将自由现金流定义为满足公司正常发展
的需要，并且已经没有净现值为正的项目，在这种情况下，只有按自由
现金流分配，才能使公司既无多余现金，也不至于再融资。由于对自由
现金流的定义比较理论化，该文仅进行了理论推导，没有实证分析。

刘银国、张琛、阮素梅（2014）将证监会发布的分红指引视为半
强制性分红约束，并指出在此约束下现金股利的发放可以有效抑制过度
投资的水平，但仅对高负债率企业、高成长性企业及非国有企业有抑制
作用。对于有融资需求的企业，增加了企业的负担，从长远看，反而降

低了企业的价值，综合来看，半强制性分红政策未起到明显的效果。分
红政策应当与公司长远发展、保护投资者利益结合起来，监管层应根据
企业不同情况，制定差异化的分红政策。

栗立钟、黄同鹤（2014）指出，股利政策具有间接或直接定价功
能，股利支付多少与公司股价高低之间显著正相关，同时股利政策还能
提高公司会计盈余对公司股价的解释力度，当企业有较高的代理风险
时，可以通过现金股利的支付来降低，提高了市场对企业的重新估值，
上市公司应增加股利支付的频率和现金分红政策的披露，投资者应高度
重视分红政策。

综上所述，国内研究者总体认为现金分红通过降低代理成本、提高
会计盈余可靠性、维持股价等多种渠道保护了中小投资者的财务权益，
但对是否应强制分红，并未得出完全一致的结论。

三　出售股份

表面上看，出售股份是最简单的退出途径，但实际情况却要复杂得
多，它并不是一个非常有保障的退出途径，尤其是在市场无效的情况
下。为了说明这个问题，首先，我们要厘清一些基本概念；其次，说明
其为什么是没有保障的，或者需要满足哪些条件，卖出股份才能成为有
保障的退出途径。

（一）如何界定作为退出途径的"出售股份"

发展资本市场的最终目标是引导资源的优化配置，促进经济的发
展，进而提高投资者的整体回报，形成良性循环。如果一种交易策略并
不能导向资源的优化配置，那么这种交易就不是可靠的退出方式。因为
它或者不具有普遍性，或者具有普遍性但会导致市场资源效率降低、投
资者整体回报下降，进而影响到这种交易模式本身的回报。我们拟分析
两类投资者，一类是基于基本面分析进行交易的投资者，简称基本面投
资者；另一类是基于技术面分析进行交易的投机者，简称技术面投
机者。

1. 基本面投资者

假定 A、B 两个行业表面看起来都比较有前景，代表未来经济发展
的方向。但实际上，只有 A 能胜出，B 最终将被淘汰。

甲投资者具有长远的眼光，经过缜密的分析，认为 A 行业最终会胜
出并进行投资，随着时间的推移，甲投资者的判断逐渐变成现实，A 行

业开始展现出良好的前景，吸引更多的投资者加入，那么 A 行业上市公司的股价就会上涨，进而吸引更多的 A 行业公司上市融资，A 行业的发展得到了资金支持，资源得到优化配置。如果乙投资者经过分析，认为 B 行业会胜出，那么，随着时间推移，乙投资者的判断逐渐被证伪，B 行业展现出越来越暗淡的前景，投资者纷纷卖出离开，乙投资者会遭受损失。

拥有正确看法的甲投资者存活下来（获利），作为对促进资源优化配置的奖励，而乙投资者会被淘汰（亏损）。市场中存活下来的人资金量变得越来越大，并且都是历史上曾做出正确判断的人，这部分人继续做出正确判断的概率比一般人要大，市场有效性得以提高，资源配置会更加有效率。

2. 技术面投机者

有一些投资者并不是以上述逻辑卖出股份的，其中很重要的一类是从事技术交易的投资者，他们往往会依据图形的变化来买入或卖出，很显然，这种交易方式对所有投资者整体而言是零和博弈，并且这种交易方式不能保证提高市场资源配置效率，长期没有效率的市场会导致股权现金流下降，当看重股权现金流回报的投资者退出市场时，技术交易者也就没有交易对手了。可见，这类交易并不是可靠的退出途径。

综上所述，当我们分析"出售股份"作为一种退出方式是否可靠时，是指依据基本面分析进行的交易。

（二）内在逻辑

出售股份不是唯一的退出方式，现实市场中，各种退出方式是夹杂在一起的，比如投资者买入股票后，收到了分红，然后又卖出，或者收到了股份回购的要约，但在要约期转手卖出等。为了考察出售股份是不是可行的退出方式，下面的分析中，假定出售前未产生股权现金流。

1. 对市场的要求

以出售股份的方式退出，一般实现过程是：找到被市场低估的股票，买入持有，待其价值被市场发现之后，卖出。要实现上述过程，一是要求市场一定程度上无效，因为有效市场不可能出现被低估的股票；二是需要市场一定程度上有效或终将有效，因为卖出时需要价格回归价值。

"价值发现过程"与"价值实现过程"构成了这种退出方式的要

件，价值发现过程要求市场越无效越好，价值实现过程要求市场越有效越好，这两个要件对市场的要求是相反的。这样，以出售股份退出在逻辑上面临两难境地，市场越无效，越容易发现价值，但由于其无效，价格回归价值的过程就越难实现。市场越有效，越不容易找到低估的股票，一旦找到，价值回归会比较迅速。

在市场有效与市场无效两个极点之间，是灰色地带，越靠近两极，这种方式越难成功。这种退出方式的实现需要一个恰到好处的有效性，至于这个有效性到底要达到何种程度，是难以量化的，不妨以定性方式来描述，市场需要达到这样的有效程度，一方面投资者能找出价格偏离价值一定幅度的股票，另一方面价格能够回归价值，并且过程不能太漫长。

2. 对投资者的要求

以卖出作为退出方式，需要交易的配合。交易的达成需要买卖双方对同一对象的评价有分歧，比如一件衣服以 50 元的价格出售，则卖方认为其价值低于 50 元，买方认为其价值高于 50 元，才有可能成交。证券交易与普通商品交易在这个意义上是相同的，即买卖双方对同一标的看法不同，否则便不能成交。

但证券交易与普通商品交易又有很大的不同。同一件商品对不同的人而言效用不同，所以不同的人对同一件商品价值判定不同。通过交易，商品从价值判定较低处流向价值判定较高处，交易双方的福利均因此而改善。比如，甲有一瓶水，并认为价值为 1 元，乙认为其价值为 2 元，双方协商后以 1.5 元成交，则双方福利均得到改善。甲乙对这瓶水虽看法不同，但完全可以是合理的，比如当时甲并不渴，而乙走了很长时间的路，刚好很口渴。证券交易则有很大不同，在把卖出作为唯一退出方式的情况下，买入的唯一理由是将来能涨，卖出的唯一理由是将来会跌，所以交易双方必然有一方是错误的。如果以卖出作为退出方式，所有的投资者是不能共赢的，不考虑交易费用，交易只能是零和游戏。这种方式要求投资者是正确的一方。

综合以上两点，我们可以看出，以出售股份作为退出方式，条件是比较苛刻的：一是对市场条件要求较高；二是对投资者本身要求较高。即便达到上述要求，也不存在所有投资者共赢的模式，一些投资者的盈利必然来自于另一些投资者的亏损。

当然，如果一段时间内全体股票均上涨，是可以出现所有投资者均盈利的状况的，但是在没有股权现金流支撑的情况下，这种上涨只是报价的提高，只是账面财富在增加，如果有投资者想通过卖出实现财富，则会引发股价的再次回落。

（三）A 股市场实际表现

A 股市场的有效性如何，是否满足要求呢？为了验证其有效性，我们按市值大小把所有 A 股市场公司分为 8 个层次。从估值水平看，市值与估值水平明显负相关，市值越大，估值水平越低；从权益净利率考量，市值与权益净利率正相关；从利润增长率考量，市值与利润增长率正相关；从股息率考量，市值与股息率正相关。具体数据见表10－1至表 10－4。

表 10－1　　　　　　　　　市值与估值水平

项目（元）	公司家数	市盈率（2013）	市盈率（TTM）	市净率
1000 亿以上	28	7.5	7.2	1.21
500 亿—1000 亿	39	7.1	6.6	0.96
300 亿—500 亿	46	10.6	10.3	1.07
200 亿—300 亿	89	21.0	19.6	1.59
100 亿—200 亿	217	36.4	35.3	2.80
50 亿—100 亿	508	69.6	65.9	4.67
20 亿—50 亿	1080	94.0	86.8	4.41
20 亿以下	460	488.2	860.1	3.46
合计	2467	14.3	13.6	1.75

资料来源：Wind 资讯，下同。

表 10－2　　　　　　　　　市值与权益净利率

项目（元）	公司家数	2010 年度	2011 年度	2012 年度	2013 年度	2014 年中报（年化）
1000 亿以上	28	21.48%	20.59%	19.62%	19.14%	19.86%
500 亿—1000 亿	39	17.33%	17.24%	16.12%	16.24%	15.89%
300 亿—500 亿	46	20.41%	14.73%	10.26%	11.81%	10.52%
200 亿—300 亿	89	14.48%	11.59%	8.38%	8.87%	8.93%
100 亿—200 亿	217	16.08%	14.50%	9.87%	8.96%	8.49%
50 亿—100 亿	508	12.88%	11.19%	6.59%	7.93%	6.96%
20 亿—50 亿	1080	11.21%	8.05%	4.50%	5.28%	4.94%
20 亿以下	460	10.78%	6.55%	2.85%	0.74%	0.74%
合计	2467	18.41%	16.57%	14.25%	14.38%	14.48

表 10 – 3　　　　　　　　　　　市值与利润增长率

项目（元）	公司家数	2011 年度	2012 年度	2013 年度	2014 年中报	2010—2013 年复合增长率
1000 亿以上	28	17.6%	9.1%	12.8%	8.9%	13.1%
500 亿—1000 亿	39	23.1%	12.7%	16.5%	16.2%	17.4%
300 亿—500 亿	46	– 4.0%	– 18.9%	26.7%	6.6%	– 0.4%
200 亿—300 亿	89	1.3%	– 16.3%	18.1%	14.4%	0.0%
100 亿—200 亿	217	16.0%	– 15.1%	5.5%	6.2%	1.2%
50 亿—100 亿	508	10.5%	– 28.1%	33.7%	13.0%	2.0%
20 亿—50 亿	1080	– 4.7%	– 33.6%	28.0%	19.7%	– 6.8%
20 亿以下	460	– 16.5%	– 47.6%	– 72.0%	– 45.8%	– 50.3%
合计	2467	13.2%	0.8%	14.9%	10.3%	9.5%

表 10 – 4　　　　　　　　　　　市值与股息率

项目（元）	公司家数	期末总市值	2013 年净利润	2013 年股息	股息率	股利支付率
1000 亿以上	28	100011.5	13326	4813.0	4.81%	36.12%
500 亿—1000 亿	39	27579.8	3900	630.9	2.29%	16.17%
300 亿—500 亿	46	18995.6	1797	232.9	1.23%	12.96%
200 亿—300 亿	89	25125.9	1199	313.4	1.25%	26.14%
100 亿—200 亿	217	35730.0	981	373.9	1.05%	38.11%
50 亿—100 亿	508	47602.5	684	378.2	0.79%	55.29%
20 亿—50 亿	1080	53646.8	571	276.8	0.52%	48.48%
20 亿以下	460	13151.2	27	32.8	0.25%	121.87%
合计	2467	321843.3	22485	7051.8	2.19%	31.36%

从以上数据可以看出，在 A 股市场，估值水平是非常不合理的。业绩越好、增长率越快、股息率越高的公司，估值水平越低；业绩越差、增长率越低、股息率越低的公司，估值水平越高。估值水平只与市值有关系，这反映出 A 股市场非常无效，卖出策略可行性较低。

（四）结论

"出售股份"退出的模式，由于对市场要求较高，对投资者整体是零和博弈，总体而言并不是可靠的退出途径。A 股市场的表现，也进一步证明了，通过基本面分析进行交易，成功实现退出的概率是很低的。当然，这些结论是在没有股权现金流的假定下提出的，后续分析股权现金流时，我们会对引入股权现金流后的"出售股份"退出模式进行再思考。

四　股权现金流

自由现金流量（Free Cash Flow，FCF，后文一般用 FCF 表示）是 Jensen（1986）在 Grossman 和 Hart 的契约论、Williamson 的公司治理结构理论和 Easterbrook 的股利代理成本理论的基础之上，结合对 20 世纪 60—70 年代美国烟草、石油等行业的公司囤积大量现金现象的思考而提出的概念。他认为，企业在"满足所有净现值（NPV）大于零的投资项目所需资金之后多余的那部分现金流量"即为自由现金流量。自由现金流可以用来清偿（债权人）或分配（股东）给投资者，包括债权投资者（形成债务现金流）与股权投资者（形成股权现金流）。上述说法理论上很好理解，但在具体应用中会出现争议。

首先，在企业投资一个项目时，很难断定其 NPV 是否为正。其次，如果一个企业投资完所有 NPV 为正的项目并且偿还完必要负债，且能满足日常经营所需后，还有 500 万元剩余现金，但最终只分配给股东 100 万元，按上述理论，股权现金流到底是 500 万元还是 100 万元呢？如果是 500 万元，那么，真正流向股东的只有 100 万元；如果是 100 万元，那么，留在企业当中的 400 万元现金如何归类呢？

符蓉、黄继东、干胜道（2007）引入管理者自由现金流的概念，"当企业支付了优先股和普通股股息，如果仍有剩余现金，这部分现金的所有权归属于股东，但实际上管理者通常有很大权力来支配和使用这部分现金。对掌握现金的管理者而言，这才是真正的可以'自由'使用的现金流量，是在考虑企业的筹资政策、投资政策及股利分配政策之后，尚有剩余的现金流量，这就是所谓的管理者自由现金流量。"按这种观点，上例中 500 万元都属于股权现金流，其中分配的 100 万元是股利，未分配的 400 万元归管理者支配，称为管理者自由现金流量。

从 2010 年起，CPA 教材也引入了自由现金流的概念，该书中认为股权现金流是指企业与股东之间的交易形成的现金流，包括股利分配、股份发行和回购等。企业流向股东的现金流用正数表示，股东流向企业的现金流用负数表示。按照这个观点，只有 100 万元属于股权现金流，其余 400 万元划分为金融资产。

本节拟采用 CPA 教材的观点，下面以利润分配为例说明原因。首先，从股利分配程序来看，董事会做出股利分配预案，由股东大会批准后实施，如果董事会提出的分配方案不合理，股东大会是能否决的。这样看来，股利分配的最终权力是掌握在股东手中的，不应该出现所谓"管理层自由现金流"。之所以出现这种不合理的现象，本质原因是全体股东并非利益共同体，大股东与中小股东利益不一致，留在企业内部的现金支配权归大股东，而并非归全体股东，这种现象体现的正是对中小股东利益的损害。在上例中，将 500 万元作为股权现金流，其实假设全体股东是一个利益一致的共同体，全体股东好像是一个股东，这样钱留在企业或者分配都没太大差异，反正想分随时就能分，而在现实当中，这个假设并不成立。其次，本书的着眼点是投资者财务权益保护，本章是把股权现金流作为退出方式来研究的，留在企业内的现金是不能帮助股东实现退出的。只有企业与股东间的真实现金流才能帮助股东实现退出。

由此，股权现金流包括支付股利、回购及增发，作为退出方式的只有股利与回购，下面我们分别对两者进行分析。

（一）股利分析

现阶段，A 股市场股利支付方式主要有现金股利、股票股利及混合股利。现金股利是指公司以货币资金的方式向股东支付股利，这种支付方式会形成股权现金流，并导致所有者权益的下降。股票股利是指公司以增发的股票作为股利支付给股东，增发股票的来源是未分配利润转增股本，这种支付方式并不会产生股权现金流，也不影响所有者权益总额，只是所有者权益内部的结转。混合股利是指公司既向投资者派发货币资金，又向投资者派发股票。

由于股票股利并不能形成股权现金流，所以并不属于投资者的退出途径，我们后面讨论集中在现金股利。

1. 股利政策相关理论与实践

对于股利分配的重要性，理论界并未取得一致的观点。下面将介绍这些观点，并进行分析，指出现金股利的必要性。

（1）关于股利政策的主要理论。一是股利无关论。股利无关论是由弗兰科·莫迪利安尼（Franco Modigliani）和默顿·米勒（Merton Miller）于 1961 年提出的。该理论假定资本市场是完善的，在该假设基础上得出了股利政策与企业价值不相关的结论。其基本理由是价值的增加取决于投资政策，企业市场价值与它的资本结构无关，投资决定蛋糕的大小，而资本结构（融资方式决定，包括股利）只是决定如何分切蛋糕，无论采用何种方式切蛋糕，并不会影响蛋糕的大小。当公司的投资决策既定时，股利政策不会对企业价值产生任何影响。

股利并不影响企业价值，其机制是什么样的？或者说，市场通过什么机制保证股利政策不对企业价值产生影响呢？

假定甲公司利润总额为 10000 元，投资支出为 5000 元，公司董事会有三种股利分配的预案。一是发放 5000 元股利；二是发放 8000 元股利；三是发放 2000 元股利。由于公司的投资支出是由净现值为正的项目数决定的，与股利政策无关。若采用方案一，公司无须融资；若采用方案二，公司需发行新股融资 3000 元；若采用方案三，公司需回购股份 3000 元。

另假定公司的股东 A，持有甲公司股份 10%，分析如下：

若甲公司采用方案一，A 可分得现金股利 500 元，并继续持有甲公司 10% 的股份。

若甲公司采用方案二，A 可分得现金股利 800 元，但甲公司需发行新股融资，如果 A 要保持 10% 的股份不降低，需购买新股 300 元，效果与方案一相同。

若甲公司采用方案三，A 可分得现金股利 200 元，但甲公司需回购股份，如果 A 要保持 10% 的股份不变，需卖出股份 300 元，效果与方案一相同。

可见，公司无论采用何种股利政策，对投资者而言都是无差异的，因为无论投资者偏好何种股利，都可以通过市场交易而达到。进一步假定市场上存在与甲公司完全相同的乙公司，两公司的唯一差别是股利政策不同。甲公司采用的是方案一，乙公司采用的是方案二。假定由于偏好不同，导致甲公司股价高于乙公司，则理性的投资者可以先卖空甲公司股票，然后买入乙公司股票，然后通过自行安排达到与甲公司股票相同的现金流。可见，股利政策不会影响公司价值。

MM 股利无关论认为无论公司采用何种股利政策，投资者总可以通过自行安排达到同样的效果，因而股东偏好与股利政策不会发生冲突，股东财富不受公司股利政策的影响，股利政策也就不能对股票价格产生影响，不存在最佳的股利政策，它与企业价值不相关。这一理论的提出引起了实务界和学术界的广泛关注，因为在此之前，学术界普遍认为股利政策是与企业价值密切相关而且是正相关的，支付股利越多公司价值也就越大。并且，现实世界中，大量公司确实十分重视股利的分配，而且股利的分配的宣告确实能引起股票价格的变化，MM 的股利无关论无法对上述情况做出令人满意的解释。MM 股利无关论是在严格的假定下推导出来的，它的价值在于开创了股利政策研究的新起点，类似于物理学中惯性系或光滑的平面，具有参照意义。其一系列不符合现实的假定条件成为现代股利理论研究的主要内容和线索，后续的研究多是通过逐条放宽这些假定条件而推导出新的股利理论。

二是"一鸟在手"理论。"一鸟在手"理论是由戈登（Gordon）及林特纳（Lintner）1959 年提出的，该理论侧重于对投资者的心理进行分析。他们指出，投资者是普遍风险厌恶的，由于风险是时间的增函数，股利支付是现在就能得到的，风险较小；保留盈余再投资以换取资本利得或未来股利增加，则需要的时间长，不确定性更大。所以，投资者宁愿目前收到较少的股利，也不愿等到将来再收回不确定的较大的股利或获得较高的股票出售价格。

由于投资者的这种偏好，股利政策与公司市场价值就有了关联。当公司调低其股利支付率时，投资者要求的必要报酬率上升（高风险，高收益），以作为投资者承担风险的补偿，股票价格就得相应下降。反之，当公司调高其股利支付率时，投资者面临更加确定的回报，其要求的必要报酬率会下降，股票价格就要相应上升。

三是其他股利政策理论。"一鸟在手"理论与股利无关论相比较，前者更接近现实，但其没有明确的推理过程，只是限于定性的描述，说服力不够；后者理论上更加完善，逻辑上也非常严谨，但前提假定过于严格。经过一段时间的发展，后者得到了大部分学者的有条件认可，条件就是要放松前提假定，使该理论建立在现实情况之上。在股票市场的实际运作中，企业的各个利益相关者均十分关注股利支付情况，于是部分学者引入个人所得税制度，用不同所得面临的税率差异来解释对股利的关注，这种研究角度形成了税差理论，税差理论后来又进一步发展为追随者效应理论。这一类理论的主要关注点在于资本利得税与红利税税率的差异，一般情况下，资本利得税是固定的，红利税要纳入一般收入，按累进税率缴纳，这样一来，高收入阶层由于累进税率高，倾向于取得资本利得，尽量避免股利收入；低收入者相反，倾向于取得股利收入，避免资本利得。这样，不同的股利政策会吸引不同边际税率的投资者。当市场中偏好股利的投资者占主导地位时，高股利支付率的公司会得到溢价；反之，低股利支付率的公司会得到溢价。如果市场中两类投资者达到均衡，则股利支付率的高低并不影响企业价值。

还有一些理论是从信息不对称角度出发，分析股利政策对股东财富的影响，有代表性的是信号传递假说。该理论认为，公司的管理层与投资者之间存在信息不对称，管理层掌握了更多的关于公司发展前景的内部信息，股利政策是管理层向外部投资者传递内部信息的手段之一。一般来说，大多数上市公司的股利政策是比较稳定的，不会发生频繁的变动，除非公司的发展前景发生了重大变化，管理层才会改变股利政策以适应这一变化。例如，当公司管理层预计未来公司的业绩会大幅度增长，从而会带来现金流的不可逆转地增长时，管理层会选择增加股利，外部投资者通过股利政策的改变会推断出公司良好的发展前景，这样公司发展前景良好的信息通过增加股利这一行为被传递出去，股价会上升。反之，若公司管理层预计未来业绩下降，现金流会不可逆转地下降时，会选择降低股利支付水平，投资者会通过这一行为推断出公司的前景不妙，公司股价会下跌。当然，上述过程不是绝对的，在某些情形下，增加股利会被认为缺乏好的投资机会，减少股利会被认为公司拥有良好的投资机会，但无论如何，股利政策的变化总会传递出内部信息。同时，经过一段时间的博弈，管理层可能会故意利用股利政策来误导投资者，从而操纵股价，并使股利包含的信息质量下降。但相关的后续研究发现，经营前景较差的公司需要付出很高的成本才能模仿经营前景好的公司，这种模仿是不可持续的，这也保证了前景好的公司能够通过股利政策将自己与前景差的公司区分开来。

（2）股利支付政策的类型。一家公司究竟支付多少股利才合适，从纯理论上分析恐怕永远得不出标准答案，在实际运作中，公司的股利支付政策分为以下四种类型。

一是剩余股利政策，是指税后利润优先用于满足公司投资的需要，在满足投资需要后还有剩余的，用于发放股利。当公司有良好回报的投资项目时，根据目标资本结构，测算出需要的权益融资额，用保留盈余满足公司的权益融资需求，剩余部分用于发放股利。

二是固定或持续增长的股利政策，该政策将每年发放的股利固定在某一相对稳定的水平上并长期维持不变，只有当企业未来税后净利不可逆转地增长时，才调高股利支付水平。一般情况下，股利支付不受公司盈余波动的影响，盈余偶尔下降时，也不会降低股利支付水平，有利于向市场传达公司稳健经营的信号。

三是固定股利支付率的政策，是指公司事先确定一个股利支付率，并长期按该比率执行股利分配。公司的股利与盈余严格挂钩，限制了管理层的自由裁量权，保障了中小股东的利益，但股利的绝对水平变化比较频繁。

四是低正常股利加额外股利的政策，是指公司按较低水平支付固定的股利，当公司资本比较充裕时，增发额外股利，但额外股利的增发是一次性的，并不意味着以后股利水平会增加。采用这种政策，增加了公司在股利分配方面的灵活性。

2. 现金股利的现实意义

在实务投资领域，投资者对股票分红的看法有很大差异，代表性的有两种观点：第一种观点认为，公司分红是公司回报投资者的重要途径，甚至可以说是唯一途径，并能说明业绩的真实性，分红十分重要。第二种观点认为，分红与否关键看公司的发展，如果公司的好项目很多，并长年保持较高的权益净利率，不必分红，分红还要交税，与其分红后再融资，不如不分红，投资者可以通过股价上升得到好处。那么，现金分红有无必要，或者在何种情况下，现金分红是有必要的，在何种情况下，现金分红无必要。下面，我们进行一些分析。

（1）现金股利退出方式对市场的要求较小。股票之所以有价值，其根本原因是股票持有者能够从企业取得现金流，试想如果一家上市公司发布公告，永远不分红，不主动清算（破产清算除外），那么这家公司的股票是否还有价值？

永远不分红并且不主动清算，意味着只能等到破产清算，股东才有可能得到现金流，那么根据证券价值即未来现金流入的现值，可以得出股票价值基本为 0。那么这样的企业，市场价格是非常随意的，因为没有一个内在价值作为基础。投资者买入股票，最终原因是赚取分红，或者是通过当前的分红赚钱（吃红利者），或者是通过别人对未来分红的预期赚钱（资本利得）。反之，如果没有分红，股票就成了投资者之间博弈的工具，股票交易就成了击鼓传花的游戏，不可持续，随着游戏不断进行，资金量不断耗散。

与出售股份相比，现金股利对市场环境的依赖程度很小，但对企业股利政策依赖程度较高。如果投资者在相对低估时买入股利政策相对稳定的股票，靠分红收回本金，则无论以后市场对该股票的报价如何，都不影响分红回本的决策。在上节分析中指出，通过出售股份实现退出，要求市场有效程度不能太高，以便能找到低估的企业；同时，市场有效程度也不能太低，以便价格在不太长的时间能回归价值。分红退出方式则要求市场有效程度越低越好，有效程度越低越容易找到低估程度较大的股票，而分红退出并不取决于价格是否很快回归价值。

市场有效程度越低，则分红退出方式的效率越高，当市场完全有效时，无论采用何种退出方式，其效果没有差异，因为在这种情况下，任何投资方式均无法取得超额收益。当市场越来越无效时，分红退出方式的效率越来越高。

新兴市场由于起步晚，制度建设落后，环境封闭，市场有效程度很低，价格可以长期偏离价值。在这种情况下，相对于其他退出方式，分红退出方式有较高的可靠性。

（2）现金股利提供了看跌期权。期权是指一种合约，该合约赋予持有人在某一特定日期或该日之前的任何时间以固定价格购进或售出一种资产的权利。看跌期权赋予持有人在某一特定日期或该日之前的任何时间以固定价格售出资产的权利。

投资者买入股票后，如果股价进一步下跌，并且这种下跌是单纯的市场因素造成的（公司基本面没有发生显著变化），则投资者可以用现金股利增持股票，从而扩大持股比例。如果股价上涨了，则投资者可以视股价低估情况决定是否增持股票。投资者对现金股利的运用是自由的，不受限制的。现金分红是一种退出方式，看跌期权也是一种退出方式，每年都进行现金分红的公司相当于授予了投资者每年一次的按净资产数额退出的权利。下面通过两个案例对比来说明现金股利隐含的看跌期权性质。

案例 1：甲乙两家公司，除股利政策外完全相同，甲公司每年所得利润全部被分配，乙公司则全部留存。两家公司期初每股净资产为 10元，期初净资产收益率为 10%，并且能够维持下去。甲乙两家公司当前的市价水平为 1 倍的市净率，即 10 元每股，假定两家公司的合理估值也是 1 倍市净率。投资者 A 持有甲公司股票 100 股，投资者 B 持有乙公司的股票 100 股，假设 1 年后，由于市场环境（非公司基本面因素）发生变化，两家公司的市价水平都降到 0.5 倍市净率，即甲公司股价为5 元（分红除权后），乙公司股价为 5.5 元，股价被严重低估。则 A 投资者可以得到分红 100 元，然后用其继续购入甲公司股票，则持股变为120 股，而 B 投资者面对股价低估没有后续措施，只能等股价回归。假设再过一年后，股价回归到 1 倍市净率，则甲公司股票价格为 10 元（分红后），乙公司股票价格为 12.1 元。A 投资者拥有的资产为 1320 元（120 股股票加上第二次分红 120 元），B 投资者拥有的资产为 1210 元。

案例 2：甲乙两家公司目前状况同上例，投资者 A 持有甲公司股票100 股，投资者 B 持有乙公司的股票 100 股，假设一年后，由于市场因素，两家公司的市净率均上升为 2 倍，甲公司的股价（分红后）20 元，乙公司股价为 22 元，则 A 可以放弃分红再购入股票的权利，假设再过一年后，两家公司的股票价格回到 1 倍市净率的水平，则甲公司股价为10 元（分红后），乙公司股价为 12.1 元，则 A 投资者资产总值为 1000+ 100 + 100 = 1200 元，B 投资者资产总值为 100 × 12.1 = 1210 元。

在上述两个案例中，甲公司第一次分红时，每股分红 1 元，导致净资产从 11 元下降为 10 元，可以看作投资者按账面价值进行部分撤资，撤资后取得的资金可以根据市场情况，决定是否再投入。在案例 1 中，由于市净率下降为 0.5 倍，股价低于合理估值即 1 倍市净率，每撤出 1元的净资产通过再投资取得了 2 元的净资产，所以 A 投资者选择继续投资，当股价回归 1 倍市净率时，A 投资者的回报超过了 B 投资者。在案例 2 中，市净率上升为 2 倍，股价高于合理估值，每撤出 1 元净资产再投资只得到 0.5 元净资产，A 投资者放弃股利再投资，由于撤出了部分投资，当股价回归时，由于 A 投资者的回报低于 B 投资者。

以市净率等于 1 为分界点，当市净率小于 1 时，分红再投资，可以扩大投资者享有的净资产份额；当市净率大于 1 时，分红再投资反而会降低投资者享有的净资产份额。现金分红为投资者提供了按账面价值退出的权利，当股价跌破净资产时，投资者可以利用该权利进行股利再投资，增加所持公司净资产；在案例1中，相当于每10张股票获得一份看跌期权，该期权的行权价为每股净资产10元。

通过对上述两个案例的分析，可以看出，分红对投资者的影响是对称的，当股价高于净资产时，由于强制按净资产退出，体现为损失；当股价低于净资产时，则体现为收益。那么，由于这种对称性，是否意味着分红与否并不重要呢？我们不认同这个观点，因为投资者买入股份后，主要应考虑的方面是股价非理性下跌的风险，而非在股价上涨中如何谋求更高的收益。当然，从这里我们可以看出，分红提供的并非是严格的看跌期权，在后续的政策建议部分中，还会对此进行分析。

（3）现金股利减少了股价波动风险。从历史表现看，A股市场股票估值水平范围十分宽泛，整体市盈率从10倍到70倍之间的范围波动，个别板块波动幅度更大。从理论上来看，股票价值取决于未来现金流入量的现值，股票估值的高低取决于两个因素：一是未来现金流入量的大小；二是折现率水平。前者取决于投资者对未来企业发展的看法，后者取决于投资者的风险态度，而这两个方面均可以在短时间内发生很大的变化，并且变化越来越频繁，其原因是多方面的：全球经济一体化，海量信息几乎无成本地呈现在投资者面前，投资者面临一个信息过度的环境，每天都有好消息，每天也都有坏消息，对同一条信息的解读也会大相径庭，这些都加剧了波动。不发放现金股利的企业，其股价就像大海中的小船，随着投资者情绪的波动而起伏。现金股利就像是锚，锁定了小船的波动空间。

首先，股市中各类资金的偏好是不同的，有的资金风险承担意愿较差，偏好股息稳定的大型蓝筹股，比如社保基金；有的资金风险承担意愿较强，偏好成长性较强的中小盘股票，比如一些私募基金。除了投资于股票市场外，还有海量资金投资于债券市场。当股票市场深度下跌时，定期发放现金股利的企业，其股息率会越来越有吸引力，甚至高于一些企业债的到期收益率，从而吸引一些低风险资金包括债券市场的资金进入股市，这样就限制了股价下跌的空间。比如，一个不发放现金股利的公司，如果其投资者对企业未来变得悲观，几乎没有什么有力的市场机制阻止其下跌50%。而一只股息率达到5%的股票，如果下跌50%，其股息率将高达10%，这种情况对许多偏好低风险的大型资金是非常有吸引力的，10%的股息不可能长期存在，或者公司能正常支付股息，悲观预期被高股息率扫空，股价很快回升；或者公司业绩很快变差，现金股利下降，股息率下降。所以，维持一定股息率的企业，不可能长期被市场误判，而股息率较低或不支付现金股利的企业，其被市场长期误判是有可能的。

其次，现金股利部分证实了企业业绩的真实性。投资者判断公司业绩主要依据经注册会计师审计的财务报表，虽然公司报表经过第三方独立审计，但造假丑闻不时出现，成熟市场如此，新兴市场更是如此。我们认为，注册会计师行业存在天然缺陷，更换会计师事务所需经董事会批准，而董事会成员往往是大股东的代表，想听真话的是中小股东，因为他们可以随时"用脚投票"，有造假冲动的是大股东，因为他们往往只能与企业共存亡，可以想象，审计报告的保证程度并不太让人信服。相比而言，企业很容易通过一些技术处理虚构利润，但却很难在货币资金项目造假，企业产生利润的同时，产生相应的现金流入并能支付给股东，可以从侧面验证业绩的真实性。稳定的股利部分验证了企业的业绩，会修正投资者过度悲观的预期。

（4）现金股利提高了"出售股价退出途径"的可行性。如前所述，单纯依靠出售股份实现退出，保障程度很低。因为价格回归价值需要很多条件配合，而稳定的高水平的股息率保证了企业低估时间不会太长，股息从两个方面导致价格向价值回归：一是吸引低风险投资者买入；二是投资者的悲观情绪。

3. 对现金股利的错误认识及其根源

由于市场发展不完善等原因，A股投资者重视投机而不重视投资；重视资本利得而不重视股利；重视送转股而不重视现金股利，一部分上市公司迎合投资者，主要精力放在市值管理上，配合市场热点出公告，大肆发放股票股利，甚至在亏损的情况下还大比例送股。相当一部分投资者对现金股利有错误的认识。

（1）关于分红除权的认识。相当一部分投资者认为分红没用，因为还要进行除权，甚至有的投资者认为证监会应出台规定，分红不能除权。

首先，分红除权是一种市场行为，与具体规定无关。比如，某只股票股权登记日收盘价为10元，每股分红5毛，则第二天（除权除息日）开盘参考价规定为9.5元，这个价格只有参考意义，具体开盘价还是由市场参与者集合竞价决定，实际开盘价可以比9.5元高，也可以比9.5元低。之所以除权除息日开盘价一般会比股权登记日收盘价低，主要是因为市场套利行为。股权登记日临近收盘时买入的投资者，其成本在9.5元左右，如果第二天系统计算出的实时开盘价高于9.5元比较多，就会诱使这部分投资者在集合竞价时委托卖出，从而拉低开盘价，这样，在没有消息面变化的情况下，开盘价不会偏离9.5元太多。即使证监会规定开盘参考价为前一天收盘价10元，也不会改变分红除权的内在机制。

其次，分红除权并不代表分红不会给投资者带来收益：一是分红除权可能还会填权，填权之后，分红就是实实在在的利润；二是如果不填权，随着不断分红，股价会越来越低，在分红稳定的情况下，股息率会越来越高，最终会出现股价修正。

（2）关于成长期公司分红的认识。相当一部分投资者认为，当一家公司高速成长时，应尽量少分红，税后净利优先满足公司成长的需要。这种认识有一定的合理性，一方面，高速成长的公司其资本需求比较大，分红导致融资需求增加，而在二级市场再融资存在摩擦成本，不如内源性融资成本低；另一方面，高速成长的公司，其权益回报率比较高，权益留在公司，也可以为股东创造满意的回报。

对于上述观点，我们持保留意见。由于均值回归的影响，高速增长不可能永远持续下去，总有一天增长率会下降，公司进入成熟期。此时伴随着增速下降，权益净利率往往会由较高水平降到较低水平，导致多年来积累的净资产一次性贬值，适度加大成长期的分红力度，可以降低损失。这里面又分几种情况：如果投资者仅根据当前业绩表现进行线性外推，没有预计到进入成熟期的大致时间，往往会遭受损失；如果投资者能预见到公司进入成熟期的大致时间，问题不会太严重，因为股价会反映这一预期；如果进入成熟期后，增速下降对权益净利率影响不大，通过加大分红可以维持权益净利率，则无论投资者是否预计到这一变化，均不会遭受损失。下面分别进行分析。

情景一：投资者未预计到成熟期的时间。A、B两只股票当前净资产每股5元，净资产收益率均为20%，A股利支付率为50%，B的股利支付率为10%；投资者要求的报酬率为20%，假定投资者认为两公司都将保持目前的权益净利率，都未预见到在第六年年末进入成熟期，从而权益净利率会下降到 10%。股价按股利增长模型计算。在表 10 - 5 中，进入成熟期后，列出两种可能：一是维持原有的股利支付率不变；二是将股利支付率从 10% 提高到 50%。

根据股利增长模型，A 的增长速度是 10%，一年后的股利是 0.5 元，一年后的股价是 $0.5 \times 1.1/(20\% - 10\%) = 5.5$ 元，所以投资于 A 的收益率是 20%，体现在两个方面：一是收到股利 0.5 元，二是股价上升 0.5 元。同理，B 的增长速度是 18%，一年后的股利是 0.1 元，一年后的股价是 $0.1 \times 1.18/(20\% - 18\%) = 5.9$ 元，收益率也是 20%，体现在两个方面：一是收到股利 0.1 元；二是股价上升 0.9 元。可见，如果能确定两家公司均可长期保持 20% 的净资产收益率，则持有哪一家都无所谓。但是，当权益净利率变化时，两家公司的区别就显现出来了。

假设分别在期初以 5 元买入 A、B 各一股，在第六年末权益净利率下降后，若两家公司均保持原有的股利支付率，A 股票的价格下降为 1.23 元，加上前面 6 年得到的股利 0.94 元，资产共计 2.17；B 股票价格下降为 2.95 元，加上前面 6 年得到的股利 3.87 元，资产共计 6.82 元，远高于投资 A 结果；即使是 A 在进入成熟期后加大了分红力度，投资 1 股 A 股，在第 6 年末资产也只有 5.44 元。

表 10 - 5　　　　　静态预期情况下 A 股票股价变动及分红情况

	净资产	净资产收益率	每股收益	股利支付率	下期分红	股价
期初	5	20%	1.00	10%	0.10	5
1	5.90	20%	1.18	10%	0.12	5.90
2	6.96	20%	1.39	10%	0.14	6.96
3	8.22	20%	1.64	10%	0.16	8.22
4	9.69	20%	1.94	10%	0.19	9.69
5	11.44	20%	2.29	10%	0.23	11.44
6	13.50	10%	1.35	10%	0.13	1.23
或6	13.5	10%	1.35	50%	0.68	4.50

如果公司能永续保持 20% 的权益净利率，投资者把利润取出与放到公司中是无差异的，但如果投资者持续地把利润留在公司中，结果某一年公司的权益净利率永久性下降了，以前放进去的这些利润所形成的资产就一次性贬值了。

表 10 - 6　　　　　静态预期情况下 B 股票股价变动及分红情况

	净资产	净资产收益率	每股收益	股利支付率	下期分红	股价
期初	5	20%	1.00	50%	0.5	5
1	5.50	20%	1.10	50%	0.55	5.50
2	6.05	20%	1.21	50%	0.61	6.05
3	6.66	20%	1.33	50%	0.67	6.66
4	7.32	20%	1.46	50%	0.73	7.32
5	8.05	20%	1.61	50%	0.81	8.05
6	8.86	10%	0.89	50%	0.44	2.95

情景二：投资者预计到了进入成熟期的时间。

如果投资者能准确预计到进入成熟期的时间，则投资于高股利支付率的公司与低股利支付率的公司并没有差异，因为此时股票价格就是未来股利的现值，而未来股利已经由投资者预测出来了。比如 A、B 两只股票，基本情况同上例，两家公事均于第三年末进入成熟期，则可以看出，无论投资者投资于哪只股票，无论何时进行投资，其年收益率均为 20%。

表 10 - 7　　　　　准确预期情况下 A 股票股价变动及分红情况

	净资产	净资产收益率	每股收益	股利支付率	下期分红	股价
期初	5	20%	1.00	10%	0.10	0.67
1	5.90	20%	1.18	10%	0.12	0.70
2	6.96	20%	1.39	10%	0.14	0.72
3	8.22	10%	0.82	10%	0.08	0.73

表 10 - 8　　　准确预期情况下 B 股票股价变动及分红情况

	净资产	净资产收益率	每股收益	股利支付率	下期分红	股价
期初	5	20%	1.00	50%	0.5	2.43
1	5.50	20%	1.10	50%	0.55	2.41
2	6.05	20%	1.21	50%	0.61	2.34
3	6.66	10%	0.67	50%	0.33	2.20

情景三：进入成熟期后权益净利率维持不变。

如果进入成熟期后，权益净利率可以维持在原来的水平，则利润增速下降只能来自于提高分红比率，使权益增速变慢，基本情况同情景一，进入成熟期后，假设两家公司的权益净利率维持不变，A 股票的股利支付率提高至 50%，为了便于比较，B 股票的股利支付率维持在 50% 不变。在这种情况下，无论投资者是否预计到了成熟期的到来，均不受影响，投资者无论投资于哪只股票，无论何时进行投资，其年收益率均为 20%。

表 10 - 9　　　权益报酬率恒定情况下 A 股票股价变动及分红情况

	净资产	净资产收益率	每股收益	股利支付率	下期分红	股价
期初	5	20%	1	10%	0.1	5
1	5.9	20%	1.18	10%	0.12	5.9
2	6.96	20%	1.39	10%	0.14	6.96
3	8.22	20%	1.64	10%	0.16	8.22
4	9.69	20%	1.94	10%	0.19	9.69
5	11.44	20%	2.29	10%	0.23	11.44
6	13.5	20%	2.7	50%	1.35	13.5

表 10 - 10　　　权益报酬率恒定情况下 B 股票股价变动及分红情况

	净资产	净资产收益率	每股收益	股利支付率	下期分红	股价
期初	5	20%	1	50%	0.5	5
1	5.5	20%	1.1	50%	0.55	5.5
2	6.05	20%	1.21	50%	0.61	6.05
3	6.66	20%	1.33	50%	0.67	6.66
4	7.32	20%	1.46	50%	0.73	7.32
5	8.05	20%	1.61	50%	0.81	8.05
6	8.86	20%	1.77	50%	0.88	8.8

在以上三种情景中，只有情景一表明，在成长期维持相对较高的股利支付率是有利的，情景二与情景三则表明，股利支付高低对投资者影响不大。实际投资过程中，恰恰是情景一最为普遍。投资者对未来进行预测时，往往是参照公司的历史表现，而对行业拐点非常不敏感，即便是公司经营者，对行业拐点的判断也经常失误。比如，2012年新一届政府上台伊始，铁腕治理贪腐，高端餐饮业、白酒行业一时风声鹤唳，经过两年过渡期，我们确实看到，新政府上台之日，正是行业拐点形成的时期，但在当时，很多业内人士、资深投资者都误判了形势，认为反腐一阵风就过去了，还在预测某高端白酒每年20%左右的增长，其依据就是该白酒一直是供不应求的，而且前几年扩大产能的投资会在以后几年释放，表现出明显的线性预期。一般投资者对行业拐点就更难进行正确判断，基本上是根据当前表现对未来进行静态预期。

情景三并不需要投资者能够进行准确的预期，但这种情况出现的概率很低。在成长期，公司的规模不断扩大，表现为蓝海，同一行业的各家公司不必面对面地竞争，市场空间很大，在进入成熟期时，行业从蓝海变为红海，这时公司往往面临着几个方面的压力，一是竞争更加激烈，因为这时行业空间已经很小了，一家公司的份额扩张是以其他公司萎缩为代价的；二是以前高速扩张时增加的产能现在会释放，造成行业产能过剩。公司需要度过严冬，才能进入稳定低速增长阶段，很难想象，在这样的情况下，公司会提高分红比率。更常见的是，公司会尽量保守，降低分红，也就不能保证权益净利率维持在原来的水平。

综上所述，绝大多数情况下，现金分红是必要的，是对投资者的有效保护。

4. 我国上市公司股利分配的现状分析

（1）重股票股利，轻现金股利。我国上市公司的股利分配从一开始就带有浓厚的中国特色，主要表现为"三多一少"即股票股利多、转增股本多、不分配多、现金股利少。这与美国股利分配行为形成了鲜明对比。美国是以高支付率的现金股利为主而股票股利不受青睐。这种"三多一少"现象2000年以前尤为突出，2000年以后特别是最近一年来有所改观。为了改善上市公司不分配现金股利的状况，证监会2001年在《上市公司新股发行管理办法》和《关于做好上市公司新股发行工作的通知》中，把分红派息作为上市公司再筹资的必要条件。2013

年 1 月 7 日，上海证券交易所正式发布了《上海证券交易所上市公司现金分红指引》（下文简称《指引》），该《指引》旨在引导和推动上市公司建立持续、稳定、科学和透明的分红机制，促进资本市场理性投资、长期投资和价值投资，实现长期资金入市与现金分红之间的良性互动，保护投资者合法权益。

我国上市公司现金分红非常少，一方面分派现金股利的公司占上市公司比例非常低，多数以股票股利代替；另一方面上市公司的现金回报率极低，据调查 2010 年我国上市公司平均含税现金回报率仅为 1.462%，远远低于一年期的银行存款利率。另据《沪市上市公司 2012 年度现金分红研究报告》显示 2012 年度沪市整体的红利收益率达到了 4.75%，近年来首次超过了一年期定期存款利率（3.25%）。

（2）股利分配稳定性与连续性差。我国股利分配中存在"时高，时低，时有，时无"的现象。对于那些靠股利生活的股民来说，没有办法通过预期将来的股利来合理安排个人生活。虽然有些上市公司上市之初，各项财务指标满足上市条件，但基本上只能维持 2—3 年的获利期，不久就会出现盈余质量严重下降，从而使上市公司不能继续分配股利。盈余的稳定是股利分配稳定与连续的基础。

从表 10-11 和图 10-1 中可以发现，发放现金股利的公司个数占比从 2000 年到 2013 年呈"W"形波折变动，说明这些公司的股利政策缺乏稳定性、计划性和长远的考虑，可能存在某些公司随意调整股利发放方式或随意临时做出是否发放股利的决定。

股利分配稳定性与连续性差的最主要原因是我国的一些上市公司在股利政策的制定和实施时缺乏长远打算，带有很大的盲目性和随意性。在股利政策的制定和实施上没有把投资者尤其是中小投资者的利益置于应有的地位，使股利分配的持续能力很差。事实上，具有连续性的、稳定的股利分配，才是公司可持续发展的前提条件。

（3）股利分配率低，微分红，送股配股现象多。政府半强制的股利分配政策促使很多上市公司开始发放现金股利，但是微分红现象严重。另外，大部分上市公司采用微分红和股票股利相结合，虽然能为企业减少资金的流出，扩大企业股本，但从中小股东立场上看送股不能增加股东财富，反而大量高频的送股会造成每股净利润的下降，降低股票价格，损害中小股东利益。

表 10 - 11　　　　　　　2000—2013 年股利分配类型数量及占比

年份	现金股利		股票股利		转增股	
	个数	占深 A 股上市公司比（%）	个数	占深 A 股上市公司比（%）	个数	占深 A 股上市公司比（%）
2000	278	55.49	37	7.39	48	9.58
2001	245	48.80	35	6.97	34	6.77
2002	195	38.92	20	3.99	49	9.78
2003	187	37.77	19	3.83	56	11.31
2004	228	42.85	18	3.38	54	10.15
2005	199	36.99	17	3.15	74	13.75
2006	275	47.09	38	6.50	85	14.55
2007	354	52.06	66	9.71	218	32.06
2008	399	53.34	34	4.55	30	4.01
2009	532	63.48	31	3.70	104	12.41
2010	801	69.23	71	6.14	450	38.90
2011	1039	74.21	39	2.79	435	31.07
2012	1131	74.01	39	2.55	368	24.08
2013	1192	77.96	47	3.07	380	24.85

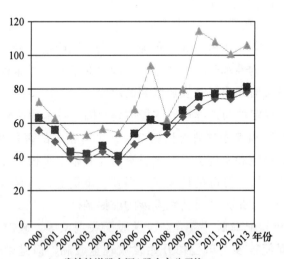

图 10 - 1　2000—2013 深 A 股上市公司股利分配类型占比

注：图 10 - 1 中纵坐标为百分数，横坐标为年份。

　　从表 10 - 11 中可发现一个明显的特征：现金股利个数占比变化几乎和股票股利占比变化一致。说明上市公司在发放现金股利时往往同时伴随着送股、配股。这种高频送股的行为对于中小股东来说并不一定是件好事，虽然从信号理论看来是传递一种企业正在发展的利好信号，但在当资本市场弱势有效时并不能很好地传递该种信号，反而会因每股净利的下降，而降低股票价格。

　　表 10 - 12 是深市主板 2000—2013 年微分红的上市公司数以及占深证主板的比例。这里用的微分红公司是指每股现金股利小于 0.01 且现金股利支付率低于 50% 的上市公司。可以看到自 2000 年以来上市公司微额分配现金股利的数量在持续增长，比例也在扩大。说明在相关政策的干预下，多数企业选择通过少量分现金股利为获取将来再融资资格做准备。由此可知，一些公司在制定股利政策时没有站在中小股东的立场上。

表 10 - 12　　　　　2000—2013 年深 A 股微分红数量及占比

年份	深 A 股中微分红的公司个数	深 A 股微分红公司数占 A 股上市公司比例（%）
2000	271	53.98
2001	305	61.00
2002	334	67.61
2003	358	72.76
2004	374	70.97
2005	360	67.80
2006	430	72.15
2007	492	70.69
2008	501	66.98
2009	547	65.59
2010	681	66.31
2011	645	57.33
2012	621	53.03
2013	380	32.09

根据《沪市上市公司 2012 年度现金分红研究报告》显示，沪市 954 家上市公司中共有 653 家公司在利润分配预案中有派现方案，比 2011 年的 558 家增加了 95 家，比 2010 年的 503 家增加了 150 家。2012 年派现公司家数占沪市上市公司总数的比例达 68.45%，明显高于 2011 年的 59.50% 和 2010 年的 55.50%。派现总金额也由 2011 年的 5156 亿元提高到 2012 年的 5959 亿元。说明《指引》起到了一定的引导和推动作用，但与投资者的预期还存在很大差距。

（4）存在超能力派现的现象。与不分配股利或少分配股利相对的是，有些公司存在超能力分红的现象，即"恶性派现"。"恶性派现"一般有两种情况：一是借钱分红，如某公司账上只有 5000 万元现金，却要对股东派现 1 亿多元。二是配股加派现，大股东通过配股将融资所得现金作为红利分配，分的是增发股票进账的股本金。具体来说有以下几种可能：上市公司如果每股派现大于每股收益则表示除分完当年利润外，需动用往年的留存收益；净利润为负、经营活动现金流量为负时派现，表示在没有现金正流入时还派现；派现前已推出再融资方案表明公司自身资金不足，需要融资才能进行现金分红。以上种种情况都表明有些上市公司不再考虑再投资问题，将正常利润分光，甚至要靠再融资来实现现金分红，尽管这种分红方式能给股东带来一定的眼前利益，但这不利于于企业未来的可持续发展，从而影响股东的长远利益。

当企业的每股收益小于每股股利时就说明企业分派的现金股利超出了本期净利润，不仅本期没有任何的积累，还减少了以前年度的未分配利润。现金股利会减少企业现金存量，可能面临资金缺口，导致错失好的投资机会，损害股东利益。为什么会有企业冒着财务风险和如此大的机会成本分配超额分配现金股利呢？有一种可能是企业为了获得配股资格，通过减少净资产而提高净资产利润率。从图 10 – 2 中可以看出超能力派现的公司数量呈波动上升态势，并且在 2002 年达到一次顶峰，很可能是与 2000 年出台的有关再融资现金股利分配的限制政策有关，促使一批之前分红不足的公司大量进行现金股利分配。在 2008 年超能力派现公司上升到一个峰值，由于 2008 年在美国发生的次贷危机随后波及我国很多沿海企业，使很多公司面临倒闭、资金吃紧等问题，超能力派现现象也就于 2009 年到 2010 年迅速下降。

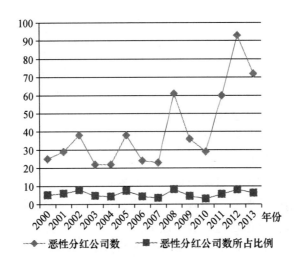

图 10 - 2　2000—2013 年深 A 股派现的公司数量及比例变化折线

注：图 10 - 1 中纵坐标为百分数，横坐标为年份。

"恶性派现"的原因一般有三种情况：①为了稳定本公司股价及投资者的信心，在利润出现下滑甚至严重亏损的情况下，仍然高额分红；②异常超高的现金分红可能是满足某些大股东的利益；③企业现金流过多，公司管理层又不愿意寻找合适的投资机会时将现金发放给股东。

5. 现金股利制度建设

（1）证监会关于现金分红的规定及分析。2013 年 11 月 30 日，证监会对原有现金分红制度实施效果进行了梳理评估，结合监管实践进一步修改、补充和完善，正式对外发布了《上市公司监管指引第 3 号——上市公司现金分红》，该指引的发布体现了监管层对现金股利的重视，将对上市公司未来的股利政策产生重大影响，下面摘录一些重要的条款进行分析

指引第二条规定："上市公司应当牢固树立回报股东的意识，严格依照《公司法》、《证券法》和公司章程的规定，健全现金分红制度，保持现金分红政策的一致性、合理性和稳定性，保证现金分红信息披露的真实性。"

这一条要求现金分红政策要保持连贯性，证券价格大幅波动的一个重要原因是预期不明确，如果一家公司现金分红政策比较随意，可预期性差，不利于投资者做出恰当的决策，连贯的分红政策对管理层是一个

有力的约束。我们认为，在四种常见的股利支付政策中，剩余股利政策的分红随意性最强，是最不满足现金分红的连贯性要求的；低正常股利加额外股利政策也具有较强的随意性，投资者很难预判何时会有额外股利支付；固定股利支付率政策把分红与每股收益严格绑定在一起，消除了分红的随意性，增强了投资者预期的稳定性；固定或持续增长股利政策比较稳健，也能给投资者带来稳定的预期。

指引第三条规定："上市公司制定利润分配政策时，应当履行公司章程规定的决策程序。董事会应当就股东回报事宜进行专项研究论证，制定明确、清晰的股东回报规划，并详细说明规划安排的理由等情况。上市公司应当在公司章程中载明以下内容：（一）公司董事会、股东大会对利润分配尤其是现金分红事项的决策程序和机制，对既定利润分配政策尤其是现金分红政策作出调整的具体条件、决策程序和机制，以及为充分听取独立董事和中小股东意见所采取的措施。（二）公司的利润分配政策尤其是现金分红政策的具体内容，利润分配的形式，利润分配尤其是现金分红的期间间隔，现金分红的具体条件，发放股票股利的条件，各期现金分红最低金额或比例（如有）等。"

这条规定的目的在于降低分红的随意性，分红政策一经确定就需严格遵守，上市公司为投资者提供的回报包括现金回报和公司价值的提升两部分。首先，投资者提供资金给上市公司，上市公司给予投资者现金回报天经地义。其次，公司价值的提升在证券市场上反映为股票价格的上涨，投资者借此还可获得资本利得。上市公司为投资者提供相对稳定、可预期的现金回报，不仅是证券这一金融资产的基本属性，也是经典理论中股票合理定价与估值的关键因素。国际成熟市场经验已经证明，只有建立了有效、稳定的上市公司分红机制，才能吸引以获取稳定分红收益加合理资本利得为目标的长期资金类机构投资者，市场估值才会相对合理、稳健。

第四条规定："上市公司应当在章程中明确现金分红相对于股票股利在利润分配方式中的优先顺序。具备现金分红条件的，应当采用现金分红进行利润分配。采用股票股利进行利润分配的，应当具有公司成长性、每股净资产的摊薄等真实合理因素。"

如果不考虑所得税，股票股利就是数字游戏；如果考虑所得税，公司代交个人所得税，白白浪费了股东权益。但我国资本市场投资者尤其喜欢这种游戏，并乐此不疲，高送转公司总是得到市场热捧，上市公司也迎合投资者，甚至亏损企业也大手笔发放股票股利。在我们看来，应当限制股票股利的发放，只有当股票价格过高，以至于最小交易单位"一手"都形成资金门槛，对流动性产生影响时，才允许发放股票股利，比如股价百元以上，一手交易需要上万元等。当前市场上各种 10 元以下的股票也在发放股票股利，除了炒作，基本没有任何意义，且条款中关于成长性的规定，也不能对这种行为形成有力的约束。

第五条规定："上市公司董事会应当综合考虑所处行业特点、发展阶段、自身经营模式、盈利水平以及是否有重大资金支出安排等因素，区分下列情形，并按照公司章程规定的程序，提出差异化的现金分红政策：（一）公司发展阶段属成熟期且无重大资金支出安排的，进行利润分配时，现金分红在本次利润分配中所占比例最低应达到 80%；（二）公司发展阶段属成熟期且有重大资金支出安排的，进行利润分配时，现金分红在本次利润分配中所占比例最低应达到 40%；（三）公司发展阶段属成长期且有重大资金支出安排的，在进行利润分配时，现金分红在本次利润分配中所占比例最低应达到 20%；公司发展阶段不易区分但有重大资金支出安排的，可以按照前项规定处理。"

这一条规定将公司按成长阶段及是否有重大资金支出进行了双重分类，按分类结果确定股利支付率。对于处于成长期且有重大资金支出安排的企业，仅提出了现金分红在本次利润分配中所占比重不低于 20%，而非股利支付率达到 20%，考虑到个人所得税因素，这几乎是现金分红的理论下限。如果一家公司每 10 股送 8 股，派送现金 2 元，刚好符合要求，根据税法，要扣掉个人所得税 2 元，个人投资者得不到任何现金，如果现金派发低于 2 元，上市公司无法完成代扣个人所得税。所以说，这一条基本对上市公司现金分红没有太大影响，且不说公司所处发展阶段没有办法做出严格区分。

第七条规定："上市公司应当严格执行公司章程确定的现金分红政策以及股东大会审议批准的现金分红具体方案。确有必要对公司章程确定的现金分红政策进行调整或者变更的，应当满足公司章程规定的条件，经过详细论证，履行相应的决策程序后，经出席股东大会的股东所持表决权的 2/3 以上通过。"这一条规定并没有要求分类表决，小股东很难发出声音。

（2）交易所关于上市公司分红的规定。2013 年 1 月 7 日，上海证券交易所发布了现金分红指引，有部分内容与证监会 3 号文重复，下面引述一些有特点的条款并进行分析。

第十条："上市公司年度报告期内盈利且累计未分配利润为正数，未进行现金分红或拟分配的现金红利总额（包括中期已分配的现金红利）与当年归属于上市公司股东的净利润之比低于 30% 的，公司应当在审议通过年度报告的董事会公告中详细披露以下事项：（一）结合所处行业特点、发展阶段和自身经营模式、盈利水平、资金需求等因素，对于未进行现金分红或现金分红水平较低的原因进行说明；（二）留存未分配利润的确切用途以及预计收益情况；（三）董事会会议的审议和表决情况；（四）独立董事对未进行现金分红或现金分红水平较低的合理性发表的独立意见。"

这一条规定并未要求上市公司股利支付率一定高于 30%，但对股利支付率低于 30% 的公司，需要其做出说明，在本指引的其他条款中，也多次以股利支付率是否达到 30% 作为分界线，体现了监管层的意图，即便是高速发展的公司，用 30% 的盈利来分红也是一个基本的要求。本条款中涉及了独立董事，寄希望于独立董事能站在客观公正的立场上发表观点。在我国，上市公司董事会、监事会、单独或者合并持有上市公司已发行股份 1% 以上的股东可以提出独立董事候选人，并经股东大会选举投票决定。并且独立董事还在上市公司领取报酬，这就决定了独立董事发挥的作用是非常有限的。

第十二条规定："上市公司在将本指引第八条和第十条所述利润分配议案提交股东大会审议时，应当为投资者提供网络投票便利条件，同时按照参与表决的 A 股股东的持股比例分段披露表决结果。分段区间为持股 1% 以下、1%—5%、5% 以上 3 个区间；对持股比例在 1% 以下的股东，还应当按照单一股东持股市值 50 万元以上和以下两类情形，进一步披露相关 A 股股东表决结果。"

这一条的亮点是按持股比例分段披露表决结果，能体现出中小股东的分红意愿，但只是披露表决结果，并不是按分段表决的结果来指导分配。但披露之后，如果小股东与大股东投票结果差异太大，上市公司会面临舆论压力。

第十五条规定："上市公司当年分配的现金红利总额与年度归属于

上市公司股东的净利润之比不低于50%，且现金红利与当年归属于上市公司股东的净资产之比不低于同期中国人民银行公布的一年期定期存款基准利率，同时通过确定的现金分红政策使投资者能够合理预期上述两项指标可以持续的，本所将采取以下激励措施：（一）在公司涉及再融资、并购重组等市场准入情形时，本所将在所承担的相关职责范围内给予'绿色通道'待遇，并向有权机关出具支持性文件；（二）在公司治理评奖、上市公司董事会秘书年度考核等事项中酌情给予加分。"

这一条是对高股利支付率的公司进行激励，包括再融资审批、治理评奖等，显示了管理层对高分红的支持。将高分红与再融资审批挂钩，解除了高分红公司的部分后顾之忧，如果由于高分红导致资本不足，申请再融资时将享受绿色通道待遇。

（3）关于现金分红制度建设的相关建议。通过分析上述两个分红指引，我们发现其显著特点是非强制性。正如文件名称一样，分红指引只是对上市公司分红提供了一个导向，做得好有奖励，做不到，也很容易绕过相关条款而不受制约。从本质上来说，分红是上市公司自己的事情，不同公司面临的具体情况千差万别，是否分红、分多少都应由公司自主决定，而非管理层直接指定。虽然监管层不能直接决定分红的结果，但有义务制定出科学的分红决策程序，并要求公司强制执行。正如在市场经济条件下，政府虽不能直接干预经济活动的结果，但理应搭建有序的竞争平台，制定市场经济的法律框架。在上述文件中，关于决策程序有所涉及，但效果存疑。分析其条款，或者非强制性，或者缺乏可操作性，这是其不足之处。针对现状，我们有以下几点建议。

一是关于分红的分类表决制度。目前，只有上交所要求披露分类表决结果，但真正决定分红的，还是依据总的投票结果。在我国，很多上市公司面临"一股独大"的问题，大股东联合关联方甚至大股东一方就决定了投票结果，这种情况下，大股东的分红意愿很差，与其分红不如留在公司归其任意支配，这样导致一部分公司价值不能实现。所以，对于股权结构比较集中的上市公司，可以探索分类表决机制，通过分类表决来决定分红方案能否通过，以保护少数股东的利益。

二是关于公司章程中分红政策的表述。结合上述两个文件，上市公司可以采用四种股利政策，并写入公司章程。查阅上市公司章程，绝大部分上市公司章程只是为符合再融资规定而对分红进行了最低要求：

"最近三年以现金分红方式累计分配利润不少于最近三年实现的年均可分配利润的百分之三十"，而该要求正是上市公司再融资的条件之一，该要求是很低的，每年利润的10%用于现金分红即可满足规定。有些公司实际分红比较稳定，比如工农中建四大银行，自上市以来，每年股利支付率均维持在35%之上，但其章程中依然是"最近三年以现金分红方式累计分配利润不少于最近三年实现的年均可分配利润的百分之三十"。上市公司的做法很容易理解，无非是保持分红的自由裁量权，但却增加了投资的不确定性。所以，对于章程中关于分红的表述，应进行规范，形成对分红的真正约束。

三是关于分红的多样性及可选择性。按当前的分红程序，同一家企业的股东，面临的分配方案是一致的。在年报公布时，董事会提出分配预案，召开股东大会时，由参会股东投票，超过半数同意则通过，通过后两个月内实施完毕。中小股东只有同意或不同意的选项，而没有其他选项。在上述关于分红的看跌期权性质分析中曾经指出，当市净率小于1时，分红对股东是有利的，体现了看跌期权的性质；当市净率大于1时，分红对股东是不利的。很难要求公司按市净率大小决定是否分红，并且，上述分析是在严格的假定下得出的，在市净率大于1时，公司分红如果不影响未来投资规划，只是分配多余现金，则不会产生分红导致收益率下降的情形。现实情况千差万别，不同股东对同样的信息有不同的判断，所以，完全可以设计可选择的分配方案。例如，允许股东选择是否进行现金分红，选择现金分红的股东可以得到现金；未选择现金分红的股东可以按相应比例增加持股比例，这是没有人受损的帕累托改进，技术上不难实现。一方面，从上市公司来讲，并未减少分红的可控性，通过规定具体条款，现金分红比例不会失控；另一方面，由于满足了不同股东的个性要求，会增加企业价值。

四是关于个人所得税。目前，按我国税法规定，个人投资者取得股息，需征收个人所得税，税率为20%，在实际执行过程中分段执行，持股时间不超过1个月的，按20%征收；持股时间大于1个月不超过1年的，按10%征收；持股时间大于1年的，按5%征收。这个规定有利于鼓励投资者进行长期投资，有一定的积极意义。对以股息方式收回投资的长期投资者，是否可采取免税措施，以避免双重纳税的消极影响？我们认为，这是可行的。一方面，从税收影响来说，A股换手率高达

400% 以上，持有股票 1 年以上的投资者是很少的，对税收影响不大；另一方面，长期投资者确实非常重视所得税的影响，所得税对长期投资复利收益的影响也非常大。相比较而言，短期投资对股息不敏感，只注重资本利得，而我国对博弈性质的资本利得没有开征所得税，在这种情况下，不妨对长期持有者收到的股息免税。

综上所述，现金分红是对市场要求最低的退出方式，保障程度很高，但目前 A 股市场投资者对分红重视不够，监管层近年来比较重视现金分红问题，但制度建设尚不完善。

（二）股份回购分析

股份回购是指上市公司利用现金等方式，从股票市场上购回本公司发行在外的一定数额的股票的行为。公司在股票回购完成后可以将所回购的股票注销。我国《公司法》规定，公司只有在以下四种情形下才能回购本公司的股份：一是减少公司注册资本；二是与持有本公司股份的其他公司合并；三是将股份奖励给本公司职工；四是股东因对股东大会做出的合并、分立决议持异议，要求公司收购其股份。我们研究的是第一种与第四种情况，其中第一种情况是代替现金分红的股份回购，第四种情况是对异议股东的回购请求权，并与现金选择权有类似之处。

股份回购可以起到稳定公司股价，维护公司形象的作用。当市场低迷，上市公司股价严重低估时，管理层可以启动股份回购并注销，向市场传递股价被低估的信号，一方面可以维护股价，另一方面通过注销股份，增大每股收益。

与分红相比，股份回购属于非常规手段，但两者都产生股权现金流。上海证券交易所于 2013 年 4 月 1 日发布《上市公司以集中竞价交易方式回购股份业务指引》（2013 年修订），规定上市公司当年实施股票回购所支付的现金视同现金红利，与该年度利润分配中的现金红利合并计算。同时，上证所将采取一定激励措施，比如在再融资、并购重组等事项中给予支持，再融资规模未超过前次股份回购所支付现金的，可以简化相关程序。

指引鼓励 7 类公司回购注销股份，分别是股价持续低于每股净资产的；经营活动产生的现金流量持续为正，或有大量闲置资金的；资产负债率大幅低于行业平均水平的；因实施重大资产重组后存在未弥补亏损，而长期无法向股东进行现金分红的；具有分红能力但现金分红水平较低的；发行的 A 股、B 股或 H 股股票市场定价存在较大差异，其中某类股票股价偏低，未能合理反映公司价值的；为适应证券市场发展变化和保护投资者合法权益的需要而认定的其他情形。

1. 股份回购与现金股利的联系与区别

在满足一定的假定条件的情况下，发放现金股利与用同等金额回购公司股份，对投资者的影响是相同的。比如，甲公司相关资料如下，假定公司的估值水平维持在 10 倍市盈率不变，若公司准备发放股利1000000，则股价由原来的 20 元变为 21 元，即 10 倍市盈率加上预期会很快得到的 1 元股利。或公司改为用 1000000 回购股份，回购价格为21 元，则可回购 47619 股股票，经计算，回购后每股收益为 2.1 元，按 10 倍市盈率计算，股价也为 21 元。

表 10 – 13　　　　　　　　　　公司基本情况

税后利润	2000000
流通股数	1000000
每股收益	2
每股市价	20
市盈率	10

除了以上共同点之外，股份回购与发放现金股利还有很多不同之处。

首先，当考虑税收因素时，发放现金红利需缴纳个人所得税，而参与回购则面临资本利得税，当后者低于前者时，股份回购优于发放现金红利。在我国，目前不征收资本利得税，而个人所得税税率最低为5%。当然，我们不能据此认为股份回购一定优于发放现金红利。上述情况是简化的分析，实际过程要复杂很多，股份回购的公告发出后，往往导致股价较大波动，实际回购的价格也是一个价格区间，一般表述为"回购价格不超过某某元"，而非采用某一个固定价格回购，所以，回购结果是很不确定的。

其次，股份回购可以传递股价被低估的信号。按照信号传递模型，发行股份是股价被高估的信号；回购股份则是股价被低估的信号。通常回购公告发布后，市场反应是价格上涨。这一点是现金股利所不具备的。

再次，股份回购可以改变公司的资本结构。如果公司资本结构不合理，财务杠杆过低，通过借款回购股份，可以迅速改变公司的资本结构，而分红则达不到这一目的。

2. 股份回购是现金分红手段的必要补充

如前所述，股份回购是非常规手段，一般只有当公司股价被严重低估时，管理层才会决定采用股份回购的方式维持股价。由于股份回购传递了股价低估的信号，其促使股价回归的效果往往比现金分红要好。

股份回购与现金分红并不是互斥的，现金分红作为常规手段，为投资者退出提供了合理保障；股份回购作为非常规手段，是现金分红的必要补充。比如，当公司股价低估而又拥有较多剩余现金的时期，完全可以在常规分红的基础上进行股份回购，通过股份回购释放了大量剩余现金，提高了权益净利率，释放了积极信号，与大规模分红相比，还为投资者节省了个人所得税。

（三）现金选择权分析

根据《上市公司现金选择权业务指引》（以下简称《指引》）的规定，现金选择权是指当上市公司拟实施资产重组、合并、分立等重大事项时，相关股东按照事先约定的价格在规定期限内将其所持有的上市公司股份出售给第三方的权利。整合涉及多家上市公司，这意味着多方利益将会牵涉其中，尤其是异议股东的利益，而我们知道一项整合方案的出台未必会得到所有股东的认可，而大多持否定票的都是没有话语权的中小股东，这时现金选择权便起到了重要的作用。

1. 关于现金选择权的法律规定

（1）《公司法》的规定。《公司法》并未对现金选择权进行专门规定，有部分学者认为《公司法》第142条与现金选择权有关。该条指出公司不得收购本公司股份。但是股东因对股东大会做出的公司合并、分立决议持异议，要求公司收购其股份的情况除外，公司应当在6个月内转让或者注销。我们认为，这一条款并未明确现金选择权的各种要件。

首先，现金选择权的定义是由《指引》给出的，《指引》明确指出现金选择权由第三方提供，而该条款中是指上市公司回购，并不涉及第三方。

其次，该规定只是强调公司只能在特定情况下回购股份，并未明确上市公司一定要在合并分立时赋予异议股东回购请求权，只是说如果有这种情形，则可以回购股份。在《公司法》关于有限责任公司的股权转让中，第72条规定："有下列情形之一的，对股东会该项决议投反对票的股东可以请求公司按照合理的价格收购其股权：公司合并、分立、转让主要财产的。"可见，《公司法》只对有限责任公司收购异议股东的股权做出了强制规定，而对于股份有限公司则未进行强制规定。在2012年，深能源吸收合并深圳能源管理有限责任公司时，并未提供异议股东回购请求权，其法律意见书明确提出，"法律未明确规定公司必须提供该项权利"。

（2）《上市公司收购管理办法》的规定。《上市公司收购管理办法》（以下简称《办法》）在要约收购一章中，有部分条款涉及现金选择权。

《办法》第27条规定：收购人为终止上市公司的上市地位而发出全面要约的，或者向中国证监会提出申请但未取得豁免而发出全面要约的，应当以现金支付收购价款；以依法可以转让的证券（以下简称证券）支付收购价款的，应当同时提供现金方式供被收购公司股东选择。

《办法》第36条收购人可以采用现金、证券、现金与证券相结合等合法方式支付收购上市公司的价款。收购人以证券支付收购价款的，应当提供该证券的发行人最近3年经审计的财务会计报告、证券估值报告，并配合被收购公司聘请的独立财务顾问的尽职调查工作。收购人以在证券交易所上市的债券支付收购价款的，该债券的可上市交易时间应当不少于一个月。收购人以未在证券交易所上市交易的证券支付收购价款的，必须同时提供现金方式供被收购公司的股东选择，并详细披露相关证券的保管、送达被收购公司股东的方式和程序安排。

把上述两条结合起来看，如果收购人发出部分要约，则适用第36条，即用现金支付或用上市证券支付；如果用非上市证券支付，则需同时提供现金方式；如果收购人发出全面要约，则适用第27条，应当以现金支付；如果以证券支付，无论该证券是否上市，均需提供现金收购方式供被收购公司股东选择。目前来看，A股市场发生的全面要约收购基本是以上市证券作为支付方式的，也均提供了现金选择权。

（3）《指引》中的相关规定。《指引》第5条规定上市公司出现如下情形的，应当给予其流通股股东现金选择权：（一）上市公司被其他公司通过换股方式吸收合并的；（二）上市公司吸收合并其他公司，上市公司给予其股东现金收购请求权的；（三）上市公司分立成两个以上（含）独立法人的，上市公司给予其股东现金收购请求权的；（四）上市公司被其他公司要约收购，收购人以股份或其他证券作为支付手段的；（五）其他需要向股东提供现金选择权的情形。

上述条款明确指出应当赋予现金选择权的几种情况，与《办法》规定相符，其中第二款是针对上市公司收购其他公司，若对其他公司股东提供了现金选择权，则应当同时对本公司股东提供现金选择权。从上述深能源的案例来分析，深能源作为上市公司，收购其他公司，并未赋予被收购公司的股东现金选择权，所以，也可以不赋予深能源股东现金选择权。而对于异议股东回购请求权，由于深能源并非有限责任公司，而是股份有限公司，也可以不授予。

《指引》第十三条及附件均对只将现金选择权赋予"异议股东"的情况进行了规定，可见监管层面早已认可了异议股东现金选择权这种情况。

综上所述，在公司发生合并、分立等重大事项时，有限责任公司股东可以行使异议股东回购请求权；部分要约收购上市公司股份，并且收购方以非上市证券作为支付对价时，应同时授予上市公司股东现金选择权；全面要约收购上市公司股份，无论以何种证券支付对价，均应授予上市公司股东现金选择权。同时，现金选择权是否应授予全体股东，并未有任何文件做出相关规定，从管理层的文件中可以看出，高层承认了只授予异议股东现金选择权的做法。

2. 现金选择权的现实困境

近年来，上市公司之间的整合越来越多，授予现金选择权的案例也越来越多。现金选择权是要约收购中支付对价的一种形式，但收购方一般倾向于阻止被收购方股东选择现金方式，原因有以下几点。

首先，以现金作为对价会产生较大的财务压力，若收购方与被收购方均为上市公司（绝大部分案例属于这种情况），在全面要约收购中，现金选择权需要的现金数额是非常巨大的，一方面既要对被收购对象股东提供现金选择权，又要对本公司股东提供现金选择权；另一方面现金选择权的定价是高于现行股价的。这样会造成较大的财务压力。

其次，股东大量行权会危及上市地位。我国证券法规定，公司股票上市，需满足"公开发行的股份达到股份总数的 25% 以上；股本总额超过人民币 4 亿元的，该比例为 10% 以上"。股东行权后，股权大量集中，有可能导致收购公司不再满足上市条件。

正是因为如此，2009 年以后，越来越多的现金选择权方案对可行权股东开始有所限制，行使条件由早期的宽松化逐步转为了限定化。将现金选择权限制仅给予异议股东的比例显著上升，2009 年之后，该比例达到了现金选择权方案的 45.8%。出现这种现象的主要原因是攀钢钒钛的现金选择权风波，由于当时股市下滑从而造成了第三方支付方鞍钢集团 200 多亿元的现金支付压力。自此之后，许多上市公司在其现金选择权方案中都加入了类似"必须在股东大会投反对票，且一直持有到现金选择权申报期"的约束条件，可见现金选择权的行权条件正越来越严格。

有少数上市公司的行权手续包含了一些阻碍股东申报的条款：如上海医药吸收合并上实医药、中西药业和五洲明珠吸收合并梅花集团时，都要求："为保证申报股东的意思表示真实，已经进行申报的股东或授权人应在申报日的次一个交易日在本公司的统一协调安排下至交易所现场签署股份转让协议，并办理审核手续。未在规定时间内携带规定资料供公司以及公司聘请的律师和公证机构验证并现场签订股份转让协议，未经通过交易所审核的股东，其申报视为无效申报。"

又如新湖中宝吸收合并新湖创业的公告中规定："异议股东若要行使现金选择权，应当在现金选择权申报期内并确保现金选择权申报期内能够到达公司的基础上，以特快专递或亲自送达方式向公司提交经其有效签署的《浙江新湖创业投资股份有限公司现金选择权申报函》的原件。"

这些繁复手续，一来给行权增加了额外的成本；二来可能因为信息沟通不畅而错过行权手续的办理，形成了现金选择权行权的阻碍。这说明由于没有法律的规范性规定，各个上市公司的行权手续各异，不能有效防止上市公司利用设定复杂的行权程序而阻挠行权的现象，这也是近年来的趋势。

3. 现金选择权的进一步规范

上市公司提供现金选择权的案例很多，行权条件、具体运作都存在差别，但它们均面临着共同的困境，下面以一个案例来说明现金选择权的共同困境，A 公司拟换股吸收合并 B 公司，对 B 公司的异议股东提供现金选择权，异议股东要满足"必须在股东大会投反对票，且一直持有到现金选择权申报期"的条件。B 公司当前股价为 10 元，A 公司提供的异议股东现金选择权为 12 元，公告发出后，套利者闻风而动，买入股票，以期投反对票获得现金选择权，以 12 元卖给收购方。这样，在公告后，股价一般会上升至 12 元。在投票日，无论是套利者还是 B 公司原来就有的股东，均倾向于投反对票，以获得选择权，如果在行权期 B 公司股价高于 12 元，则放弃行权；如果在行权期 B 公司股价低于 12 元，则选择行权。但如果大家都这样想，收购议案肯定会被否决，套利因素消失，股价又会跌至其公告前的价格附近，投资者蒙受损失，公司重组也宣告失败。

从上述分析中可以看出，关于现金选择权的规定过于粗糙，导致其很难"双赢"，倾向于两败俱伤。从上市公司层面看，想阻止股东真正行权，所以规定只有异议股东才能行权；从投资者层面看，无论其是否真正同意此次收购，均倾向于投反对票成为异议股东，以获得现金选择权的保障；而一旦大量股东投反对票，收购议案就会被否决，而收购议案一旦被否决，异议股东就丧失了现金选择权的保障。例如 2012 年，山东钢铁收购莱钢股份，议案被否决了两次，套利者损失惨重，公司重组也没完成，直到第三次才通过。

为了避免这种双输的结局，上市公司会做很多地下工作。比如，在投票前，说服一些机构投资者投赞成票，在行权期，出台一些利好消息，将股价维持在行权价上方等。但这些行为的结果如何，有很大的不确定性，既与管理层的决心有关，也与市场环境有关，有的公司为了避免支付现金，在行权期来临时又提供二次选择权，规定若股东放弃行权，会自动获得另一份期权，以求得暂时脱身，比如 2009 年的鞍钢股份。

有些投资者认为，异议股东现金选择权是导致双输的关键条款。那么，是否可以将现金选择权授予全体股东？如果这样做，收购议案通过的可能性大大增加，但是这样一来，收购方的潜在财务风险也加大，市场风险很难预测，如果在行权期，股价低于行权价，收购方将被迫支付大量的现金。并且，对异议股东提供现金选择权是有道理的，只有不愿意换股的股东，才能获得以现金方式退出的权利，并没有侵犯任何人的权利。

我们认为，免费期权是导致双输的关键，投反对票能获得期权，该期权的收益显而易见，该期权的成本只是议案被否决的概率稍微增大了一点，而对于绝大部分小股东，由于持股比例太少，这种成本几乎是可以忽略的。

为了避免这种情况，我们认为可以要求异议股东放弃在市场出售股票的权利，只能锁定股份，在行权期按约定价格出售给收购方。首先，这样做并未侵害投资者的权利，现金选择权的行权价是高于当前市价的，对于异议股东，以高于市场价的价格退出，并未产生损失；其次，现金选择权不再具有期权的性质，而变成了要交割的期货，从而增加了投资者的决策成本，投资者要认真权衡公司价值，决定是否投反对票，而不是单纯基于套利角度进行决策，这也是监管层推出现金选择权的本意；再次，重组议案通过的可能性增加，避免了议案被否定，股价大幅下跌的风险。

现金选择权是对中小股东的保护，由于收购方提供的行权价格高于市场价格，投资者欢迎上市公司在并购活动中提供现金选择权，但相关法规尚需完善。

五 本章小结

本章介绍了投资者退出的几种途径，包括出售股份、现金分红、股份回购、现金选择权等，经过分析发现，出售股份对市场要求较高，对投资者要求也较高，从投资者整体来看，则属于零和博弈的性质，对投资者的保障程度较低；现金分红不依赖市场条件，甚至当市场低迷时，这种退出方式的表现会更好，这种退出方式对投资者的保障程度最高，但当前对上市公司分红的一些规定有待进一步细化与完善；股份回购在股价低迷期表现比较好，作为非常规手段，可以看作是现金分红的有效补充；现金选择权本意是提供对中小股东的保护，但在实际运行中，经常造成双输的结局，其机制有待进一步研究与细化。

第十一章　投资者财务权益保护：指数化研究与应用

为了真正了解我国上市公司投资者财务权益保护状况，我们构建了投资者财务权益保护指数，同时对指数的设计合理性进行了模型验证，通过对指数的地区和行业比较发现了很多有价值的投资者保护的证据。

一　投资者财务权益保护指数构建

（一）指标选取

为了综合反映我国上市公司投资者财务权益保护的整体水平，我们选取信息披露质量、盈余质量、代理质量、投资回报质量、公司偿债质量五大项目13个具体指标（具体见表11－1）来构建投资者财务权益保护指数。

表11－1　　　　　　　　　　　　指标设计

项目	衡量指标	变量符号	指标符号	赋值
一　信息披露质量 1. 财务报告类型 2. 内部控制有效性	1.1　审计意见的类型	X1	Q_1	标准无保留意见赋值100，无保留意见加事项段赋值80，保留意见赋值60，保留意见加事项段赋值50，无法发表意见和无审计意见赋值0
	1.2　内部控制评价类型	X2	Q_2	有效赋值100分，有缺陷的，根据缺陷情况打分，重大缺陷赋值40分，重要缺陷50分，一般缺陷60分，无效0分

续表

项目	衡量指标	变量符号	指标符号	赋值
二　盈余质量 1. 盈余能力 2. 盈余稳定性 3. 盈余成长性 4. 盈余变现能力	2.1　净资产收益率	X3	Q_3	净资产收益率为负值时赋值0，等于行业的平均净资产收益率赋值60，每高于行业平均净资产收益率1个百分点，赋值增加2，每低于行业平均净资产收益率1个百分点赋值减少2，最高赋值100，最低赋值0
	2.2　主营业务利润占利润总额比率	X4	Q_4	与2.1相同
	2.3　营业收入增长率	X5	Q_5	与2.1相同
	2.4　股东权益现金比率	X6	Q_6	与2.1相同
三　代理质量	3.1　董事、监事及高管薪酬总额占营业收入百分比	X7	Q_7	根据行业、企业性质计算平均水平，然后打分，最高赋值100，最低赋值0
	3.2　关联交易金额占营业收入的百分比	X8	Q_8	无关联交易赋值100，关联交易占总销售收入的百分比每增加一个百分点赋值减少2，最小赋值0
	3.3　大股东违规处罚	X9	Q_9	无违规、违法处罚的赋值100，其他根据处罚轻重打分，最低赋值0分
四　投资回报质量 1. 股利分配 2. 股价增长	4.1　现金分红占总股本的百分比	X10	Q_{10}	无现金分红赋值0，现金分红占总股本的百分比每增加1个百分点赋值增加1分，最高赋值100，最低赋值0
	4.2　股价年增长率	X11	Q_{11}	股价增长率为负值时赋值0，等于行业的平均股价年增长率赋值60，每高于行业平均股价年增长率1个百分点，赋值增加1，每低于行业平均股价年增长率1个百分点赋值减少1，最高赋值100，最低赋值0

项目	衡量指标	变量符号	指标符号	赋值
五　公司偿债质量 1. 短期偿债能力 2. 长期偿债能力	5.1　流动比率	X12	Q_{12}	流动比率等于行业的平均比率时赋值60，每低于行业比率1个百分点，赋值减少1，每高于行业平均比率10个百分点赋值增加1，最高赋值100，最低赋值0
	5.2　资产负债率	X13	Q_{13}	资产负债率大于1时赋值0，等于行业的平均资产负债率赋值60，每低于行业平均资产负债率1个百分点，赋值增加1，每高于行业平均资产负债率1个百分点赋值减少1，最高赋值100；最低赋值0

（二）样本选择

我们选取2009—2013年在沪深交易所上市的全部上市公司为研究样本。有关财务、交易及公司治理等方面的数据主要来源于"CCER 中国证券市场数据库"；信息公告内容和披露时间从中国上市公司资讯网（www. cnlist. com）获得。样本剔除了数据不完备的公司，最后研究样本包括2516家上市公司。

（三）指数的构建

首先，对选取的各个指标进行赋分。具体见表11 – 1。

其次，在为各个指标赋分之后，需要对它们赋予权重。这实际上就是对各个指标在整个指标体系中的相对重要性程度进行评价和确认。目前采用的方法主要有两种：主观确定法和变异权数综合评价法。主观确定法最大的问题在于主观性强，其结果容易受到个体的学识背景和观念等主观因素的影响。为此，我们将采用变异权数综合评价法计算公司的投资者财务权益保护指数（IPFI），以克服主观确定法的内在缺陷。

变异权数综合评价法是指在多指标综合评价中，如果某项指标在所有被评价对象上观测值的变异程度较大，说明评价对象达到该指标平均水平的难度较大，因而该指标可以明确区分各个评价对象在此方面的能力，应当赋予其较大的权数；反之，则应赋予较小的权数；若有某项指标的变异程度为零，则说明所有的评价对象在该指标上的观测值相等，该指标没有评价的价值。至于变异程度的大小，在统计学中，通常使用标准差系数法来衡量，而且标准差系数可以消除平均数大小以及量纲变化的影响。

变异权数的计算步骤如下：（1）计算各指标的平均数 $\bar{Q}$ 和标准差 S_i（$i=1$，2，3，4，5，…）。（2）计算各指标的标准差系数 $V_i = \dfrac{S_i}{\bar{Q}}$，以反映各指标的相对变异程度。（3）对标准差系数进行归一化处理，得到各指标权数 $W_i = V_i / \sum\limits_{i=1}^{13} V_i$，计算结果如表 11-2 所示：

表 11-2　　　　　　　　各个指标的描述性统计

	样本容量	$\bar{Q}$	S_i	V_i	W_i
审计意见的类型	11196	98.5834	7.9813	12.3518	0.1772
内部控制评价类型	11196	88.9996	16.0058	5.5605	0.0798
净资产收益率	11196	51.6465	31.2605	1.6521	0.0237
主营业务利润占利润总额比率	11196	27.9125	43.3269	0.6442	0.0092
营业收入增长率	11196	15.8792	30.8094	0.5154	0.0074
股东权益现金比率	11196	61.5913	28.0348	2.1970	0.0315
董事、监事及高管薪酬总额占营业收入的百分比	11196	60.6461	4.4750	13.5522	0.1945
关联交易金额占营业收入的百分比	11196	65.1304	19.5871	3.3252	0.0477
大股东违规处罚	11196	99.4677	4.9439	20.1194	0.2887
现金分红占总股本的百分比	11196	59.3002	12.7937	4.6351	0.0665
股价年增长率	11196	56.3272	27.9906	2.0124	0.0289
流动比率	11196	29.6811	41.4413	0.7162	0.0103
资产负债率	11196	55.3674	22.9591	2.4116	0.0346

根据上文确定的各基本评价指标及其权数的赋予方法，我们将投资者财务权益保护指数（IPFI）设计为：$IPFI = \sum\limits_{i=1}^{13} w_i Q_i$。根据已确定的指标因子及变异权数，我们所确立的投资者财务权益保护指数为：

$$IPFI = W_1Q_1 + W_2Q_2 + \cdots + W_{13}Q_{13} \qquad (11-1)$$

式中，Q_1，Q_2，$\cdots$，Q_{20}具体含义见表 11 – 1。

二 指数结果

根据表 11 – 3 绘制图 11 – 1。

表 11 –3　　　　**2013 年指数前 10 名上市公司 2009—2013 年指数**

公司名称	所属行业	2009 年	2010 年	2011 年	2012 年	2013 年
格力电器	制造业	82.49	84.21	89.41	75.70	77.31
中洲控股	房地产业	83.46	83.40	90.42	77.71	76.97
德赛电池	制造业	77.91	82.76	85.64	80.52	76.71
浦发银行	金融、保险业	79.36	77.58	86.34	78.43	76.41
招商银行	金融、保险业	74.51	81.02	88.20	79.07	76.33
承德露露	制造业	84.04	86.70	86.80	80.05	76.19
招商地产	房地产业	78.27	83.59	85.55	77.15	76.15
登海种业	农、林、牧、渔业	84.69	87.48	86.70	78.53	76.15
新大陆	信息技术业	77.72	82.38	84.04	73.95	76.05
万华化学	制造业	81.69	82.55	82.48	77.74	76.03

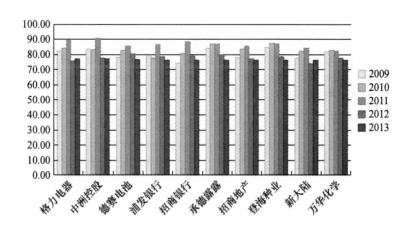

图 11 –1　2013 年指数前 10 名上市公司 2009—2013 年指数图

根据表 11 – 4 绘制图 11 – 2。

表 11 - 4   2013 年指数后 10 名上市公司 2009—2013 年指数

公司名称	所属行业	2009 年	2010 年	2011 年	2012 年	2013 年
星美联合	信息技术业	77.84	66.71	77.83	66.70	52.76
*ST 国创	制造业	69.31	79.59	77.19	70.75	55.02
*ST 新都	社会服务业	77.48	67.86	87.39	66.93	55.74
*ST 超日	制造业		79.08	72.50	65.77	56.72
*ST 霞客	制造业	81.88	83.99	83.51	76.87	56.95
*ST 成城	批发和零售贸易	73.66	79.42	80.97	72.67	57.50
*ST 国恒	批发和零售贸易	76.93	78.15	78.13	72.82	57.75
上海新梅	房地产业	73.47	79.27	78.84	73.29	58.32
*ST 长油	交通运输、仓储业	76.75	76.00	81.19	63.56	58.87
ST 生化	制造业	74.44	65.89	85.87	66.03	60.34

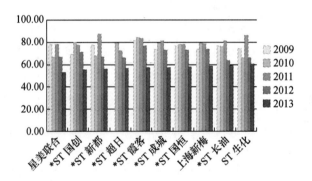

图 11 - 2   2013 年指数后 10 名上市公司 2009—2013 年指数柱状图

三 指数结果统计分析

(一) 描述性统计

表 11 - 5   研究变量总体描述性统计 (2013 年)

变量	观测数	平均值	中位数	标准差最小值	最小值	最大值
PFI	2516	71.76	72.06	2.19	52.76	77.31
1	2516	98.88	100	7.14	0	100
2	2516	89.32	100	17.51	40	100
3	2516	41.17	38	22.73	0	100
4	2516	32.79	0	45.38	0	100
5	2516	12.27	0	28.77	0	100
6	2516	61.37	64	26.31	0	100

续表

变量	观测数	平均值	中位数	标准差最小值	最小值	最大值
7	2516	59.87	60	1.04	38	62
8	2516	62.02	60	19.27	0	100
9	2516	99.32	100	5.04	40	100
10	2516	59.31	56	12.74	40	100
11	2516	54.60	52	29.13	0	100
12	2516	31.44	0	41.72	0	100
13	2516	59.45	59	20.39	0	100

表 11-6　上市公司投资者财务权益保护指数等级分布（2013 年）

指数分布	频数	比例	均值	中位数	标准差
指数 > 90	0				
80 ≤ 指数 < 90	0				
70 ≤ 指数 < 80	2189	87.0%	72.3575	72.2912	1.25801
60 ≤ 指数 < 70	317	12.6%	68.0585	68.9123	2.07735
50 ≤ 指数 < 60	9	0.4%	56.6256	56.9530	1.88404
40 ≤ 指数 < 50	0				

（二）投资者保护指数的合理性检验

我们采用投资者保护指数来衡量公司层面的投资者保护水平。在检测投资者保护指数之前，先要评估这个指数自身能不能有效地衡量投资者保护水平，即对它的合理性进行检验。

研究假设：

（1）信息披露质量高的公司，投资者保护良好。由于良好的公司内部控制有助于保护中小投资者的利益；会计信息减少公司内部人与外部人之间的信息不对称，尤其是通过减少内部人与外部中小投资者之间的代理冲突来实现对中小投资者利益的保护。

（2）盈余质量高，有利于保护投资者利益。盈余质量高，有利于公司股价稳定，股利分配的稳定从而有效地保护投资者财务权益的实现。

（3）代理质量高，有利于降低公司代理成本，从而有利于保护投资者。

（4）投资者投资回报高，投资者保护水平高。股价合理增长，现金股利正常发放，投资者财务权益才能真正实现。

（5）公司偿债质量高有利于保护投资者。合理的偿债能力降低了公司的财务风险，从而降低了投资者的投资风险。

因此，一个合理的投资者保护指数应该与会计信息披露质量、盈余质量、代理质量、投资者回报质量、公司偿债质量等各项指标呈正相关关系。下面将建立投资者保护指数与信息披露质量、盈余质量、代理质量、投资者回报质量、公司偿债质量各指标的线性回归模型，以此检验投资者保护指数的合理性。

$$IFPI = a + \beta_1 X_1 + \beta_2 X_2 + \beta_3 X_3 + \beta_4 X_4 + \beta_5 X_5 + \cdots + \beta_{13} X_{13} + \xi \quad (11-2)$$

式中，X_1，X_2，X_3，$\cdots$，X_{11}，X_{13} 具体含义见表 11-1。

基于上述回归模型，利用逐步回归法进行筛选，最终模型保留自变量 X_1，X_2，X_3，X_4，X_5，X_7，X_8，X_9，X_{10}，X_{11}，X_{13}，模型的调整值为 0.7，除 X_6，X_{12} 存在共线性问题外，其他回归变量均通过显著性检验，模型整体上也通过了回归方程的显著性检验。

表 11-7　　　　　　　　回归模型的分析结果（2013 年数据）

	回归系数	标准误差	t 统计量	检验 p 值	VIF
（常量）	59.402	0.237	250.402	0.000（＊＊＊）	
X_1	1.766	0.055	32.032	0.000（＊＊＊）	1.053
X_2	4.552	0.139	32.793	0.000（＊＊＊）	1.147
X_3	6.069	0.180	33.764	0.000（＊＊＊）	1.002
X_4	0.033	0.006	5.658	0.001（＊＊＊）	1.063
X_5	0.004	0.001	2.767	0.000（＊＊＊）	1.002
X_7	0.607	0.057	10.597	0.000（＊＊＊）	1.065
X_8	−81.949	5.273	−15.541	0.000（＊＊＊）	1.392
X_9	−0.085	0.018	−4.852	0.000（＊＊＊）	1.274
X_{10}	2.246	0.122	18.404	0.000（＊＊＊）	1.060
X_{11}	0.971	0.052	18.679	0.000（＊＊＊）	1.036
X_{13}	1.052	0.094	11.186	0.000（＊＊＊）	1.177

注：＊表示在 10% 的水平上显著，＊＊表示在 5% 的水平上显著，＊＊＊表示在 1% 的水平上显著。

四　指数结果比较分析

1. 地区比较分析

表 11-8　　　　　　　　　2009—2013 年各地区平均指数

年份 地区	2009	2010	2011	2012	2013
西藏	76.98	78.52	82.68	74.46	72.56
北京	76.93	80.00	83.17	74.75	72.29
江西	79.46	80.71	82.47	74.33	72.12
浙江	78.79	80.26	82.57	74.81	72.11
广东	78.87	80.53	82.45	74.53	71.95
上海	76.60	78.65	82.12	74.32	71.92
福建	77.80	80.11	82.51	74.63	71.92
江苏	78.45	80.06	81.97	74.46	71.89
山东	78.49	79.33	82.05	74.47	71.83
贵州	79.54	79.43	83.03	75.09	71.80
湖北	78.04	80.03	82.37	74.38	71.70
安徽	78.99	80.88	82.65	74.42	71.65
云南	78.80	79.71	81.45	74.01	71.64
辽宁	78.43	80.07	82.17	74.68	71.59
湖南	78.76	79.93	82.43	74.60	71.52
广西	78.83	80.03	82.44	73.43	71.52
黑龙江	76.77	78.88	80.46	73.82	71.44
四川	78.10	79.02	82.15	74.34	71.43
陕西	77.43	78.60	81.68	74.13	71.42
甘肃	76.67	77.22	81.49	74.36	71.41
新疆	77.94	79.57	81.28	73.74	71.41
内蒙古	77.90	78.61	81.16	74.28	71.38
河南	78.28	80.30	82.37	74.43	71.36
天津	76.86	79.42	82.21	74.38	71.29
河北	78.89	79.24	82.00	74.28	71.18
海南	76.24	79.66	81.09	73.43	71.01
吉林	77.47	79.93	80.61	74.06	71.00

续表

年份 地区	2009	2010	2011	2012	2013
山西	77.77	78.65	81.67	73.78	70.60
重庆	77.98	78.93	82.18	74.61	70.56
青海	76.40	80.07	81.23	72.03	70.44
宁夏	78.31	79.27	77.86	73.36	68.76

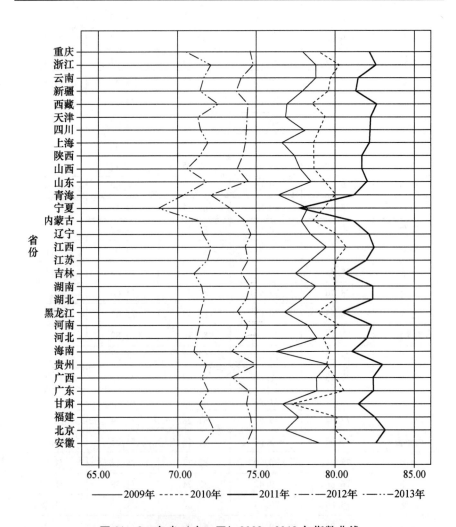

图 11-3 各省（市、区）2009—2013 年指数曲线

由上述图表可以看出，2009—2013 年，全国各省、市、自治区的各年平均指数波动规律基本一致（除 2011 年宁夏的指数有异常变动外），各地区指数经历了由低到高，然后逐渐下降的变动过程。

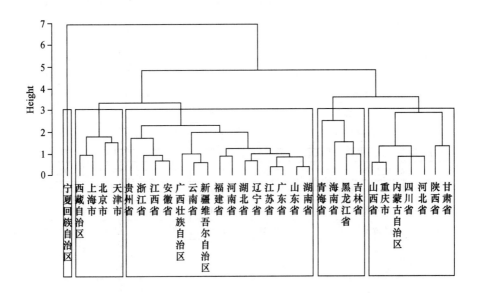

图 11 - 4 不同地区投资者财务权益保护指数聚类

根据五年来的权益保护指数（IPFI）对不同地区进行聚类分析，提取 5 个类别，结果如下：

第一类：西藏、上海、北京、天津。

第二类：贵州、浙江、江西、安徽、广西、云南、新疆、福建、河南、湖北、辽宁、江苏、广东、山东和湖南。

第三类：青海、海南、黑龙江、吉林。

第四类：山西、重庆、内蒙古、四川、河北、陕西、甘肃。

第五类：宁夏。

上述分类结果中，第一类除西藏以外均为我国重要的经济文化中心，第二类集中于我国较发达地区，第三、四、五类基本为西部地区。

2. 行业比较分析

表 11-9　　　　　　　　　2009—2013 年各行业平均指数

年份 行业	2009	2010	2011	2012	2013
房地产业	76.75	81.15	83.59	74.32	72.23
建筑业	74.65	79.73	82.24	74.57	72.21
综合类	78.09	75.72	79.43	71.54	72.20
信息技术业	75.92	79.4	83.07	74.77	72.11
农、林、牧、渔业	77.59	78.88	83.29	74.17	72.10
金融、保险业	76.78	79.79	82.83	74.77	72.09
电力、煤气及水的生产和供应业	77.13	79.37	82.25	74.41	71.90
采掘业	75.52	76.63	81.62	73.41	71.76
交通运输、仓储业	76.75	79.32	82.64	74.4	71.71
批发和零售贸易	77.24	79.46	81.81	75.02	71.65
制造业	79.21	80.13	81.76	74.47	71.65
社会服务业	77.79	78.24	87.32	74.62	71.63
传播与文化产业	75.72	80.4	83.18	73.23	71.45

　　注：表中行业分类是按照中国证监会 2001 年公布的《上市公司行业分类指引》的分类标准。

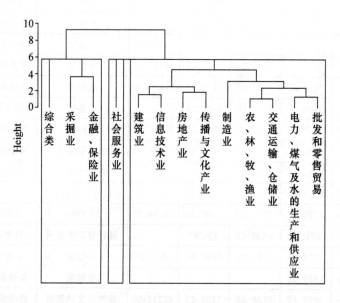

图 11-5　不同行业投资者财务权益保护指数聚类

根据五年来的权益保护指数（IPFI）对不同行业进行聚类分析，提取 3 个类别，结果如下：

第一类：采掘业、金融保险业和综合类行业。

第二类：建筑业，信息技术业，房地产业，传播与文化产业，制造业，农、林、牧、渔业，交通运输、仓储业，电力、煤气及水的生产和供应业，批发和零售贸易。

第三类：社会服务业。

五　指数的应用

投资者财务权益保护指数（IPFI）反映一个公司对投资者保护的程度，该指数越大说明公司的投资者保护程度越高，投资者值得投资；如果一个公司的该指数很小，或小于行业的平均值，投资者要慎重，或者不值得投资。因为行业不同投资者财务权益保护有一定差异，投资者可以将公司的 IPFI 与行业的 IPFI 的平均值比较，如果一个公司的 IPFI 值超过行业的平均值说明该公司的投资者财务权益保护程度高；反之保护程度差。另外，该指数是动态的，每年会有所变化，投资者可以通过近几年该指数的变化趋势进行判断。IPFI 指数研究小组每年会定期发布在"中国股票投资者财务权益保护网"（www. hyfip. com），敬请投资者关注和参考。

投资者投资决策时可以根据公司的投资者财务权益指数的大小与行业平均值（见表 11 - 9）进行比较，尽量投资于指数高于行业平均值的公司。

证券监管机构可以根据各家上市公司的指数大小进行不同等级的监管，对于指数低于行业平均值的公司要严加监管。

各家上市公司特别是指数排名靠后的上市公司可以根据指数大小不断改善和加强投资者财务权益保护。

我国上市公司 2009—2013 年投资者财务权益保护指数（2013 年前 100 名和最后 100 名）见附表 1 和附表 2。成果鉴定后各家上市公司的投资者财务权益保护指数可以在"中国股票投资者财务权益保护网"（www. hyfip. com）查看。

六　主要结论与建议

（一）主要结论

（1）总体来看，2013 年投资者财务权益保护指数平均分为 71. 76，最低分为 52.76，最高分为 77.31，说明我国上市公司整体投资者保护水平处于中等水平，但公司之间、地区之间、行业之间的投资者财务权益保护程度仍有重大差异。

（2）各行业中，房地产业、建筑业和综合类行业分别为投资者保护程度最高行业前三位，制造业、社会服务业、传播和文化产业对投资者保护程度得分较低。

（3）从地域来看，对投资者保护程度最高的省份前五位分别为西藏、北京、江西、浙江、广东；西部一些省份较低，海南、吉林、山西、重庆、青海、宁夏对投资者保护得分最低，这些省份大部分位于西部地区。

（4）而采掘业只有中海油服进入前 100 名、传播与文化业没有一家进入前 100 名，农、林、牧、渔业仅有 2 家进入前 100 名，交通运输业仅有 1 家进入前 100 名，说明这些行业的投资者保护程度较低。

（5）从排名较低的行业来看，制造业公司上榜企业数量相对较多，在指数排名后 100 名上市公司中，制造业有 61 家公司上榜，占 61%，批发零售有 8 家，占 8%。

（6）指数排在后 10 名的绝大多数是 ST 上市公司，占 80%，与第六章研究结论完全一致。

（二）建议

1. 加强信息披露监管的有效性，提高投资者保护水平

提高信息披露质量是投资者保护的核心环节。加强信息披露监管，对信息披露质量的提升和投资者保护的意义主要体现在以下四个方面：有效的信息披露监管可以提高信息透明度和减少信息的不对称；有效的信息披露监管可以很大程度地缩短信息的滞后性；有效的信息披露监管可以在一定程度地减少信息披露的随机性和不确定性；有效的信息披露监管可以保障信息披露的准确性、及时性和充分性，降低信息披露过程中的市场操纵行为，提高市场效率，保障投资者公平获取信息的权利。

信息披露监管的有效性的关键在于提高信息监管过程中的执法效率。这就要求执法人员做到有法可依、执法必严、违法必究，三方面缺一不可。提高执法效率关键又在于：一要严格执法，二要有严格的违规违法处罚或惩罚措施，这二者也是缺一不可的。

同时建议中国证监会下设"中国上市公司信息披露研究小组"，定

期发布我国上市公司信息披露情况年度报告，或者通过一些指标计算各家上市公司信息披露质量指数，发布中国上市公司信息披露质量指数年度报告，投资者可以通过年度报告了解每家上市公司信息披露的情况，以便做出正确的决策，同时也可以告诫那些不诚信的上市公司，不按要求进行信息披露对公司带来严重后果。

2. 确保中介机构和中介人员的独立性，提高投资者的决策有效性

财务信息的及时、准确和完整，不仅依赖于上市公司本身，而且在很大程度上取决于外部中介机构能否保持诚信和中立。外部中介机构包括审计机构、法律事务所、注册会计师事务所、证券咨询公司等。如果中介机构能够保持独立和公正，可以有效地降低信息不对称程度。

在我国，上述中介机构的功能是，在提供中介服务的同时要对市场主体的信息披露行为和证券交易活动进行评价和鉴别，并履行相应的监督责任和连带责任。

目前约束中介机构和中介人员的有关法律主要有：2003 年 1 月颁布的《最高人民法院关于审理证券市场因虚假陈述引发的民事赔偿案件的若干规定》和 2005 年新《证券法》。但相关立法和司法解释相对比较空白，对连带责任过错的判断缺乏明确、切实可行的标准，对中介人员的处罚缺乏量化标准，导致对中介机构和中介人员没有足够的约束力。

建议从以下几个方面确保中介机构和中介人员的独立性：第一，上市公司和外部审计机构应该双向选择，比如可以通过股东大会或监事会公开选聘审计机构；第二，适时更换审计机构，并由证券监管部门监督；第三，审计费用由第三方提供，如通过对信息披露不合规或不合法的上市公司处罚设立基金；第四，对外部审计机构进行严格监管，加大违规违法审计的处罚或惩罚力度；第五，成立专门的中介评级机构，每年对中介机构进行信用评级，并将评级结果向社会公开。

3. 强化信息沟通，改善上市公司与投资者之间的关系

造成上市公司与投资者之间的矛盾或冲突的原因，除了上市公司信息披露的违规、违法外，还有一个非常重要的原因就是上市公司与投资者之间信息沟通出现问题。所以，强化二者之间的信息沟通可以一定程度地缓解他们的矛盾或冲突。因此，我们建议：第一，合规、及时披露上市公司财务信息；第二，信息披露前要做好保密工作，对于提前外泄

公司信息有关责任人进行严惩；第三，真正充分披露信息，鼓励前瞻性信息披露。这里所说的前瞻性信息是指与公司发展有重大影响的在过去的财务信息中未披露的未来信息，如公司产品的市场前景、未来的现金流情况等。这里的信息，除了正常的财务信息外还包括非财务信息，在不影响公司正常经营和运作的情况下应该尽可能地多向投资者披露公司信息。

4. 加强企业内部控制，健全治理结构

杨德明等（2010）研究发现，内部控制对补偿弱投资者保护负面影响具有替代效应，尤其对于投资者保护较弱的地区这一特征更为明显。也就是说，内部控制有利于投资者保护。因此，要想切实有效地维护中小投资者权益，还需从加强公司内部控制、健全治理结构出发，即公司及其大股东上正本溯源。巴曙松（2004）认为，"一股独大"并不是问题，关键是在大股东滥用控制权的时候，缺乏对其必要的制衡和防范机制。由此可见，加强内部治理、内部控制很有必要，"国九条"明确提出："上市公司应当完善公司治理，提高盈利能力，主动积极回报投资者。"对于内部控制，公司经理、董事会、股东等之间要逐步形成权责明确、监督有效的机制，把代理成本降到最低，进而增强持续回报能力。

健全公司治理结构应该建立一套长效形成机制，各项改革需要循序推进。从资本市场获得回报是中小投资者的核心权益所在，上市公司还需要完善利润分配、股份回购等制度，建立多元化投资回报体系，改变以往上市公司"铁公鸡"的形象。上市公司的利润分配政策应透明可操作，同时设立资本市场的诚信档案，让再融资与符合整改要求相挂钩。此外，丰富股利分配方式，推行"以息代股"以及差异化的分红都是有利于优化投资回报机制的探索方向，正逐步引起人们的关注。

5. 强化中小投资者教育，提高投资者自我保护意识

提高中小投资者权益，我们就应该对症下药。邱永红（2006）提出重视投资者教育，努力创建投资者教育体系。面对风险难测、波诡云谲的证券市场，加强中小投资者教育可以说是为保护投资者自身权益开出的"一剂良方"，而构筑多层次的教育体系对提高投资者保护意识十分必要。为此，首先将投资者教育纳入国民教育体系是很有必要的，特别是对于股民集中分布的地区，这种方式将会受到欢迎；其次，由证券

经营机构承担中小投资者的教育保障费用，健全相关产品配置；再次，自律组织应及时修订会员教育服务规则，提高投资者风险防范意识；最后，让中小投资者自己把好最后一道关，树立理性投资意识，改变以往盲目跟风、投机的投资心理，通过学习教育，熟悉自身合法权益，增强风险意识和自我保护能力。

6. 强化市场监管，特别加强 ST 公司的监管，加大违法打击力度

本届政府提出，要用制度管权、管人，对于我国资本市场而言，制度建设同样占有举足轻重的地位。保护投资者权益，营造良好的市场氛围，监管政策的完善必不可少。"国九条"开宗明义地指出，对待中小投资者权益保护，有关部门有必要进行环节监管，同时，证券市场应更多地遵循市场内在经济规律，减少行政干预，让市场问题在市场里得以解决。一是要协调好政府监管与自律监管，二者各自的监管权服务必要明确，同时要加强它们之间的协作；二是要进一步完善中国证监会相关方面的监管机制，要改进监管手段，加大监管力度，建立守信激励和失信惩戒机制，提高违法成本和犯罪代价。

7. 完善法律保护体系，建立多元化纠纷解决机制

面对资本市场欺诈投资者、做出虚假陈述等损害中小投资者权益的事件屡禁不止的情况，我国法律保护体系亟待完善。面对权益欺诈与破坏，诸多投资者之所以长期敢怒不敢言就在于维权诉讼费用的高昂与投诉无门，遥遥无期的诉讼程序更让诸多投资者觉得希望黯然。因此，探索为中小投资者利益保护设置绿色通道，探讨降低维权成本的可行性成为学术界新的话题。同时，设立专门服务中小投资者收益的代理人，最终由各相关责任人按比例分摊费用，真正体现各自的权利与义务。通过健全中小投资者赔偿机制，督促违规或者涉案当事人主动赔偿投资者，以法律的形式设立这样一条"绿色通道""维权通道"，切实有效地保护中小投资者权益。

我们还可以借鉴国外市场经验，颁布中国版的《证券投资者权益保护法》，作为专门的投资者保护法律法规。应对质量效益差的上市公司，及时发出退市预警，对于一些标注"ST"存在退市风险的上市公司，进行退市风险评估，对于退市风险预案、退市后的保险机制等都应该做出详细的规定，做到有法可依，令行禁止；同时通过健全适应中小投资者的民事侵权赔偿救济维权制度，简化维权程序，为广大的中小投

资者维权提供便利；在多元化纠纷解决机制下，真正做到中小投资者权益保护有法可依、有章可循。

8. 探索成立民间投资者保护协会

为了体现对投资者权益的重视，中国证监会投资者保护局已经于2011 年底成立，为了构建综合的投资者保护体系，我们认为，有必要成立民间版的保护局——中小投资者保护协会。张芳芳、张文珂（2010）提出借鉴消费者保护的成功经验，制定《中小投资者权益保护法》和设立专门的中小投资者权益保护机构，借此推动中小投资者权益保护的发展。对于中小投资者的权益保护，协会作为一个公益性维权组织，提供平台，集信息收集、整理乃至侵权咨询为一体，通过向投资者提供救济，引入一整套涵盖调解、诉讼和赔偿等机制，使其成为投资者的"避风港"。协会甚至可以从中小投资者中选出代表参与股东大会，代行股东权利，为诸多分散的中小投资者权益添砖加瓦、保驾护航。

我国作为全球新兴的资本市场，各种体制、机制的不完善对投资者权益的损害难以避免，但对于我国投资者尤其是中小投资者权益保护也不必太过悲观。随着中小投资者保护局的成立、"国九条"的出台，从政府、社会学者乃至个体散户，投资者权益保护正日益受到关注。虽然我国目前中小投资者权益保护有待进一步提升，但是我们相信在不久的将来，中小投资者权益现状必将大幅改观。

附表 1

2009—2013 年中国上市公司投资者财务权益保护指数排名
(2013 年前 100 名)

名次	公司名称	所属行业	2009 年	2010 年	2011 年	2012 年	2013 年
1	格力电器	制造业	82.4889	84.2111	89.4142	75.6982	77.31287
2	中洲控股	房地产业	83.45678	83.4029	90.4163	77.7099	76.96737
3	德赛电池	制造业	77.90894	82.7648	85.6417	80.5161	76.70665
4	浦发银行	金融、保险业	79.35634	77.5765	86.3431	78.4344	76.4104
5	招商银行	金融、保险业	74.50847	81.0248	88.1952	79.0665	76.32681
6	承德露露	制造业	84.03805	86.6968	86.7967	80.0493	76.19209
7	招商地产	房地产业	78.26593	83.5877	85.5518	77.1489	76.15311
8	登海种业	农、林、牧、渔业	84.69152	87.4834	86.6969	78.5283	76.15058
9	新大陆	信息技术业	77.72455	82.3825	84.0362	73.9539	76.05368
10	万华化学	制造业	81.69414	82.5539	82.4833	77.7412	76.02999
11	广联达	信息技术业		82.8675	86.5304	77.2287	75.96312
12	长源电力	电力、煤气及水的生产和供应业	82.55587	74.972	83.0945	75.3565	75.94103
13	万科 A	房地产业	79.80425	85.4134	89.1616	77.818	75.93687
14	长城汽车	制造业			85.207	78.3156	75.92016
15	宝新能源	电力、煤气及水的生产和供应业	79.76272	77.4032	84.4963	78.5934	75.89596
16	万丰奥威	制造业	83.00182	83.7251	87.3456	79.3501	75.87404
17	华帝股份	制造业	82.71463	87.0054	87.4843	78.5062	75.85644
18	科华生物	制造业	82.23188	76.0557	86.36	79.0653	75.84008
19	中华企业	房地产业	77.3917	77.6412	81.0643	76.6227	75.83859
20	海信科龙	制造业	74.714	79.0048	74.4081	71.9555	75.83194
21	中通客车	制造业	82.68881	82.0914	88.3282	75.5382	75.76272

续表

名次	公司名称	所属行业	2009 年	2010 年	2011 年	2012 年	2013 年
22	广州友谊	批发和零售贸易	86.03577	85.9351	89.2711	77.4873	75.73354
23	中工国际	建筑业	81.32181	86.8813	89.9289	79.056	75.69121
24	江铃汽车	制造业	85.18537	88.4103	87.8796	77.4017	75.68694
25	青岛海尔	制造业	80.63894	85.7224	84.1668	78.6638	75.63612
26	东华软件	信息技术业	76.22576	83.8613	86.035	77.3853	75.63378
27	青岛啤酒	制造业	80.00698	82.972	85.9266	77.3587	75.55288
28	中天城投	房地产业	82.11538	84.6081	84.3307	74.1232	75.48988
29	新和成	制造业	83.71179	85.6363	88.7718	79.0335	75.45215
30	穗恒运 A	电力、煤气及水的生产和供应业	82.59951	80.9884	89.0764	76.6413	75.42497
31	长春高新	制造业	83.80392	85.3938	85.5663	76.8458	75.4099
32	美欣达	制造业	82.37682	65.2331	86.3852	77.8155	75.3898
33	伊利股份	制造业	79.96908	82.3413	81.815	76.7635	75.36435
34	方大特钢	制造业	76.59782	77.8368	83.7888	73.9106	75.30264
35	小天鹅 A	制造业	83.02137	84.9965	84.3011	77.3261	75.29594
36	人民网	信息技术业				75.3376	75.2886
37	誉衡药业	制造业		79.1846	82.7761	74.9265	75.2818
38	东信和平	信息技术业	70.49698	83.7305	87.6876	76.6469	75.23644
39	深赤湾 A	交通运输、仓储业	84.39602	84.8534	76.7273	76.7716	75.22083
40	万向钱潮	制造业	83.94401	84.9003	80.7292	75.5259	75.21801
41	世荣兆业	房地产业	78.14341	84.3491	83.7139	77.3558	75.20947
42	鹏博士	信息技术业	73.0904	75.1514	82.0542	76.29	75.19334
43	双汇发展	制造业	84.61931	89.0034	85.3946	78.1663	75.18226
44	奥瑞金	制造业				75.3567	75.17729
45	中国平安	金融、保险业	79.04552	80.56	83.6734	78.1063	75.16878
46	TCL 集团	制造业	82.50736	81.793	82.0637	76.6127	75.16463
47	豫能控股	电力、煤气及水的生产和供应业	72.79277	82.9587	86.6273	77.8618	75.14964
48	正泰电器	制造业	77.33801	82.1981	84.0309	79.6516	75.13507
49	獐子岛	农、林、牧、渔业	84.37652	85.4612	87.9415	77.2102	75.12167
50	金螳螂	建筑业	79.69031	87.6808	87.2642	79.706	75.11984

续表

名次	公司名称	所属行业	2009 年	2010 年	2011 年	2012 年	2013 年
51	泸州老窖	制造业	85.49951	86.6079	86.0984	78.0417	75.08889
52	国光电器	制造业	82.8323	82.994	83.2046	74.4667	75.04082
53	宁波银行	金融、保险业	82.47491	82.6914	83.2404	77.9517	75.03644
54	远光软件	信息技术业	81.14332	85.3783	86.2071	78.5748	74.99944
55	京能置业	房地产业	72.51868	82.0589	83.1206	73.6205	74.99486
56	莱茵置业	房地产业	78.66548	84.5648	83.7435	77.7201	74.9794
57	鲁泰 A	制造业	82.61494	83.9829	82.7477	75.4386	74.9643
58	北新建材	制造业	83.31422	85.0162	86.9551	79.6563	74.9568
59	万泽股份	房地产业	82.14504	85.5484	86.8161	73.7862	74.95177
60	冠城大通	房地产业	79.48684	82.834	85.9407	74.2677	74.94774
61	汇川技术	制造业		79.9746	83.2947	75.6669	74.9417
62	紫光股份	信息技术业	76.6939	83.4565	88.1737	74.2616	74.94022
63	上海机电	制造业	77.61172	81.6396	85.1348	78.0219	74.93319
64	福星股份	房地产业	80.16122	85.7447	84.9164	75.414	74.93013
65	中海油服	采掘业	75.10079	81.269	79.9408	74.2437	74.92902
66	伟星股份	制造业	85.18017	85.3354	84.7566	78.1861	74.91824
67	中材科技	制造业	83.20826	82.5042	84.3746	75.7272	74.90283
68	国际医学	批发和零售贸易	80.68258	82.632	86.6109	76.2667	74.90271
69	银亿股份	房地产业	78.21819	80.3734	85.5479	76.1991	74.89082
70	美邦服饰	制造业	82.84422	84.4707	87.3387	77.2371	74.88155
71	苏宁环球	房地产业	79.63793	82.9393	86.2458	78.4822	74.8742
72	中国太保	金融、保险业	76.64994	81.4498	83.9424	75.7257	74.87376
73	贝因美	制造业			84.2351	78.0413	74.87304
74	古井贡酒	制造业	84.03258	87.9677	88.5768	75.9583	74.85739
75	深康佳 A	制造业	83.63517	81.2285	80.099	75.4526	74.84439
76	雅戈尔	制造业	79.98212	84.706	85.7104	75.6963	74.84162
77	鄂武商 A	批发和零售贸易	84.5024	85.2356	83.8511	76.4403	74.83584
78	中集集团	制造业	81.53853	81.8086	81.4525	77.4461	74.82468
79	大族激光	制造业	82.0953	82.5187	84.1003	78.1223	74.82208
80	浩物股份	制造业	74.34371	80.137	89.1384	78.9827	74.811
81	惠而浦	制造业	80.74442	82.2455	83.5655	75.1713	74.80837

续表

名次	公司名称	所属行业	2009 年	2010 年	2011 年	2012 年	2013 年
82	汤臣倍健	制造业		79.5054	84.522	76.3144	74.80399
83	宝信软件	信息技术业	77.25857	80.4997	84.8393	74.577	74.80049
84	光明乳业	制造业	78.59327	82.1047	85.1427	77.105	74.79767
85	格力地产	房地产业	76.19429	80.885	81.5537	72.6274	74.76461
86	三湘股份	房地产业	74.08852	73.9088	88.2393	78.0366	74.76229
87	深圳华强	社会服务业	82.00999	80.8362	88.5279	75.9973	74.75114
88	神州泰岳	信息技术业	76.44472	80.1956	83.0564	76.3284	74.74406
89	厦门信达	批发和零售贸易	79.81064	82.6699	85.5028	76.5238	74.74393
90	江山股份	制造业	76.60402	77.7091	83.2011	75.3972	74.73836
91	四川路桥	建筑业	73.94066	78.3969	82.8521	75.4415	74.73023
92	深物业 A	房地产业	83.6071	83.6167	85.599	77.7195	74.72866
93	中兴通讯	信息技术业	81.74559	84.5065	83.8529	75.9892	74.72148
94	华天酒店	社会服务业	74.57963	80.9869	90.7777	75.7315	74.71565
95	福耀玻璃	制造业	78.56464	79.8266	84.4305	76.7695	74.70584
96	华东医药	批发和零售贸易	82.22718	173.528	85.1662	79.7631	74.69554
97	华发股份	房地产业	77.59654	83.7312	86.9368	73.6088	74.69525
98	东易日盛	建筑业					74.68912
99	大港股份	房地产业	79.60458	84.9551	84.5878	75.0727	74.67958
100	世联行	房地产业	78.48827	84.1622	83.9724	76.3486	74.6742

附表 2

2009—2013 年中国上市公司投资者财务权益保护指数排名
（2013 年倒数 100 名）

名次	公司名称	所属行业	2009 年	2010 年	2011 年	2012 年	2013 年
100	西王食品	制造业	69.78328	83.9356	82.8501	75.0332	67.48722
99	中国天楹	社会服务业	58.71185	57.6321	64.5881	71.9012	67.47426
98	富春环保	电力、煤气及水的生产和供应业		79.0226	82.7277	75.2573	67.46791
97	兴业矿业	采掘业	78.4059	77.9133	79.2192	73.0209	67.42944
96	泸天化	制造业	82.88109	79.8548	82.592	73.8031	67.41447
95	攀钢钒钛	采掘业	74.8336	82.4084	85.772	69.5954	67.40609
94	四川金顶	制造业	62.90642	53.8111	77.257	71.3764	67.39487
93	盛运股份	制造业		78.9766	81.2774	75.8257	67.33733
92	博闻科技	制造业	77.75978	77.3911	78.4778	71.0342	67.24838
91	沙河股份	房地产业	82.05053	85.5453	84.0047	78.156	67.23194
90	宁波富邦	制造业	79.95391	64.5162	80.7065	71.0937	67.16071
89	南风化工	制造业	76.1001	81.161	85.9852	76.957	67.14601
88	天康生物	制造业	76.92777	80.8451	84.1794	70.1307	67.07663
87	厦华电子	制造业	78.54601	78.6636	79.1179	73.8379	67.04804
86	冠豪高新	制造业	77.45913	79.8961	79.5076	73.0211	67.02975
85	莲花味精	制造业	73.13055	72.7984	74.1949	66.2682	66.98541
84	凯美特气	社会服务业		77.7341	87.9644	73.4287	66.95555
83	津膜科技	制造业				74.292	66.91142
82	海立美达	制造业		81.2135	82.7944	72.6481	66.88457
81	华神集团	制造业	80.80505	84.4699	84.3484	75.3023	66.85807
80	神雾环保	制造业		79.4616	81.9379	72.7328	66.82173
79	*ST 凤凰	交通运输、仓储业	71.21984	76.2222	76.8866	73.2332	66.74289

续表

名次	公司名称	所属行业	2009 年	2010 年	2011 年	2012 年	2013 年
78	多伦股份	房地产业	74.55589	77.7718	82.0038	73.2417	66.60646
77	*ST 三维	制造业	81.57826	83.36	77.1607	68.6585	66.58637
76	天宸股份	综合类	76.91126	80.794	81.4926	70.405	66.51616
75	拓日新能	制造业	79.10314	80.2131	78.9099	73.3012	66.51494
74	紫鑫药业	制造业	78.08546	80.6772	66.783	65.2505	66.51311
73	新中基	制造业	75.92925	80.2353	68.1076	70.9889	66.51024
72	创兴资源	采掘业	73.20012	75.4192	80.1166	72.7883	66.48442
71	川投能源	电力、煤气及水的生产和供应业	73.68214	78.557	82.3779	73.1434	66.48019
70	ST 宜纸	制造业	70.2482	80.8293	84.6021	71.2977	66.4006
69	凯利泰	制造业				75.3237	66.37016
68	岳阳兴长	制造业	80.90895	83.3978	78.9235	74.8045	66.35795
67	*ST 传媒	传播与文化产业	80.3551	79.8521	78.2327	76.5635	66.33202
66	万福生科	制造业			83.5948	65.6878	66.31089
65	*ST 松辽	制造业	73.06263	59.7516	73.1966	69.3867	66.30492
64	迪威视讯	信息技术业		80.5235	85.6696	74.0013	66.30431
63	ST 明科	制造业	68.85599	70.5205	72.5316	69.364	66.29038
62	亚星化学	制造业	77.38275	71.9557	70.8766	63.2851	66.23562
61	川化股份	制造业	82.50881	74.9821	80.0902	77.0621	66.12782
60	中科英华	制造业	76.91534	80.413	80.6459	72.7005	66.03712
59	威华股份	制造业	79.01931	78.6287	82.8475	74.5139	66.02114
58	司尔特	制造业		82.3048	81.5129	74.0678	66.02003
57	蓉胜超微	制造业	78.09729	77.4694	81.9195	74.663	66.00153
56	南京新百	批发和零售贸易	76.98888	78.3442	81.8312	75.737	65.93166
55	荣科科技	信息技术业			86.228	76.6528	65.9247
54	皖江物流	交通运输、仓储业	76.22918	78.7896	83.2169	74.6369	65.90829
53	康达尔	制造业	75.94074	81.2008	85.4693	55.1723	65.90213
52	嘉事堂	批发和零售贸易		79.498	83.0824	75.198	65.78437
51	中冠 A	制造业	76.7286	74.3695	77.0852	67.5227	65.7465
50	中泰桥梁	建筑业				72.7252	65.6473
49	华闻传媒	传播与文化产业	80.21278	82.8877	86.5632	73.7256	65.36771

续表

名次	公司名称	所属行业	2009 年	2010 年	2011 年	2012 年	2013 年
48	康盛股份	制造业		78.0871	81.0017	75.0714	65.32603
47	石中装备	制造业				74.5883	65.30469
46	*ST 三毛	制造业	75.15321	77.9148	80.9899	71.3832	65.29295
45	熊猫烟花	制造业	77.50949	77.6645	71.3302	73.8627	65.24756
44	盛路通信	信息技术业		78.1946	82.0103	73.4561	65.23909
43	明家科技	制造业			82.5427	74.8371	65.2023
42	廊坊发展	综合类	77.16812	68.3777	79.0303	68.6411	65.17639
41	大有能源	采掘业	74.44827	76.1213	83.1677	76.9507	65.16562
40	科伦药业	制造业		79.7152	82.8479	76.5843	65.0788
39	中银绒业	制造业	80.14089	84.7361	80.6461	76.43	64.79974
38	*ST 广夏	制造业	56.8989	67.0745	63.3151	70.811	64.73915
37	世纪星源	房地产业	68.75457	77.6673	82.7152	69.8186	64.73242
36	美利纸业	制造业	81.36805	82.0871	81.7204	76.7357	64.67436
35	银润投资	房地产业	45.55528	81.1029	79.2122	72.6627	64.58871
34	湖南发展	电力、煤气及水的生产和供应业	73.98925	76.1626	83.558	73.8615	64.54538
33	内蒙发展	制造业	82.39513	81.5339	77.4451	72.2951	64.35414
32	华鑫股份	房地产业	74.20197	79.1158	81.5595	74.1543	64.21542
31	建峰化工	制造业	83.76147	79.6939	79.7469	75.5059	64.1556
30	亚夏汽车	批发和零售贸易			84.2765	69.0221	64.00123
29	大元股份	制造业	76.37048	72.3651	65.1701	70.8011	63.95688
28	*ST 天业	制造业		79.0593	81.4351	65.5529	63.89366
27	当代东方	传播与文化产业	68.77808	74.5502	75.796	74.373	63.69853
26	金谷源	批发和零售贸易	70.79369	83.9821	80.904	70.8869	63.30495
25	天津磁卡	制造业	71.3977	75.8567	76.6337	71.8432	63.30433
24	博汇纸业	制造业	77.98857	78.5755	84.1668	73.0098	63.24851
23	键桥通讯	信息技术业	75.22532	78.2342	73.1291	74.9727	63.24806
22	海德股份	房地产业	79.08564	85.3831	80.9419	65.2772	62.9284
21	福日电子	批发和零售贸易	71.52853	75.3867	78.6856	74.8601	62.64381
20	*ST 锐电	制造业		78.3651	82.234	72.2282	62.43894
19	东方银星	批发和零售贸易	61.47425	67.7252	62.5334	65.8625	62.24172

续表

名次	公司名称	所属行业	2009 年	2010 年	2011 年	2012 年	2013 年
18	春晖股份	制造业	80.90052	82.8752	85.5337	73.2937	62.15958
17	武昌鱼	房地产业	73.0694	79.1499	78.2125	64.3691	61.95117
16	*ST 贤成	制造业	71.29087	77.5079	82.0287	54.443	61.85966
15	中核钛白	制造业	54.93282	72.0348	76.6506	74.3132	61.84954
14	宏磊股份	制造业			85.283	70.0897	61.79428
13	福成五丰	农、林、牧、渔业	76.11567	68.497	81.7138	73.3042	61.5576
12	青鸟华光	信息技术业	67.46328	66.7091	72.2298	70.0171	61.2609
11	深国商	房地产业	54.8753	77.5254	56.476	66.8222	60.5081
10	ST 生化	制造业	74.44	65.89	85.87	66.03	60.34
9	*ST 长油	交通运输、仓储业	76.75	76.00	81.19	63.56	58.87
8	上海新梅	房地产业	73.47	79.27	78.84	73.29	58.32
7	*ST 国恒	批发和零售贸易	76.93	78.15	78.13	72.82	57.75
6	*ST 成城	批发和零售贸易	73.66	79.42	80.97	72.67	57.50
5	*ST 霞客	制造业	81.88	83.99	83.51	76.87	56.95
4	*ST 超日	制造业		79.08	72.50	65.77	56.72
3	*ST 新都	社会服务业	77.48	67.86	87.39	66.93	55.74
2	*ST 国创	制造业	69.31	79.59	77.19	70.75	55.02
1	星美联合	信息技术业	77.84	66.71	77.83	66.70	52.76

注：本指数只是研究需要，随着样本的变化，某上市公司的指数结果会随之变化，投资者据此决策需要慎重。

参考文献

[1] Admati Anat, Paul Pfleiderer and Josef Zechner. Large Shareholder Activism, Risk Sharing, and Financial Markets quilibrium. Journal of Political Economy, 1994 (102): 1097 – 1130.

[2] Aharony J. , J. Wang, H. Yuan. Related Party Transactions as a Direct Means for Earnings Management. Working Paper, 2005.

[3] Albuquerue RUI, N Wang. Agency Conflicts, Investment, and asset Pricing. The Journal of Finance, 2008 (1): 1 – 40.

[4] Amihud, Y. and Mendelson, H. , 1986, "Asset Pricing and the Bid2Ask Spread", Journal of Financial Economics, 17 (2): 223 – 249.

[5] Ang. Cole. Lin. Agency Cost and Ownership Structure, 2000.

[6] Annen A. Alchian, Harold Demsetz. Production, Information Costs, and Economic Organization, The American Economic Review, 62: 777 – 795.

[7] Barry, C. B. and Brown, S. J. , 1984, "Differential Information and the Small Firm Effect", Journal of Financial Economics, 13 (2): 283 – 295.

[8] Bebchuk, Kraakman, Triantis. Stock Pyramids, Cross – Ownership, and Dual Class Equity: The Creation and Agency Costs of Separating Control from Cash Flow Rights. Working Paper, 2000.

[9] Becht Marco and Colin Mayer. 2000. Corporate Control in Europe. Mimeo, ECARES Free University of Brussels.

[10] Benjamin, Maury, and Anete, Pajuste. 2005. Multiple large shareholders and firm value. Journal of Banking & Finance, 29: 1813 – 1834.

[11] Bennedsen, M. and D. Wolfenzon. 2000. The Balance of Power in Close Corporations. Journal of Financial Economics, 58: 113 – 139.

[12] Berger P. , E. Ofek. Diversification's Effect on Firm Value. Journal of

Financial Economics, 1995 (37): 39 – 65.

[13] Bertrand M. , P. Mehta, S. Mullainathan. Ferreting Out Tunneling: An Application to Indian Business Groups. The Quarterly Journal of Economics, 2002, 117: 121 – 148.

[14] Bhattacharya U. , Daouk H. , and Welker M. The World Price of Earning Opacity. The Accounting Review, 2003, 78 (3): 641 – 678.

[15] Bhushan R. Firm Characteristics and Analyst Following. Journal of Accounting and Economics, 1989 (11): 255 – 274.

[16] Blanchard, O. J. , Lopez – de – Silanes, F. , and A. Shleifer. What Do Firms Do With Cash Windfall. Journal of Financial Economics, 1994 (36): 337 – 360.

[17] Bloch Francis and Ulrich Hege. 2001. Multiple Shareholders and Control Contests. Unpublished Working Paper, HEC School of Management.

[18] Botosan, C. Disclosure Level and the Cost of Equity Capital. The Accounting Review, 1997, 72 (3): 323 – 349.

[19] Botosan C. , M. Plumlee. A Re – examine of Disclosure Level and the Expected Cost of Equity Capital. Journal of Accounting Research, 2002 (40): 21 – 40.

[20] Brickley J. A. Coles J L. Jarrell G. Leadership Strncture: Separating the CEO and Chairman of the Board, 1997.

[21] Bronson, S. N. , J. V. Carcello, and K. Raghunandan. Firm characteristics and Voluntary Man – Agement Reports on Internal Control . Auditing: A Journal of Practice & Theory, 2006 (11) .

[22] Cheung, Yan – leung, P. Raghavendra, Ran, Aris, Stouraitis. Tunneling, Propping and Expropriation Evidence from Connected Related Party Transactions in Hong Kong. Working Paper, 2004.

[23] Christine A. Botosan and M. Plumlee. A Re – examination of Disclosure Level and the Expected Cost of Equity Capital. Journal of Accounting, 2002 (12) .

[24] Christine A. Botosan, and M. Plumlee. Assessing Alternative Proxies for the expected risk premium. The Accounting Review, 2005 (1) .

[25] Claessens, S., S. Djankov, J. Fan, and HP Lang, 1999: On Expropriation of Minority Shareholders: Evidence from East Asia Policy Research Working Paper, 2088, The World Bank.

[26] Coffee, John Jr. Privatization And Corporate Governance: The Lessons From Securities Market Failure, Columbia Law School, The Center for Law and Economic Studies, Working Paper, 1999, No. 158.

[27] Couderc N. Corporate Cash Holdings: Financial Determinants and Consequences. SSRN Working Papers, 2004.

[28] Defond, M., and M. Hung. Investor Protection and Corporate Governance: Evidence From Worldwide CEO Turnover. Journal of Accounting Research, 2004, 42 (2): 269 – 312.

[29] Demsetz, Kenneth and Kenneth Lehn. 1983. The Structure of Corporate Ownership: Causes and Consequences. Journal of Political Economy, 93: 1155 – 1177.

[30] Diamond D. and R. Verrecchia. Disclosure, Liquidity, and the Cost of Equity capital. Journal of Finance, 1991, (46): 1325 – 1355.

[31] Dittmar A, Mahrt – Smith J, Servaes H. International Corporate Governance and Corporate Cash Holdings. Journal of Financial and Quantitative Analysis, 2003 (38).

[32] Faccio, M., LHP Lang and L. Young. 2001. Dividends and Exp rop riation. American Economic Review, 91: 54 – 78.

[33] Francis J., La Fond R., Olsson P. M., and Schipper K. Cost of equity and Earnings Attributes. The Accounting Review, 2004, 79 (4): 967 – 1010.

[34] Gomes, A. and Novaes, W. 2005. Sharing of Control Versus Monitoring. P IER Working Paper, 1 – 29, University of Pennsylvania Law School.

[35] Goyal, V. K. and Park, C. W. Board Leadership Structure and CEO Turnover. Journal of Corporate Finance, 2002 (8): 49 – 66.

[36] Guney, Ozkan, Ozkan. Additional International Evidence on Corporate Cash Holdings. SSRN Working Papers, 2003.

[37] Handa, P. and Linn, S., 1993, "Arbitrage Pricing with Estimation

Risk", Journal of Financial and Quantitative Analysis, 28 (1):
81 - 100.

[38] Harford J. Corporate Cash Reserves and Acquisitions. Journal of Finance, 1999 (54): 1969 - 1997.

[39] Harris M, A Raviv Capital Structure and the Information Role of Debt. Journal of Finance, 1990 (45): 321 - 349.

[40] Healy P. M. and Palepu K. Information Asymmetry, Corporate Disclosure and the Capital Markets: A Review of the Empirical Disclosure Literature. Journal of Accounting and Economics, 2001 (31): 405 - 440.

[41] Hermalin. Weisbach. The Effects of Board Composition and Direct Incentives on Firm Performance, 1991.

[42] Himmelberg, Charles P. , Hubbard, Robert Glenn and Love, Inessa, "Investor Protection, Ownership, and the Cost of Capital" (February 12, 2002) .

[43] Hirschman, A. 1971. Exit, Voice and Loyalty: Responses to Decline in Firms, Organizations, and States. Cambridge, MA: Harvard University Press.

[44] Huddart, Steven. The Effect of a Large Shareholder on Corporate Value. Management Science, 1993. 39 (No. 4, Aug.): 1407 - 1421.

[45] Jensen M. The Modern Industrial Revolution, Exit, and the Fmlure of Internal Control Systems, 1993.

[46] Jensen M C, W H Meckling? Theory of the Firm: Managerial Behavior, Agency Costs, and Capital Structure. Journal of Financial Economics, 1976 (3): 305 - 360.

[47] Jensen M. Mackling W. Theory of the Firm: Managerial Behavior, Agency Costs and Ownership Structure, 1976.

[48] Jensen M. C. . Agency Costs of Free Cash Flow, Corporate Capital Finance and Takeovers. The American Economic Review, 1986 (76): 323 - 339.

[49] Johnson J Ldaily C M. . Ellstrand A E. Boards of Directors: A Renew and Research Agenda, 1996.

[50] Johnson, R. La Porta, F. Lopez – de – Silanes, and Shleifer. Tunne-
ling. American Economic Review, 2000 (90): 22 – 27.

[51] Johnson, Simon H. and Shleifer, Andrei, "Coase v. the Coasians"
(December 1999) . NBER Working Paper No. W7447.

[52] Johnson, Simon, Peter Boone, Alasdair Breach, and Eric Friedman,
2000: Corporate Governance in the Asian Financial Crisis 1997 –
1998. Journal of Financial Economics, Vol. 58, No. 1 – 2.

[53] Kim, Chang – Soo, Mauer D. C. , Sherman A. E. The Determinants
of Corporate Liquidity: Theory and Evidence. Journal of Financial and
Quantitative Analysis, 1998 (33): 305 – 334.

[54] Kirchmaier Thomas, Jeremy Grant. Financial Tunneling and the Re-
venge of the Insider System. Working Paper, 2004.

[55] Klein. Firm Performance and Committee Structure, 1998.

[56] La Porta, Rafael, Florencio Lopez – de – Silanes, Andrei Shleifer,
and Robert W. Vishny, 1997: Legal Determinants of External Fi-
nance, Journal of Finance, 52, pp. 1131 – 1150.

[57] La Porta, Rafael, Florencio Lopez – de – Silanes, Andrei Shleifer,
and Robert W. Vishny, 1998: Law and Finance, NBER Working Pa-
per Series.

[58] Lang L. , R. Stulz, and R. Walkling. A Test of the Free Cash Flow Hy-
pothesis: The Cash of Bidders Returns. Journal of Financial Economics,
1991 (29): 3315 – 3335.

[59] Lang M. and R. Lundholm. Corporate Disclosure Policy and Analyst Be-
havior. The Accounting Review, 1996 (October): 467 – 492.

[60] Laeven, Luc and Ross Levine. 2004. Beyond the Biggest: Do Other
Large Shareholders Influence Corporate Valuations? Unpublished Work-
ing Paper. University of Minnesota.

[61] Lehmann Erik and Jrgen Weigand. 2000. Does the Governed Corpora-
tion Perform Better? Governance Structures and theMarket for Corporate
Control in Germany. European Finance Review, 4: 157 – 195.

[62] Lipton M. J Lorsch A. Modost Proposal for Improved Corporate Govern-
ance, 1992, 1.

［63］Luzi Heil and Christian Leuz. International Differences in the Cost of Equity Capital: Do Legal Institutions and Securities Regulation Matter? Journal of Accounting Research, 2006（5）.

［64］Mathew A. Rutherford, Buchhohz Brown. Examining the Relationships between Monitoring and Incentives in Corporate Governance, 2007.

［65］Maug, Ernst. Large Shareholders as Monitors: Is There a Trade – Off between Liquidity and Control? Journal of Finance, 1998, 53: 65 – 98.

［66］M. C. Jensen, W. H. Meekling. Theory of Firm: Managerial Behavior, Agency Cost and owner ship Structure, Journal ofEconomics, October, 1976,（4）: 305 – 360.

［67］M. C. Jensen. Agency cost of free cash flow, corporate finance and takeovers, American Economic Review, 1986, 76: 323 – 339.

［68］Mitton, Todd, A cross – firm analysis of the impact of corporate governance on the East Asian financial crisis, Journal of Financial Economics 64: 215 – 41（2002）.

［69］Morck R. Shleifer. A. Vishny R. Management Ownership and Market Valuation: an Empirical Analysis, 1988.

［70］Myers S C. Determinants of Corporate Borrowing. Journal of Financial Economics, 1977（5）: 147 – 175.

［71］Nagar, V. , Petroni, K. , and D. Wolfenzon. Governance Problems in Close Corporations. Unpublished Working Paper. New York University Stern School of Business, 2004.

［72］Ohlson, J. and B. Jüttner – Nauroth. . Expected EPS and EPS growth as determinants of value. Review of Accounting Studies, 2005（3）.

［73］Ozkan Aydin, Ozkan Neslihan. 2004. Corporate Cash Holdings: An Empirical Investigation of UK Companies. Journal of Banking & Finance, 2004（28）: 2103 – 2134.

［74］Pagano, M. and A. Roell. The Choice of Stock Ownership Structure: Agency Costs, Monitoring, and the Decision to Go Public. Quarterly Journal of Economics, 1998, 113: 187 – 225.

［75］Pinkowitz L. , R. Stulz, R. Williamson. Do Firms with Poor Protection of Investor Rights Hold More Cash? Georgetown University. SS-RN. Working Paper, 2004.

[76] Reuben M. Baron, David A. The Moderator. Mediator Variable Distinction in Social Psychological.

[77] R. H. Coase, The Nature of the Firm, Economica (16): 386 – 405.

[78] Richardson, S. Over – investment of Free Cash Flow. Review of Accounting Studies, 2006 (11): 159 – 189.

[79] Verrecchia, R. Essays on disclosure. Journal of Accounting and Economics, 2001 (3).

[80] Volpin, P. Governance with Poor Investor Protection: Evidence from Top Executive Turnover in Italy. Journal of Financial Economics, 2002 (64): 61 – 90.

[81] Weisbach, M. S. Outside Directors and CEO Turnover. Journal of Financial Economics, 1988 (20): 431 – 460.

[82] Welker, M., "Disclosure Policy, Information Asymmetry and Liquidity in EquityMarkets", Contemporary Accounting Research, 1995, 11: 801 – 828.

[83] Wurgler J. Financial Markets and the Allocation of Capital. Journal of Financial Economics, 2000 (58): 187 – 214.

[84] Yermack, D. Higher Market Valuation of Companies with a Small Board of Directors. Journal of Financial Economics, 1996 (40): 185 – 211.

[85] Zhang, G. Private information production, public disclosure, and the cost of capital: theory and implications. Contemporary Accounting Research, 2001 (2).

[86] Zwiebel, J. Block investment and partial benefits of corporate control. Review of Economic Studies, 1995, 62: 161 – 185.

[87] 陈信元、黄俊:《政府干预、多元化经营与公司业绩》,《管理世界》2007 年第 1 期。

[88] 戴中亮:《委托代理理论述评》,《商业研究》2004 年第 9 期。

[89] 丁烈云、刘荣英:《制度环境、股权性质与高管更换研究》,《管理科学》2008 年第 6 期。

[90] 段华友：《投资者财务权益保护：一个理论框架》，《会计之友》2011年第4期。

[91] 樊纲、王小鲁：《中国市场化指数——地区市场化相对进程报告（2001）》，经济科学出版社2003年版。

[92] 冯立威：《委托—代理理论》，《农业图书情报学刊》2004年第8期。

[93] 符蓉、黄继东、干胜道：《"自由现金流量"概念及计算方法分析》，《会计之友》2007年第1期。

[94] 干胜道：《企业过度投资的原因与对策分析》，《会计之友》2008年第5期。

[95] 高雷、李芬香、张杰：《公司治理与代理成本——来自上市公司的经验证据》，《财会通讯》（学术版）2007年第4期。

[96] 高雷、宋顺林：《董事会、监事会与代理成本——基于上市公司2002—2005年面板数据的经验证据》，《经济与管理研究》2007年第10期。

[97] 龚玉池：《公司绩效与高层更换》，《经济研究》2001年第10期。

[98] 胡国柳、裘益政、黄景贵：《股权结构与企业资本支出决策：理论与实证分析》，《管理世界》2006年第1期。

[99] 胡国柳、周遂：《会计稳健性、管理者过度自信与企业过度投资》，《东南大学学报》（哲学社会科学版）2013年第2期。

[100] 胡涛、查元桑：《委托代理理论及其新的发展方向之一》，《财经理论与实践》2002年第11期。

[101] 黄娟娟、肖珉：《信息披露、收益不透明度和权益资本成本》，《中国会计评论》2006年第1期。

[102] 金晓斌、陈代云、路颖、联蒙珂：《公司特质、市场激励与上市公司多元化经营》，《经济研究》2002年第9期。

[103] 李凤鸣：《内部控制学》，北京大学出版社2005年版。

[104] 李虹、段华友：《第三类代理成本及其度量研究——基于我国上市公司拉克尔系数的分析》，《财务与会计》2012年第6期。

[105] 李锦霖：《信息披露的投资者保护效应研究》，博士学位论文，暨南大学，2012年。

[106] 李俊芳：《基于委托—代理关系的研究——探索国有企业的改革

方向》，硕士学位论文，西南财经大学，2004 年。

[107] 李维安、程新生等：《中国上市公司治理评价与指数分析》，《管理世界》2007 年第 5 期。

[108] 李晓慧：《内部控制与风险管理理论、实务与案例》，中国人民大学出版社 2012 年版。

[109] 林钟高：《企业内部控制研究：理论框架与实现路径》，科学普及出版社 2006 年版。

[110] 刘俊海：《股份有限公司股东权的保护》（修订本），法律出版社 2004 年版。

[111] 罗勇：《20 世纪的企业理论与管理实践》，河北大学出版社 2006 年版。

[112] 吕长江、王克敏：《上市公司股利政策的实证分析》，《经济研究》1999 年 12 期。

[113] 吕长江、王克敏：《上市公司资本结构、股利分配及管理者股权比例相互作用机制研究》，《会计研究》2002 年第 3 期。

[114] 潘敏：《资本结构、金融契约与公司治理》，中国金融出版社 2002 年版。

[115] 彭桃英、周伟：《中国上市公司高额现金持有动因研究——代理理论抑或权衡理论》，《会计研究》2006 年第 5 期。

[116] 企业内部控制标准委员会秘书处：《内部控制理论研究与实践》，中国财政经济出版社 2007 年版。

[117] 苏启林：《代理问题、公司治理与企业价值——以民营上市公司为例》，《中国工业经济》2004 年第 4 期。

[118] 隋鑫：《企业所有权的理论评述》，《经济研究》2002 年第 6 期。

[119] 佟岩、王化成：《关联交易、控制权收益与盈余质量》，《会计研究》2007 年第 4 期。

[120] 王化成、佟岩：《控股股东与盈余质量——基于盈余反应系数的考察》，《会计研究》2006 年第 2 期。

[121] 王冶琦、赵广：《第三类代理成本对企业财务的影响及对策》，《黑龙江对外经贸》2011 年第 2 期。

[122] 汪炜、蒋高峰：《信息披露、透明度与资本成本》，《经济研究》2004 年第 7 期。

[123] 王艳艳、陈汉文：《审计质量与会计信息透明度》，《会计研究》 2006 年第 4 期。

[124] 魏刚：《高级管理层激励与上市公司经营绩效》，《经济研究》 2000 年第 3 期。

[125] 魏明海、陈胜蓝、黎文靖：《投资者保护研究综述：财务会计信息的作用》，《中国会计评论》2007 年第 1 期。

[126] 邬国梅：《集团大股东代理问题与上市公司过度投资的实证》，《统计与决策》2009 年第 6 期。

[127] 肖作平：《中国上市公司资本结构影响因素研究，理论和证据》，中国财政经济出版社 2005 年版。

[128] 肖作平、陈德胜：《公司治理结构对代理成本的影响——来自中国上市公司的经验证据》，《财贸经济》2006 年第 12 期。

[129] 谢志华、崔学刚、张宏亮等：《会计投资者保护评价及其指数研究》，经济科学出版社 2011 年版。

[130] 辛曌：《多元化经营与企业绩效：一个实证分析》，《上海经济研究》2004 年第 6 期。

[131] 杨蕙馨、王胡峰：《国有企业高层管理人员激励与企业绩效实证研究》，《南开经济研究》2006 年第 4 期。

[132] 杨新民：《对委托理财进行审计应注意的几个问题》，《中国注册会计师》2002 年第 5 期。

[133] 杨兴全、郑军：《基于代理成本的企业债务融资契约安排研究》，《会计研究》2004 年第 7 期。

[134] 杨振海、张忠占：《应用数理统计》，北京工业大学出版社 2005 年版。

[135] 叶陈刚、郑洪涛：《内部控制与风险管理》，对外经济贸易大学出版社 2011 年版。

[136] 于东智、谷立日：《上市公司管理层持股的激励效用及影响因素》，《经济理论与经济管理》2001 年第 9 期。

[137] 俞红海、徐龙炳、陈百助：《终极控股股东控制权与自由现金流过度投资》，《经济研究》2010 年第 8 期。

[138] 于李胜、王艳艳：《信息风险与市场定价》，《管理世界》2007 年第 2 期。

［139］袁卫秋：《国外资本结构代理成本理论综述》，《上海金融学院学报》2005 年第 6 期。

［140］曾庆生、陈信元：《何种内部治理机制影响了公司权益代理成本——大股东与董事会治理效率的比较》，《财经研究》2006 年第 2 期。

［141］曾颖、陆正飞：《信息披露质量与股权融资成本》，《经济研究》2006 年第 2 期。

［142］张保柱、黄辉：《考虑政府干预的公司 R&D 行为研究》，《财经论坛》2009 年第 3 期。

［143］张功富：《企业的自由现金流量全部用于过度投资了吗》，《经济与管理研究》2007 年第 6 期。

［144］张民安：《公司法上的利益平衡》，北京大学出版社 2003 年版。

［145］张则斌：《上市公司资本结构的影响因素》，《系统工程理论方法应用》2000 年第 2 期。

［146］赵俊美、周志远：《浅谈我国上市公司大股东占用资金问题》，《集团经济研究》2007 年第 8 期。

［147］郑长德：《企业资本结构：理论与实证研究》，中国财政经济出版社 2004 年版。

［148］中国证券投资者保护基金公司：《中国上市公司投资者保护状况评价报告（2011）》，2012 年。

［149］中国证券投资者保护基金公司：《中国上市公司投资者保护状况评价报告（2012）》，2013 年。

［150］周勤业、吴益兵：《沪市 2007 年企业内部控制信息披露分析》，《上海证券报》2008 年 12 月 1 日。